U0731036

普通高等学校学前教育专业系列教材

幼师生
人际沟通与礼仪指南

主　编　耿　敏
副主编　王　星

复旦大学出版社

内容提要

本书以幼师生人际交往和礼仪知识的基本理论为基础，紧紧围绕幼师生在学习、成长、职场三个不同阶段遇到的人际沟通问题，如同学之间、师生之间、室友之间以及与幼儿及幼儿家长之间、同事及领导之间等人际关系中存在的困扰进行诊断和分析，通过理论指导、开展积极心理健康教育和提升对礼仪知识的掌握等主题活动，对幼师生进行人际交往和礼仪训练。活动设计环节操作性强，是以实践演练和游戏的形式出现，使幼师生可以积极参与到活动中去，达到学以致用的目的，从而有效提高幼师生的人际交往能力。

微信扫码看本书课件

复旦学前云平台
数字化教学支持说明

为提高教学服务水平，促进课程立体化建设，复旦大学出版社学前教育分社建设了"复旦学前云平台"，以为师生提供丰富的课程配套资源，可通过"电脑端"和"手机端"查看、获取。

【电脑端】

电脑端资源包括 PPT 课件、电子教案、习题答案、课程大纲、音频、视频等内容。可登录"复旦学前云平台"www.fudanxueqian.com 浏览、下载。

Step 1 登录网站"复旦学前云平台"www.fudanxueqian.com，点击右上角"登录 / 注册"，使用手机号注册。

Step 2 在"搜索"栏输入相关书名，找到该书，点击进入。

Step 3 点击【配套资源】中的"下载"（首次使用需输入教师信息），即可下载。音频、视频内容可通过搜索该书【视听包】在线浏览。

【手机端】

PPT 课件、音视频、阅读材料：用微信扫描书中二维码即可浏览。

扫码浏览 →

【更多相关资源】

更多资源，如专家文章、活动设计案例、绘本阅读、环境创设、图书信息等，可关注"幼师宝"微信公众号，搜索、查阅。

平台技术支持热线：029-68518879。

"幼师宝"微信公众号

前言

  社会中的人与人之间存在着一定的关系,必然要相互接触、相互联系,即进行各种各样的沟通和交往。因此,人际交往是人类社会存在的重要方式,是人们相互认识、相互理解、相互合作的重要途径。随着社会的进步,人们沟通和交往的领域不断拓宽,其作用越来越突出,越来越引起人们的重视。人们要想成功地做好各种各样的事情,处理好各种各样的关系,不但要有良好的沟通,同时在沟通中还要注意礼仪规范。

  良好人际关系是心理健康的重要指标,幼师生作为未来的幼儿教师,其人际关系不仅影响其目前的学习与生活,也影响其未来事业的发展,乃至在将来影响幼儿身心的健康发展。多年的教学生活经验令我们深知:在女生数量比例较大的幼师学校里处理好人际关系谈何容易;在检查学生顶岗实习中也发现:大多数学生不会与幼儿和家长沟通;毕业后走上工作岗位也抱怨和同事、领导的关系紧张,不知如何处理……《幼师生人际沟通与礼仪指南》主要从幼师生在学习、成长、职场三个不同阶段对幼师生人际交往和基本礼仪进行诊断与分析,并提出指导策略与建议,对提高幼师生的心理健康水平具有重要意义。

  本书通过调查幼师生人际交往的现状,探求影响幼师生人际交往的影响因素,了解幼师生人际交往特点和欠缺的礼仪知识,借助于理论指导、开展积极心理健康教育和提高掌握礼仪知识等主题活动,对学生进行人际交往和礼仪训练。让学生在活动课中学习和掌握人际交往的技巧和影响要素,克服学习、生活以及工作中的心理隔膜,从而改善不良的人际交往。

  全书包括六个单元:第一单元,主要介绍幼师生人际交往功能、人际交往原则以及幼师生沟通能力和礼仪培养的重要性和意义;第二单元,通过调查分析幼师生人际沟通和礼仪方面存在的问题和交往特点;第三单元讲解幼师生在学校阶段与同学、室友、辅导员、任课教师、父母之间相处的礼仪,教育幼师生彼此要学会尊重,心怀感恩;第四单元,讲解幼师生在成长阶段的人际关系处理和所应掌握的礼仪知识,应虚心请教优秀幼儿教师,耐心对待幼儿,提升自身素质;第五单元,讲解了幼师生幼儿园工作期间与幼儿、幼儿家长和同事的人际关系处理和相关礼仪,与同事要学会合作,具有团队精神;第六单元,介绍学前教育法规政策及其贯彻指导。

本书的主要特色就是将理论与实践相结合,特别是三、四、五单元通过两大模块来完成:理论指导与活动设计。本书的基础理论都简明扼要,通俗易懂,突出重点,具有较强的实用性和可操作性。活动环节以实践演练和游戏的形式出现,意在使幼师生参与到活动中,达到学以致用的目的,从而有效提高幼师生的人际交往能力。本书对刚入校的幼师生、辅导员、任课教师、家长、幼儿教师及其幼儿家长都有一定的指导意义。另外,本书在第六单元里还补充了《幼儿园管理条例》《幼儿园教育指导纲要(试行)》、《国务院关于当前发展学前教育的若干意见》《在主题背景下幼儿艺术活动中教师指导策略研究与实践》《幼儿园亲子游戏大全》等知识。

本书由耿敏和王星共同编写完成。具体分工为:耿敏,第一、二、三、四、五单元;王星,第六单元。在本书的编写过程中,编者参考了国内外众多学者和专家的理论观点和研究成果,在此表示衷心的感谢。由于编写时间仓促,编者水平有限,书中难免存在不妥之处,敬请各位专家及广大读者提出宝贵意见,以便进一步修订完善。

编　者

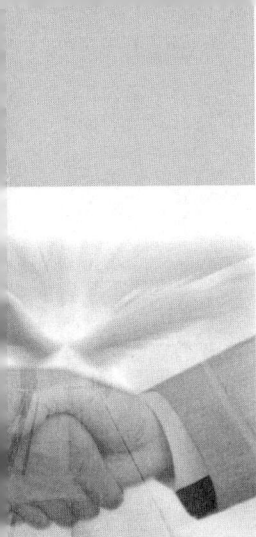

目录

第五单元　职场阶段的人际交往和礼仪

第六单元　学前教育法规政策及贯彻指导

第一单元
幼师生人际交往和掌握礼仪的重要性

卡耐基说:"和谐的人际关系是一笔宝贵的财富。"人际关系在人的发展中起着举足轻重的作用,尤其在竞争日趋激烈的现代社会,学会与人友好相处不仅仅是生存的需要,更是事业成功、生活快乐不可或缺的重要因素,良好的人际关系还是心理健康的重要指标。幼师生作为未来的幼儿教师,其人际关系不仅影响其目前的学习与生活,也影响其未来事业的发展,甚至影响幼儿身心的健康发展。越来越多的幼师生已经意识到这一点,希望生活在良好的人际关系中,这就需要了解关于人际交往的基本理论,掌握人际交往的基本原则和方法,正确分析和处理人际交往中的常见问题。

第一节 人际交往概述

心理学研究表明,人对爱、关心、尊重等交往性活动的需要,在重要性上并不亚于对食物、性等的生理需要。幼师生在强调个人奋斗的同时还必须具备与人合作的素质,在和谐的人际关系中共同成长。幼师生在进入新的环境后、面对新的群体必须重新整合各种关系,对幼师生而言,人际交往既是影响幼师生现实生活的实际问题,也是影响未来生存、发展的适应性问题。

一、人际交往和人际关系

1. 人际交往和人际关系的含义

人际交往是指人与人之间交流思想、沟通感情、传递信息的互动过程。而人际关系是指在交往基础上形成的一种心理关系,表现为亲近、疏远、友好、敌对等人与人之间的心理上的距离,反映着人们寻求爱与归宿等需要的心理状态。人际交往和人际关系是两个既有区别又有联系的概念,人际交往是人际关系实现的根本前提和基础,而人际关系则是人际交往的表现和结果。两者区别是:人际交往侧重于人与人之间联系与接触的过程、行为方式、程度等;人际关系侧重于在交往基础上形成的心理和结果状态。从时间上看,人际交往在前,人际关系在后,人际交往是一个动态的过程,而人际关系则具有相对稳定性。

2. 人际交往功能

(1) 获得信息的功能。

随着时代的发展,信息呈几何级数增长,能直接从书本上获得的知识和信息总是有限的,人们需要以更迅速的方法直接获取信息,如以上网的方式交友、购物等。当今社会是信息的社会,信息就是知识,信息就是财富,有人由于获得了某一信息,而成为百万富翁;而有人由于信息的滞后而错失良机。幼师生在学习和生活中,更需要大量的信息,新的知识、新的技能,才能使幼教事业不断发展、更新、壮大。

(2) 心理保健的功能。

人们进行交往不仅获得信息交流,而且实现心理上的沟通、情感上的交流。例如:在交流过程中,双方对某一问题或某一观点都有相同的认知,双方会产生情感上的共鸣,越说越投机,彼此成为力量汲取和情感宣泄的对象。大家在生活中都有这样的体验——遇到好友有谈不完的话题,真是久逢知己千杯少,即使与对方的某一观点不一致,也不会予以指责或排斥,而会采取接纳、容忍的态度。这说明他们在交往时彼此相容,心理上的距离很近,双方都会感到心情舒畅、愉快。因此,心理健康,其实质是人际关系的适应。相反,心理病态,是人际关系的失调所致。如彼此采取消极、否定、排斥的态度,削弱了人际关系,使之朝不利的方向发展,就会产生分离性情感。假如两人有矛盾,却不愿沟通,你看不惯我,我也看不惯你,彼此心理距离会很大,容易产生抑郁情绪及孤独寂寞感。如同学关系不和、师生之间以及父母与子女之间的分歧,都会产生心理上的不良因素,有损身心健康。因此,幼师生在与老师、同学、父母的交往过程中,应该采取积极、肯定、接纳的态度。

(3) 促进自我意识发展的功能。

榜样的力量促使人成长。自我意识的发展是通过交往实现的,在与他人的交往中,会产生改变自我的兴趣、动机、能力、意志和行为。人在从他人对自己的态度和评价中认识自我形象,自我意识的发展也在不断交往中趋于客观、成熟、完善。幼师生力争在校期间学会学习,学会生活,学会规划自己的人生,明确自己的奋斗目标。

二、人际交往的原则

人际交往的核心部分,一是合作,二是沟通。培养交往能力首先要有积极的心态,理解他人,关心他人,日常交往活动中,要主动与他人交往,不要消极回避,要敢于接触,尤其是要敢于面对与自己不同的人,而且还要不怕出身、相貌、经历上的不足,不要因来自边远的地区、相貌不好看或者经历不如别人而封闭自己;其次要从小做起,注意社交礼仪,积少成多;再次要善于去做,大胆走出校门,消除恐惧,加强交往方面的知识积累,在实际的交往生活中去体会、把握人际交往中的各种方法和技巧。另外,要认识到在与别人的交往中,最打动人的是真诚,以诚交友,以诚办事,真诚相待才能换来与别人的合作和沟通。

1. 平等原则

平等待人是促进个人与他人和谐的前提。与人交往应做到一视同仁,切忌嫌贫爱富,不能因为家庭、地位、经历、特长、能力等方面的原因而对人另眼相看;同时,要把自尊和尊重他人有机地结合起来。每个人都希望在交往过程中得到别人的尊重,但只有尊重他人才能赢得他人的尊重。平等待人就是要学会将心比心,学会换位思考,只有平等待人才能换取别人的平等相待。

2. 诚信原则

诚信是促进人与人之间和谐的保证。诚信包含着诚实和守信两方面的意思,"诚"是"信"的内在思想基础,"信"是"诚"的外在表现。诚信历来被视为处理与他人关系的基本准则。诚信要求在交往中,彼此应当抱着心诚意善的动机和态度,相互理解、接纳和信任,重信用,守信义。

3. 宽容原则

宽容是促进个人与他人和谐交往必不可少的条件。宽容就是心胸宽广,大度容人,对非原则性的问题不斤斤计较。在与他人的交往中,性格、经历、文化和修养等差异的存在,因误会、不解和意见分歧而产生人际矛盾是不可避免的,这时就要求遵循宽容的原则,严于律己,宽以待人,求同存异,相互包容。宽容对于协调个人与他人的关系具有重要意义,它有助于扩大交往空间,也有助于消除人与人之间的紧张与矛盾。当然,宽容不能趋于怯懦,宽容不等于无原则地一味忍让,更不等于拿原则做交易,在实际交往的过程中,要善于把宽容与对坏人的姑息迁就区别开来。

4. 互助原则

互助是促进个人与他人和谐的必要要求。在人与人的交往中,相互关心,相互帮助,对增强彼此的理解,加深彼此的感情,有着重要的意义。幼师生在学习、生活、工作中难免遇到这样那样的困难,每一个人既离不开他人的帮助,也能够帮助他人,因此,在交往中了解他人的困难,主动地帮助别人,是交际关系中一个重要的原则。中国传统道德中的扶贫济困、乐于助人、雪中送炭、与人为善等古训所讲的道理,在今天仍然具有积极的意义。在实际生活中,幼师生应努力为他人排忧解难,真诚地与周围的人相互帮助,相互激励,和谐共处,共同进步。

第二节 幼师生群体的特殊性

幼师生正处于青年期,是人生从"动荡不安"走向成熟的时期,他们在生理、心理以及社会性方面,都进入了一个新的发展阶段,处于青春期发展的高峰期。生理上产生显著变化,心理上急剧发展,在性方面发育成熟,社会交往不断扩展,自我意识进一步发展,渴望独立,渴望外界把他们当作成人来看待,但幼师生由于自身能力、知识经验等方面的限制,还不能独立处理许多事情。身心发展的不同步,使他们面临着许多心理上的困扰。

一、幼师生生存的社会背景

现在的幼师生可以说是经历阵痛,夹缝中生存的一代。时代转换、社会转型、体制转轨等都使如今的幼师生面对冲突和困惑。

1. 时代转换——面临着物我和人我的冲突

20世纪是一个物质文明高度发达,精神文明或人文精神严重滑坡的世纪。人们享受着前所未有的物质生活的繁荣与舒适,从中得到轻松的娱乐和充分的宣泄。同时,过度的物质诱惑导致一些人精神价值的消解甚至丧失。现在的幼师生恰好是生于20世纪末的一代,在其生长过程中无时无刻不处在物质的影响之中,因此,更加关注自身的物质生活的满足,即物我。

21世纪是人的世纪。全世界的目光都投向了对人的思想道德素质的提升上来。早在十年前联合国教科文组织在北京召开的面向21世纪教育国际研讨会的圆桌会议报告中就指出:当今迫切"需要回到具有关心特征的早期时代的价值观"。其核心意思就是,我们要注意人与动物的区别,人是要有一种精神追求的,这是人我的体现。现在的幼师生是跨世纪的一代,物我和人我的选择使其面临着冲突和困惑。

2. 社会转型——带来多元价值的冲突

当前我国正经历从传统型社会向现代型社会的转变和过渡,即由主要以"人的依赖关系"为主要特征的社会向主要"以物的依赖性为基础的人的独立性"社会的转变和过渡。这种转变和过渡表现在经济、政治和社会关系等各方面。其显著特征是现代型社会越来越注重个人的独立自由,即个性的张扬。

人是社会的人。人生活在一个充满价值的世界上,人的每一活动都包含着价值追求。因而,社会转型必然带来人的价值观的转变。但价值观又具有相对的稳定性。所以,在社会转型时期,价值观具有"多元并存,新旧交替"的特点,呈现出一幅"激荡的价值观念世界"图景,在这幅图景中既有旧的、传统的、保守的价值观念的顽强沿袭及其对确立新的价值观念的阻碍,又有新的、先进的价值观伴随着社会结构的整体转型过程富有生机地成长,还有价值真空(没有成熟或明确的价值观)。这就使得幼师生的价值取向面临着多元化的冲突。

3. 体制转轨——带来竞争空前激烈

体制转轨使幼师生的竞争环境更加激烈。一是社会主义市场经济体制的初步建立,中国加入世界贸易组织,参与世界性的、国际范围内的竞争;二是教育体制的改革使高校毕业生数量不断增长,幼师生自身学历的不足,加之人们对幼儿教师的偏见,使幼师生出现生存困惑;三是人事体制的改革使幼师生失去了"铁饭碗",要自主择业、竞争上岗。同时,非师范院校毕业的学生可以通过考试获取教师资格,成为幼儿教师。这无疑导致个别幼师生不能正视激烈的竞争,心绪烦躁,直接影响人际关系。

二、幼师生群体的特殊性

幼师生除了具有青春期心理变化激烈、思维活跃等方面的共同特点外,与同一年龄段的其他专业学生相比较,又具有自身的特殊性。

1. 幼师生来源的特殊性

从农村生源和城市生源的对比上看,比例数是五比三。来自农村的学生,通常生活只能保证温饱,家里的子女较多,比较能吃苦,他们渴望物质生活的富裕,但又表现为对城里学生的不屑一顾。而城里的学生,生活较富裕,家里是独生子女,比较娇惯,他们无法理解农村生的简朴和踏实,认为那是俗气的表现。

从入学的成绩看,一般是成绩较低,个别的高分学生是因家庭困难不得已选择幼教专业学习。近年来随着高校的扩招,学校为了能生存下去,只能降低自身价码。分数低的学生大多是学习一塌糊涂,不思进取,混毕业的,也使得这些学生成为这个群体中人际交往的消极部分,因此,对这部分学生要加强人际交往的引导和改善力度。

从性别构成上看,男女生的比例是一比四十。幼师生中女生比男生多很多。在女生比较集中的地方,相同气质类型之间易产生心理和性格上的冲突。他们之间易产生心理矛盾,如心胸狭隘、个性较强、遇事爱计较等。

2. 家庭状况的特殊性

幼师生父母职业为农民的居多,知识分子或干部的较少,一般性幼师学校中,后者大约仅占不到7%的比例;父母中最高文化程度是高中的占60%的比例,研究生或大学的少,占不到7%的比例;父母在家常见的行为中看电视的多,占50%,看书的少,仅占10%的比例;幼师生中独生子女的比例是28%;家庭类型有一半是民主型的,而放任型和溺爱型的少,占15%。

3. 角色定位上的特殊性

幼师生从进入师范院校学习的那一刻起,就已经对其未来的职业做出了选择。尽管他们学习的目的是不同的,有的为了工作,有的为了学习,有的是受环境所迫,有的是受父母所迫等,但最终的职业定向大多数是成为一名光荣的幼儿教师。

而教师作为专业技术人员,所从事的劳动是特殊的,是社会生活的特殊领域。教师劳动的对象,既不是无生命的自然物,也不是一般的动物或植物,而是有思想、有感情、有理性、有个性的活生生的人;教师劳动的目的是把学生培养成为德智体美全面发展的人,教师在劳动过程中,既要教书,又要育人,既要发展学生的智力和能力,更要培养学生正确的世界观、人生观、价值观、道德观;教师所使用的工具除了教材、教学设备等辅助工具外,主要是教师的个人综合素质,包括教师个人的思想、品德、情感、意志、世界观、人生观、价值观等;教师劳动的结果是产生具有一定科学文化知识和形成一定思想品德的人才。从以上的分析中,我们不难看出,教师劳动的各个环节都与教师的道德素质密切相关,教师职业道德在教师劳动中占有重要的地位。没有教师职业道德,便不会有有效的教师劳动和整个教育劳动。而幼儿教师因其教育对象年龄小这一特点,其教育过程和教育劳动更具复杂性和艰巨性,尤其是能否与幼儿及其家长进行有效沟通,更是衡量幼儿教师能力水平的标准,因此对幼师生人际交往能力的培养尤为重要,为将来从教打下良好基础。

4. 学习环境的特殊性

幼师生在此阶段的学习,和初中、高中相比具有很大的不同。初中阶段的学习完全是教师牵着走,而现在更强调独立学习,自主学习;高中阶段的学习,面临的是巨大的升学压力,只注重分数而忽略人际交往;而幼师生在校期间不存在升学的压力,注重技能水平的培养与提高,更重要的是学习如何处理好人际关系。

三、幼师生思想现状分析

通过以上对幼师生社会背景和群体特殊性的分析,我们进一步透视他们的思想现状。

1. 幼师生在学习观上表现为好学上进和厌学并存的特点

很多幼师生深知学习的机会来之不易,能积极学习。例如,报考本科的幼师生及参加英语和计算机考级的人数不断增加;治学风范严谨。

但厌学现象也很严重,且随年级降低呈上升趋势。例如,幼师生的补考率有所上升,幼师生旷课的现象屡禁不止。

2. 幼师生的人生观比较模糊

幼师生往往把个人的理想看得太重,将自己的人生价值估计得较高。但现实生活中的许多不正常的现象,如腐败、西方的人文主义思想等又使得他们感到价值无法实现,进而又觉得"人的本质是自私的"。例如,有一半的幼师生认为,人活着是为了一种精神追求,可有一半的幼师生认为一个人的价值取决于金钱的多少,至于如何实现价值却并不知道。

3. 幼师生政治观方面表现为理论和实践的差异性

幼师生一方面表现出较强的民族意识和较高的爱国热情。在维护国家主权独立、领土完整和祖国统一等问题上有很高的认同感。例如,坚决反对"台独"、关心国家的法律建设,对和青少年有关的法律了解得很多。另一方面又表现出政治敏锐性不强,辨别是非能力弱,对有些问题认识不清。例如,有三分之二的幼师生是偶尔收看收听新闻,三分之一的根本不看不听;还有的幼师生竟然不知道人民代表大会是干什么的;对于入党的目的是什么的回答,有二分之一是为了增加就业砝码,有 15% 的幼师生是为了凑热闹,满足心理的需求。

4. 幼师生的道德观体现为认知和行为的两面性

在社会公德方面,幼师生在道德认识上要求较高。如绝大多数的幼师生认为,人的重要的品质是诚实、自信、善良、进取;遇到老弱病残的乘客要主动让座;上车时要排队。而在道德行为上又是另一景象。如考试违纪时有发生,校园的椅子上布满了脚印等。

在恋爱道德方面,幼师生的认识也是较高的。例如,两个人相处最重要的是彼此尊重,志同道合,人品放在第一位;但在实际行为中,却表现为另一种情况。例如,频繁地更换对象,找个伴儿打发时间等。

5. 幼师生自我形象不健康,存在不良的心理倾向

自我形象健康的标志是心理上的健康,表现为自信等特征,反之就表现为自卑等,表明不良心理的存在。随着中国教育的不断发展,幼儿教育的优越性逐渐被淡漠,如今提起"幼师",很多人表现为不屑一顾。因此,幼师生没有了往日的自豪,多了些自卑、焦虑、心理承受力差等不良倾向,如逃避教育实践、畏惧考试、沉迷网络等。

综上可见,幼师生既是一个活跃、敏感的群体,也是一个充满矛盾的群体,需要教师多

加指导。只有提高幼师生的素质,增强其竞争力才能实现高素质、技能型专门人才的培养目标,实现德育工作的最终目的。

第三节 幼师生人际交往和掌握礼仪的重要性

中国自古以来一直有"礼仪之邦"之美誉。荀子曰:"人无礼则不生,事无礼则不成,国无礼则不宁。"所谓"礼",是教人尊敬与关心他人,使之合乎情理。所谓"节"是教人在言谈举止上要恰如其分,使之合乎事理。可见,小到人与人的交往,大到国家间的交往,都必须遵守社交礼仪规范,否则就会失礼失态。源远流长的礼仪文化是前人留给我们的一笔丰厚的遗产。随着时代的进步,人际交往的日趋频繁和密切,作为交往润滑剂的礼仪也越加显得重要。在大力提倡注意精神文明的今天,讲文明,讲礼仪,讲礼貌,是每一位公民必须具有的社会公德。

西文中"礼仪"一词最早见于法语 etiquette,原意为长方形纸板上面书写进入法庭所遵守的规则秩序,因而这种纸板被视为法庭上的通行证。巧合的是,"礼仪"正好成为当今社会人际交往的"通行证",可见社交礼仪在社会上起着十分重要的作用,尤其是对初入社会的幼师生们。

第一,社交礼仪有利于幼师生与他人建立良好的人际关系,形成和谐的心理氛围,促进幼师生的身心健康。

任何社会的交际活动都离不开礼仪。人类越进步,社会生活越多元化,人们也就越需要礼仪来调节社会生活。礼仪是人际交往的前提条件,是交际生活的钥匙。幼师生随着年龄的增长和生活环境的变化,自我意识有了新的发展,他们十分渴望获得真正的友谊,进行更多的情感交流。幼师生一般都远离家乡父母,过着集体生活,与其他同学处在平等位置,失去了以前那种对父母"血缘上的"、"无条件的"依赖。因此,通过人际交往活动,并在交往过程中获得友谊,是适应新的生活环境的需要,是从"依赖于人的人"发展成"独立的人"的需要,也是幼师生成功地走向社会的需要。事实上,在学校学习期间,能否与他人建立良好的人际关系,对一个人的成长和学习有着十分重要的影响。

第二,社交礼仪有利于促进幼师生的社会化,提高他们的社会心理承受力。

人在社会化过程中,需要学习的东西很多,而社交礼仪教育是一个人在社会化过程中必不可少的重要内容。任何一个生活在某一礼仪习俗和规范环境中的人,都自觉或不自觉地受到该礼仪的约束,自觉地接受社会礼仪约束的人,就被人们认识为"成熟的人"、符合社会要求的人。反之,一个人如果不能遵守社会生活中的礼仪要求,他就会被该社会中的人视为"惊世骇俗"的"异端",就会受到人们的排斥,社会就会以道德和舆论的手段来对他加以约束。幼师生堪称"准社会人",还不是真正的社会人。他们有一种强烈的走向社会的需要,同时又普遍存在一些心理困惑,比如:走上工作岗位后如何与领导、同事打交道,如何建立良好的人际关系,如何进行自我形象设计,如何尽快地适应社会生活等社会交往问题。幼师生的社会心理承受力直接影响到其交际活动的质量。一个具有良好心理承受力的人,在交际活动中遇到各种情况和困难时,都能始终保持沉着稳定的心理状态,根据所掌握的信息,迅速采取最合理的行为方式,化险为夷,争取主动。相反,一些缺乏良好心理承受力的人,在参加重大交际活动前,常会出现惊慌恐惧、心神不定、坐卧不安的状况,有的在交际活动开始后,甚至会出现心跳加快、四肢颤抖、说话声调不正常等现象。

第三,社交礼仪有利于对幼师生进行思想道德教育,提高其思想道德素质。

目前,在不少高校存在着这样的现象:学生学的是高层次的道德规范,实际行为上却往往达不到基础道德的水平。这是与社交礼仪教育的缺乏分不开的。因为,礼仪是一种社会规范,是调整社会生活成员在社会中相互关系的行为准则。社会规范主要包括法律规范和非法律规范两大类别。礼仪是一种非法律规范,它主要包括道德规范、宗教规范、习俗、共同生活准则等。其中,道德规范具有特殊的地位和作用,因为,它是从社会生活中概括提炼出来的一种自觉的社会意识形态,是依靠社会舆论、传统习惯和个人的内心信念来维持的。社会礼仪反映了人们在共同生活、彼此交往中最一般的道德关系,是保证交往活动顺利进行和社会生活正常秩序的重要因素。社交礼仪是一门具有较强实践性和实用性的学科。

第四,社交礼仪有利于强化幼师生的文明行为,提高其文明素质,促进社会主义精神文明建设。

社交礼仪是社会主义精神文明教育体系中最基础的内容。讲文明、讲礼貌是人们精神文明程度的实际体现。普及和应用礼仪知识,是加强社会主义精神文明建设的需要。通过社交礼仪教育,让幼师生明确言谈、举止、仪表和服饰能反映出一个人的思想修养、文明程度和精神面貌。然而每个人的文明程度不仅关系到自己的形象,同时也影响到整个学校的精神面貌乃至整个社会的精神文明。通过社交礼仪教育可以进一步提高幼师生的社交礼仪修养,培养幼师生应对酬答的实际能力,养成良好的礼仪习惯,具备基本的社交礼仪,这些对幼师生非常重要。

讲究礼仪,遵从礼仪规范,可以有效地展现一个人的教养、风度与魅力,更好地体现一个人对他人和社会的认知水平和尊重程度,从而使个人的学识、修养和价值得到社会的认可和尊重。一个知书不达礼,知识水准和道德水准严重不协调的幼师生,不可能成为一个优秀人才。一个优秀人才,不仅应当有高水平的专业知识,还必须有良好的道德品质修养和礼仪修养。因此,当代幼师生学习社交礼仪具有非常现实的意义。

首先,幼师生学习社交礼仪是适应对外开放的需要。对外开放的国策打破了长期封闭的环境,使得人们深刻地意识到坐井观天已难以适应形势,唯有从井底跳出,走向社会,走向世界,方是当代幼师生应有的意识。要从狭小封闭的环境中走出来,除了应具备一些必备的专业技能外,还必须了解如何与他人相处的法则和规范,这些规范就是社交礼仪。礼仪的学习能够帮助学习者顺利地走向社会,走向世界,能够更好地树立起自身的形象,在与他人交往中给人留下彬彬有礼、温文尔雅的美好形象。

其次,幼师生学习社交礼仪是适应社会主义市场经济发展的需要。市场经济的发展带来了大范围的分工协作关系和商品流通关系,促进了人与人之间、组织与组织之间、地域与地域之间的相互依赖和相互合作,同时更带来了激烈的市场竞争,"皇帝女儿不愁嫁"、"酒香不怕巷子深"的局面已一去不复返。这对于企业和服务行业而言,就更需要积极地适应这种由"卖方市场"向"买方市场"的转变,而这种转变总是需要具体的人去实施、操作的,这些实践者如不懂得现代的社交礼仪,那么就很难在市场上立稳脚跟。所谓"礼多人不怪",在市场经济条件下,人们不仅为自己也为组织都应更多地了解社交礼仪的知识,帮助自己顺利走向市场、立足市场。作为未来的建设者和社会栋梁,幼师生理应在此方面走在前列。

再次,幼师生学习社交礼仪是适应现代信息社会的需要。现代信息社会飞速发展的传播沟通技术和手段,正日益改变着人们传统的交往观念和交往行为。尤其是人们交往的范围已逐步从人际沟通扩展为大范围的公众沟通,从面对面的近距离沟通发展到了不见面的远程沟通,从慢节奏、低频率的沟通变为快节奏、高频率的沟通。这种现代信息社会的人际沟通的变化,对人类社交礼仪的内容和方式均提出了更高的要求,在这种沟通的条件下,实现有礼有节的交往,去实现创造"人和"的境界,就必须学习和运用礼仪。而从某种意义上说,交际实质上就是一种信息交流,而信息乃是现代社会中最为宝贵的资源。由此可见,具有较强的交际能力,是现代人立足于社会并求得发展的重要条件。

最后,学习礼仪是争做"四有"新人的需要。党和国家号召每个幼师生均应争做"四有"新人,即做一个有理想、有道德、有文化、有纪律的人。要争做"四有"新人,那么学会必要的礼仪知识也是其中一个方面,我们经常会对擦肩而过的一位教师或同学行注目礼,这是因为他们高雅的气质或潇洒的风度深深吸引了我们。那么如何在与人交往中,给人留下好印象呢?最起码的一点就是多学一点社交礼仪,它可以免除你交际场上的胆怯与害羞,它可以指点交际场中的迷津,它可以给你平添更多的信心和勇气,使你成为一个有教养、有礼貌、受人欢迎的现代人。因此,幼师生学习社交礼仪具有重大的现实意义。

社交礼仪贯穿着人际交往的始终,为交往的内涵服务;不重视礼仪必然会影响交流的深度和交往的持久性;作为当代幼师生,我们要提高文化道德修养,学习积累一些必要的社交礼仪常识。社交礼仪相关的选修课和讲座逐渐在学校开设,我们幼师生要在日常学习与生活中重视社交礼仪,让社交礼仪成为习惯,成就一种从骨子里面透出来的优雅气质。

第二单元
幼师生人际沟通和礼仪方面存在的问题和交往特点

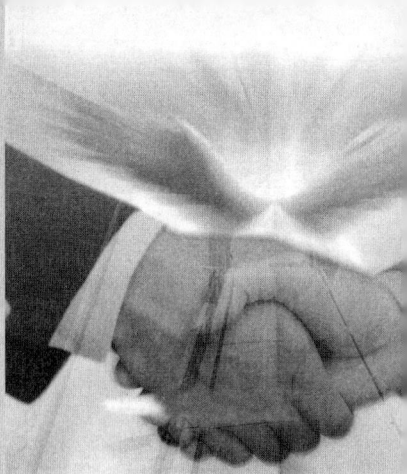

良好的人际关系是每个人梦寐以求的。在现实生活中,有的人与人交往如鱼得水,而有的却不尽如人意,在交往中处处碰壁,甚至造成人际交往障碍和人际冲突,严重影响了学习、生活和身心的正常发展。近年来,由于各种因素的影响,幼师生人际交往困难已成为一个普遍现象和亟待解决的问题。

第一节 幼师生人际沟通方面存在的问题和原因

一、幼师生人际沟通方面存在的问题

1. 自我为中心倾向

当代幼师生多是独生子女,自幼倍受家庭的宠爱与呵护,在人际交往中,更习惯于从自己的立场、观点出发,对待周围的人和事。对别人期望高,要求严,自我约束松,要求低。因而,在与同学、朋友、老师相处的过程中,时常以"自我为中心"的心态去看待别人、要求别人,很少去体会别人的想法与感受。交往中缺乏与人合作的意识与行为以及换位思考的能力。总是以自己的思想、情感和需要为出发点,不体谅他人的感受,致使一些幼师生很难真正适应环境和集体生活。

2. 消极闭塞倾向

有些幼师生在人际交往中存在消极闭塞倾向,主要表现如下。

孤独:一些幼师生平时沉默寡言,形影孤独,独往独来,性情冷僻,沉稳有余,激情不足,很少与同学交流,不愿参加集体活动,也造成同学不愿与其交往。

自卑:自卑是过低评价自己而造成的消极体验,自卑心理的产生源于多种原因。如家庭条件、容貌长相、学习成绩、才艺特长等。自卑心理致使一些幼师生在与人交往中出现不自信、敏感、猜疑等现象。害怕、担心别人看不起自己,心情抑郁、压抑。有些幼师生用自傲来掩饰自卑的心理,喜欢与人争论,具有较强的攻击性,最终导致同学之间关系紧张。

嫉妒:在才能、成绩、荣誉、容貌等方面不如别人时,由羞愧、愤怒、"既生瑜,何生亮"的怨恨中产生复杂的情绪状态,限制了交往的范围,抑制了交往的热情,甚至造成"视友为敌"。正如培根所言:"嫉妒这恶魔总是在暗地里,悄悄地去毁掉人间的好东西。"

情绪自控能力弱:对人缺乏正确对待,对别人的话语缺乏理解,缺少宽容、忍让之心,一旦看不惯别人做的事,听不惯别人说的话,当即反驳,毫不留情。实际调查发现,男生年轻气盛、血气方刚、好讲"义气",往往导致说不该说的话,做不该做的事,影响了同学之间的和谐关系。

胆小羞惧:有些幼师生性格恬静,不善张扬,过分在乎别人的评价,害怕留下不好印象,好面子,习惯于迁就、忍让,甚至忍气吞声、唯唯诺诺,不善与人评理、不善与人平等、坦诚地沟通,总是委屈自己,结果与他人关系也未搞好。

3. 功利化倾向

随着市场经济的深入发展,人们的商业意识日趋增强。面对激烈的竞争和就业的压力,越来越多的幼师生开始重视人际交往的物质实惠。"有用即交往"、"有求即结识"、"互相利用"等功利意识增强。多注重"往前看",进取征程上能用到就想办法结交相识,用不上就不交往。忽视"向后看",感恩意识缺乏。个别幼师生将功利主义作为人际交往的指导思想,表现为有用的才交、无用的不交,用处大的深交、用处小的浅交的交往观念。

4. 虚拟淡漠倾向

随着网络技术的发展,虚拟世界开始成为当代幼师生的精神家园。"踏着铃声进出课堂,宿舍里面不声不响,互联网上互诉衷肠",可谓是对某些幼师生交际现象的形象描述。依据调查,有一小部分的幼师生认为,纷繁复杂的网络虚拟世界使自己沉迷其中。现如今,如果一个幼师生不会上网,没有 QQ 号码,没有微博,没有微信,那是不可思议的。幼师生利用网络进行交际日益增多。网络虚拟交往具有两面性:在扩大人际交际范围与对象的同时,也容易使幼师生忽视现实的人际关系,表现为逃避现实的心理现象。网络虚拟交往一边是鲜活的人,另一边却是符号,虽然符号可传递思想和情感,但无法感受到现实人际交流的情感色彩,长此以往必然引起交往者的情感匮乏而趋向冷淡。加之,幼师生一旦在现实交往中受阻,就会转向虚拟世界里寻求安慰和满足,淡漠面对现实人际环境,形成恶性循环,导致更加沉溺于网络,脱离现实,最终将导致退缩孤僻、自我封闭,致使人际交往出现淡漠与疏离。

二、幼师生人际沟通方面存在问题的原因

1. 自身因素的影响

幼师生的心理尚未完全成熟,且从学校到学校,社会阅历肤浅,思想意识单纯。学习内容多集中于书本与理论知识,虽掌握了较为扎实的理论与书本知识,但因生活阅历简单,心理承受能力差,自我认识、自我评价、自我教育多以学习为基点,被幸运的光环所笼罩,往往过誉自己。但在正确分析自己、恰当地处理同学关系的问题时,极易产生困惑与错觉。此外,自我适应环境、自我认知、人格健全等方面存在问题,也在影响幼师生的人际交往。

2. 家庭因素的影响

当代幼师生多为独生子女,自幼受到父母宠爱,习惯于以自我为中心,缺乏迁就他人、理解他人、关爱他人的意识。从小受到父母的过多保护、控制,致使缺少与人交往的原则以及个人的心理空间,对与人交往中的许多问题不知所措。社会贫富的分化,经济条件的差异,致使有些幼师生悲观退缩,也成为幼师生间交往的障碍。

3. 学校因素的影响

长期以来,学校在应试的指挥棒下,过分追求分数与成绩,而忽视了人际交往能力的培养。导致幼师生智商高、情商低的现象,往往处理不好与他人相处、沟通、交流等问题。高校教学方式的相对滞后,致使幼师生在人际交往方面没有机会得到有效的指导与帮助。

4. 社会因素的影响

在市场经济体制下,竞争日趋加剧,人际间无利害关系、温情共处的状态,被无情的竞争所取代,导致人际关系疏远,人情冷漠,产生了人际交往的壁垒。过去那种重义轻利的传统观念,依然是现今社会所弘扬和提倡的,但市场经济中追逐利润是客观规律。金钱、财富在人们观念中的地位得到提升,物欲、功利意识浓厚起来,致使人们在不知不觉中产生了嫌贫爱富、追逐名利的思想意识。青年幼师生嗅觉敏感,容易接受新思想、新观念、新事物,因此,功利意识在幼师生人际交往中体现较为明显。"穷幼师生"与"富幼师生"间往往会产生交往壁垒。

5. 网络因素的影响

现代信息技术特别是互联网的高度发展,打破了人们在时间和空间交往上的限制。但虚拟的网络交往又过多地代替了人与人之间直接的情感交流。网络在快速传递知识信息、提供娱乐游戏的同时,也为幼师生发泄不良情绪、寻求精神寄托、逃避现实生活提供了场所,导致幼师生人际交往中的封闭和交往能力的下降。一些幼师生沉迷于网络交往,从

而忽视现实生活,遇到问题习惯于舍近求远。

第二节　幼师生人际交往的特点

幼师生由于年龄、性格、气质、阅历等不同,人际交往的类型也多种多样,大致有几种类型。一是积极型,这类幼师生大都性格开朗,行动积极,对交往表现出较大的兴趣和热情,大都热心参与集体活动。二是被动型,这类幼师生在观念上比较开放,主张积极交往,但在行为上不主动,怕耽误业务学习,多是被动卷入交往。三是沉静型,这类幼师生多数性格内向、孤僻,少言寡语、不善交往,只保持和少数人的交往与接触。

一、幼师生人际交往的特点

幼师生的人际交往不管是哪一种类型,都具有如下几个特点。

1. 渴求交往

交往是人的心理需要之一。健康正常的交往如能得到满足,就会形成一种向心力,对工作、学习起促进作用;如果得不到满足,就会产生空虚感和烦恼,甚至会影响个性的健康发展。很多幼师生远离故土亲人和老朋友,容易产生失落感、孤独感,渴求得到周围同学的关心、体贴、爱护、信任和理解。特别是那些年龄小、独立生活能力差的幼师生,尤其渴望结交朋友。

2. 希望与异性交往

青年幼师生正处于性心理成熟时期,希望了解异性,得到异性的理解、尊重和爱慕。正确引导幼师生与异性的交往,会有利于他们个性的全面发展和培养健康的性心理,加深对异性的理解和尊重,使自己更加自尊、自爱、自重,增强用理智控制情绪、情感欲望的能力。

3. 希望与社会交往,扩大交往面

随着社会开放和物质文化生活水平的提高,幼师生们对精神生活有着更高更迫切的要求,幼师生渴望走出校园,在与社会人群的交往中满足这方面的需要。这应该说是一种积极的社会心理倾向,是幼师生走向社会、开阔视野的原动力之一。但是如果管理不好,就会对校园的组织纪律和正常的生活秩序产生一定的影响。

二、幼师生人际交往观念出现的新变化

在当今市场经济的条件下,幼师生的交往观念又出现了新的变化:

1. 强化了交际的信息和竞争观念

市场经济的发展使封闭、半封闭的自然经济和产品经济解体，"鸡犬之声相闻，老死不相往来"以及因循守旧、安步当车等传统观念和行为习惯被信息观念和竞争意识取代。从某种意义上说，信息是商品的生命，竞争的力度来源于多、新、快、准、全的信息。这种适应市场经济发展的信息，竞争观念必然渗透、延伸到校园人际关系之中。因为在信息革命的时代，每一个人几乎都是一个信息载体。人们只有在与他人的广泛交往中，才能捕捉、筛选对自己工作、学习与交往有价值的新信息，更新自己的知识贮存，打破自己的思维定势，变革陈旧的思想观念，改变过时的行为规范，在实践中完善、再造自己，提高与他人竞争的能力。也就是说，幼师生交际的出发点和归宿点，已经由"聊天闲谈"、"访友叙旧"、巩固和发展旧的友谊，逐渐向获取信息、更新知识、提高竞争能力等较高的层次发展。

2. 强化了交际的平等、民主观念

市场经济的发展，使青年幼师生不但要求政治上平等、民主，而且要求交际中平等、民主。幼师生交际的平等、民主观念，使交际双方冲破等级观念的羁绊和心理障碍，使交际方式的单向"辐射"转变为双向"交流"，那种"我是老师你是学生，我说话你得听"的交际方式正逐渐为人们所摒弃。

3. 强化了交际的时效观念

随着市场经济的发展，"时间就是金钱，效率就是生命"的时效观已经被越来越多的人所接受，并成为行为准则。这种时效观反映到幼师生人际关系中，必然要求提高交际时间的利用率和高效能。其主要表现形式是：网上交流、电子信件、电话、明信片等沟通形式明显增多，改变了事无巨细非见面不谈的传统习惯；预约、践约的风气逐渐形成，避免了因对方不在或无暇顾及而造成时间的浪费；注意长话短说，开门见山，尽量避免东拉西扯，没完没了的空谈；等等。

4. 强化了交往的价值观念

市场经济的发展，促使人们用价值的观点来衡量、审视一切社会活动，也强化了幼师生交际的价值观念。过去，幼师生交际的主要对象是体现"血缘"、"地缘"、"业缘"关系的亲属、同乡、同学以及好友，并以情感上的交流、心理上的共容为满足，较少考虑交际的价值。现在，从交际的对象、内容、范围以及样式上，出现了注意价值的趋向，追求实惠。社会上流传着一句话"在家靠父母，出门靠朋友"，"多一个朋友就多一条路子"。在市场经济的大背景下，这种观念必然要影响青年幼师生。现代社会心理学也认为，人际关系是一种资源。人的成功 20% 在于智力，80% 在于其交往的能力。

第三单元
学习阶段的人际交往与礼仪

第一节　缘从这里开始

　　良好的人际关系是在交往中形成和发展起来的。幼师生从入校的第一天起,只要注意加强交往的实际锻炼,良好的交往能力就一定会形成。

　　初入校门的幼师生,在与一些不熟悉的人交往时,可以从一般的寒暄开始,之后转入中性话题。如来自哪个学校、姓名、有哪些业余爱好等,而后再转入双方感兴趣的、触及个人利益的话题,如工作、学习、身体等,最后,即可随便交谈起来,这种交往能锻炼自己使对方开口的本领,寻找相互感兴趣话题的本领。同时,良好的人际关系也有赖于相互的了解。而相互了解有赖于彼此思想上的沟通。因此要注意常与人交谈,交换看法,讨论感兴趣的事情。这样,可借以表达自己的喜怒哀乐,缓解内心压力。在沟通中求得主观世界与客观世界的平衡,有益于身心健康。但在沟通时,语言表达要清楚、准确、简炼、生动。要学会有效聆听,做到耐心、虚心、会心,把握谈话技巧,吸引和抓住对方。

一、幼师同学间相处的礼仪

　　每一个人都希望与他人友好相处,都希望自己能拥有一个良好的人际关系。人际关系问题在幼师生活中始终是一个影响自身心理健康、影响校园生活质量的重要因素。那么,怎样才能在校学习阶段与人友好相处,拥有一段终生难忘的美好回忆,同时又为将来步入社会做一个充分的人际关系方面的准备呢?我们不妨从以下几个方面做起。

1. 要充分了解幼师学校人际关系的特点

从成为幼师生的那一天起，与人相处的对象和特点就发生了根本的变化。以前，我们相处的对象比较狭窄，人际关系也比较简单。例如，我们可以只跟自己喜欢的人交往，自己不喜欢或者不想交往的人就可以不去理他。然而，一旦成为幼师生，住到校园的集体宿舍里，我们就不能再仅凭个人好恶与人交往了。对于集体中的每一员，无论喜欢与否，我们都要每天面对，都要与其相处。所以，不仅要同自己喜欢的人交往，还要与自己不喜欢的人保持友好的关系，这是幼师校园人际关系的一个突出特点。

另外，在幼师生活中，人际关系的新特点还表现在不能仅以自己的标准要求别人，还应认识到自己的行为和生活方式也可能是别人所不能接受和不喜欢的。因而，在彼此之间发生冲突或不协调时，就不能仅仅指责和埋怨对方，而要做到互相的谅解和彼此的适应。这就是说，幼师生必须逐渐摆脱以自我为中心的思维方式，逐渐学会设身处地地为别人着想，并在此基础上建立起独立、协调的新的人际关系。

2. 要注重自身人格塑造和能力的培养

常听到有同学讲："那人性格好，懂得多，所以喜欢同他交流。"的确，一个品质好、能力强的人或具有某些特长的人更容易受到人们的喜爱。人们欣赏他的品格、才能，因而愿意与之接近，成为朋友。所以，若想要增强人际吸引力，更友好、更融洽地与他人相处，就应充分健全自己的品格，施展自己的才华，表现自己的特长，使自己的品格、能力、才华不断提高。人们喜欢真诚、热情、友好的人，讨厌虚伪、自私、冷酷的人。对个性品质一般评价最高的是真诚，评价最低的是虚伪。幼师生选择朋友，首先考虑的是个性品质，他们愿与成熟、热情、坦率、思想活跃、有责任感的人多交往。

另外，人际交往在心理上总是以彼此满意或不满意、喜欢或厌恶等情绪反映为特征的。要有良好的人际关系，必须注意情感的相悦性。一般说来，人们总是喜欢那些喜欢自己的人，对真诚评价自己的人具有好感。自己一旦受到某人赏识、喜爱，得到好的评价，就会由于受到称赞而使自尊心得到满足，对此人产生心理上的接近和好感，因而也就减少了相互的摩擦和人际冲突，达到情感相悦，为良好的人际交往提供了心理条件。真诚地赞美他人，他人反过来会对你抱有好感。有些人常常太注意自己，不能发现别人的可贵之处，如果你能仔细观察，多注意别人，就会发现任何人都有值得赞美的地方，并且要积极肯定和表扬别人的长处，此举将会给自身带来益处。

3. 要宽宏豁达，学会体察对方心理，做到以诚相待

我们的社会是一个多元化的社会，人与人之间的关系越来越复杂。社会的复杂性导致个性的丰富性，这必然引起个体之间冲突的加剧。要与周围的人保持良好的人际关系，就必须学会求同存异，具备宽宏豁达的心理品质，必须多为别人着想，做到以诚相待。

在生活中,我们与朝夕相处的同学有了误会,受到别人不公正的对待、不为人接纳时,你一定会为之焦虑和烦恼,也会影响你的学习、生活及社交关系。怎么办呢? 大吵大闹? 干脆绝交? 这些都不是最好的办法,这样做只能使自己在交往中处于不利地位且会影响以后的交往。相反,如果我们做到宽宏豁达,也许就会心平气和些,会站在对方的立场考虑问题,会体会他人的心情和感受,误会、委屈就会烟消云散,别人也将欣然接受你。常言道:"大度集群朋。"做一个宽宏豁达的人是有一定难度的,但我们幼师生在日常的生活、交往中一定要注重对这种品质的培养,以求更好地适应生活、适应社会。在幼师的同学中,或开朗或深沉,或含蓄或坦率,或豁达或慎重,其个性是丰富多彩、千差万别的。因此,在交往中要学会做个有心人,善于体察别人的心境,主动关心他人,采取不同的方式使他们感受到你的善意和温暖。

诚实守信是一个基本的做人准则。在我们幼师生的人际交往中,如果朋友欺骗你,你的自尊心就会被伤害,你也许就无法像以往那样去信任他。同样,我们也应该以诚实、真挚的态度对待他人,去获得对方的信任和理解。这显示了一个人的自尊以及内心的安全感与尊严感,可以使人在交往中获得他人的信任,进而把那些具有相同优秀品质的人吸引到自己的身边,建立无需伪装自己的轻松、愉快的社交圈。交友是一个不断选择的过程,虚伪不可能永远地隐瞒,一旦被对方发现,就是对友谊的最大伤害。因而,我们在与人相处时,要宽宏豁达,要体谅他人,要处处以诚相待,只有这样,才可能获得真正的朋友,才能与人更加友好地相处。

4. 掌握一定的社交技巧

交往中的技巧犹如人际关系的润滑剂,可以帮助人们在交往活动中增进彼此的沟通和了解,缩短心理距离,建立良好的关系。很多存在人际关系障碍的同学都是由于沟通技巧的缺乏造成的。很多同学都说,他们在与自己比较熟悉的人交往时能表现得很自如,但与不太熟悉的人交往时往往很被动、拘谨、畏缩,不知该如何与他们相处。很多同学由于缺乏交流和人际交往的技巧,往往容易对人际交往失去兴趣,并造成在人际交往的场合被动、孤立的境地,而且容易因不能恰当表达自己的想法而限制了自己的发展。对许多幼师生来说,如果意识到自己在社交和人际交往方面缺乏必要的技巧,应采取主动的、积极的方式,去逐步改善自己的人际交往问题,而不应一味地回避。事实上,社交技巧是多种多样的,如增强人际吸引力、幽默、巧妙批评、语言艺术等。对幼师生来说,在树立了人际交往的勇气和信心之后,在人际交往中要掌握的技巧主要是培养成功交往的心理品质和正确运用语言艺术。成功交往的心理品质包括诚实守信、谦虚、谨慎、热情助人、尊重理解、宽宏豁达等。语言艺术的运用包括准确表达、有效倾听、文明礼貌等。这些都有助于幼师生提高交往艺术,取得较好的交往效果。此外,在正式交际场合,幼师生还要注意服饰整洁,举止文明得体,坐、立、行姿势雅观,不要不分对象乱开玩笑,避免拍肩拉手等动作。当然,也不能在人前畏畏缩缩,谨小慎微。应信心十足,精神抖擞,又落落大方,不卑不亢。

总之,幼师生在人际交往中要树立自信,提高自己各方面的素质,勇于实践,善于总结,在学习中实践,在实践中学习,不断完善自己,丰富自己,逐渐走向交往的成功,走向人生的成功。

二、幼师生室友间相处的礼仪

谁都渴望寝室有家的和谐融洽感,让学习之后劳累的自己有个可以休息的归宿。谁都希望与室友亲如一家,多少冲淡一些思家的煎熬。然而事情偏偏有时不如愿,今天可能有两个人在争吵,明天又有谁在赌气,全寝室偶尔也会空气紧张。

与室友难以相处一般有两种情况:一是回寝室没有"归宿感",寝室甚至成了不想回、不愿回、不敢回的令人痛苦的地方;二是与寝室中的某个人合不来,产生"疑邻人偷斧"的心理,越不喜欢谁,看他每个动作,听他每句话心里都觉得不舒服。久居同一屋檐下,有这种感觉也确实是很难受的。

那么,导致发生不愉快事情的原因是什么呢? 其实,大家都没有什么根本性的利益冲突,发生矛盾全是源于一些鸡毛蒜皮的小事,或是大家有些不一致的习惯。比如说有的同学喜欢早起,可能在别人睡意正浓的时候他就起床,叮叮咣咣的声音吵醒别人,让人烦;或有的人尤其是男同学比较懒,臭袜子、臭鞋往下铺床底一扔,把下铺甚至全寝室熏得晕头转向,唯独他一个人悠然自得。还有,每个人在寝室里不知不觉有种回家的放松感,走出寝室时彬彬有礼的样子就会被回到寝室时衣冠不整的样子所替代。而且,长久地住在一间屋子里,彼此发现对方的缺点会愈来愈多,从而会发生某些不愉快的事情,就可能会相处得不好。

如果与室友相处不好,会影响心情,甚至影响学习,那么该怎样改善这种关系呢?

1. 要反省自己

如果你在寝室里比较孤立的话,那么就必须得检讨自己了,不要一味地抱怨别人。为什么其他人都那么"齐心协力"地孤立你一个人呢? 也许是你的行为太"自我中心"了,凡事很少为别人着想,自己想怎样就怎样,该休息的时候发出些声音影响别人,或对寝室的公共事情不怎么关心,打扫卫生不积极,只顾及自己的那块小空间,甚至有东西从不与人分享而分享别人的东西却毫不客气等。这些看似不大的事情长久了会伤害室友对你的感情,大家就会对你产生疏离感。要想与室友友好相处,只有改变自己,从小事做起,有好吃的主动与别人分享,手脚勤快一点,提水扫地要表现积极。当然,做这些事情要表现出诚心,而且需要坚持下去,凡事多为别人着想一点,自然会改善你与室友的关系,并结交很多的朋友。

2. 要学会大度、宽容

对于室友不良的生活习惯,不妨开诚布公地跟他谈谈,因为有的时候是自己没有意识到而妨碍了别人,有人给他提出来后可能就会注意了。住上铺的同学可能会不小心弄脏了下铺的床单,或者把本来平平整整的床单给弄得皱皱巴巴,下铺不去计较就好了。大家同室而居,应该学会互相理解,彼此谦让。

3. 要正确看待每个人的长处和不足

金无足赤,人无完人。如果你发现室友出门后彬彬有礼而在寝室里甚至有点粗鲁,可能正说明他真的把寝室当作可以随便表现自己、无须设防的家了。不能因为谁有某种缺点就讨厌他,如果这个缺点不是品质上的,不是道德问题的话。大家能够走到一起,本身就是一种缘。当你们各自到更广阔的天地里去驰骋时,相信每一个人都不会忘记在花季时光里那些"住在我上铺"的兄弟姐妹。

4. 学会换位思考

同宿舍的室友间交往频繁,因接触多、相处机会多,交往最易,但也因接触多、摩擦多、矛盾多,交往也更难。这就要求我们每个人都要注意观察,尽量满足他人的需要,如经常打水、扫地,为生病或有事的同学打饭、补习功课等。而现在的幼师生交往中,普遍存在一种"以我为中心"的交往倾向。很多人只强调他人对自己应该承认、理解、接受和尊重,却忽视对等地去理解和尊重他人;只注意自己目的实现,却无视他人的利益和要求等。在这种倾向支配下,他们常常不顾场合和对方心情,一味由着自己的性子去交往,致使在交往中出现尴尬的局面。试想如果当一个人处于心理低潮时,你却在他面前宣告自己的成就,结果又会怎样?所以在很多的时候,我们需要多进行换位思考,只有将心比心,以诚换诚,才能达到心灵的沟通和情感的共鸣。

5. 不触犯室友的隐私

每个人都有自己的秘密,也有足够的好奇心。对于室友的隐私,我们不要想方设法去探求。对方把一个领域划为隐私,对这个领域就有了特殊的敏感,任何试图闯入这个领域的话题都是不受欢迎的。尤其需要注意的是,未经室友的同意切不可擅自乱翻其衣物。我们要格外注意这个问题,千万不要随随便便,以为是熟人就忽略了细节。另外,同住一个宿舍,难免知道室友的某些隐私,我们也要做到守口如瓶,随便告诉他人不仅是对室友的不尊重,也是不道德的。

6. 不拒绝零食和宴请

室友买点水果、瓜子之类的零食到宿舍,分给你时千万不要拒绝,不要以为吃别人的东西难为情;有时,室友因过生日或其他事请你吃饭,你也应欣然前往。你接受别人的邀请,从某种意义上说也是给别人面子。倘若无论零食或宴请,你都一概拒绝,时日一久,别人难免会认为你清高傲慢,就对你"敬而远之"了。

7. 不逞一时之快

"卧谈会"是宿舍一个重要活动项目,室友们互说见闻,发表意见,本来是件愉快的事,有些人喜欢争辩,试图通过说服对方显示自己的能耐,让室友"尊重"自己;有些人害怕被人看不起,就故意在"卧谈会"上唱反调,甚至揭人之短,对他人进行人身攻击。这种喜欢逞一时之快,在嘴巴上占便宜的人实际上非常愚蠢,给人感觉太好胜,难以合作。你不尊重别人,自然也不会得到别人的尊重。

8. 完成该做的宿舍义务

宿舍每位成员该尽的义务,不仅仅指做好自己一个人的事,也包括搞好集体的事。没有哪一个集体会欢迎一个自私、懒惰和邋遢的人。因此,你必须尽力做好属于自己的那份义务,不要指望别人来"帮助"你,凡事要养成亲力亲为的好习惯。集体的事,要靠集体来完成,你认真做好自己该做的,别人就没有理由说你的不是了。

三、幼师异性同学间的相处礼仪

青春期的最初阶段,男女同学相处似乎比较困难,即使是童年时代很要好的异性同学,这时也会不自然地退避。女生月经的来潮,男生出现遗精,使彼此在自己身上发现了青春期的生理变化,明确了人类的性区别,随之产生了对性的害羞、困惑和恐惧。男女同学在学习、娱乐及各项活动中,界限分明,偶有接触也显得很不自然,不像儿童时代那样无拘无束、天真烂漫。这段时期,心理学上称"异性疏远期"。同时,有些同学或多或少地受封建观念"男女授受不亲"的影响,认为男女交往有伤风化。因此,这段时间,男女同学间往往壁垒森严,互不搭界。幼师异性同学之间的健康相处礼仪应学会如下几点。

第一,要培养健康的交往意识,提倡男女同学间的广泛接触,友好相处,不管是男同学还是女同学,不要先把性别作为是否可以接触的前提。男同学、女同学都是同学,同学之间不存在可以接触、不可以接触的问题,更不能人为地设置心理障碍,影响互帮互学、共同进步。

第二,要在教师的指导下广泛开展集体性的活动,如勤工俭学、社会考察、参观访问、文体活动等。在集体活动中互相增进了解、沟通情感,清除由于不相往来而造成的隔阂。

第三,幼师时代的男女同学之间,应建立亲如兄弟姐妹那样的友谊关系,尤其是男女同学单独相处时,一定要理智处事,光明磊落,善于把握自己的感情。苏联著名教育家马卡连柯指出青年男女应当保持真诚的关系,也就是说,要有这样一种关系,无论对任何事物,不夸大,也不低估。如果彼此不欺骗,如果尊重自己也尊重他人,这时候,不管保持什么样的关系,友谊的、爱慕的等关系都是健全的关系。因此,异性同学之间的友谊只要建立在"彼此不欺骗"、"尊重自己也尊重他人"的基础之上,都应该被认为是真诚的、纯洁的,而且是值得珍视的。倘若认为,男女同学一接触,在一起散过几次步,谈过几次心,就是谈情说爱,除此而外,不能再有别的,那只能说明这种认识是肤浅的。

第四,男女同学之间的正常交往,对于培养健全的心理状态是大有益处的。新世纪青年的心灵不应再让一些封建的残余意识来影响。当然同时也不能不加区别地谈论只有在同性面前才能谈论的问题,也不应对异性同学说一些难听的粗话、脏话,特别要倡导男同学充分尊重女同学,照顾女同学;女同学也要自尊自爱、自重自强。

第五,幼师女生不能把男生与你的正常交往误以为是好感,错把友情当爱情。由于幼师生男女比例的严重失调,男幼师生在很多场合充当"主角",可能会因学习、课外活动上的原因与某个女生接触多一些,致使某女生想入非非,误以为此男生对自己有意,结果导致女生心神不定,影响学习和生活,甚至产生一些尴尬的后果。

幼师男女同学之间在学习上互相帮助,生活上互相照顾,活动中互相支持,这有利于形成良好的班集体;同时,也只有在这样的环境中才能使自己各方面得到较快的进步。

第二节 学会尊重,心怀感恩

感恩,是中华民族的传统美德。感恩教育是教育者运用一定的教育方法与手段,通过一定的感恩内容对受教育者实施的识恩、知恩、感恩、报恩和施恩的人文教育;是一种以情动情的情感教育;是一种以人性唤起人性的人性教育。

一、辅导员与幼师生和谐关系的构建

幼师学校辅导员在对幼师生的教育和管理中负有师长、家人、领导、教练、监护人、咨询师、调解人、朋友等各种责任,因此,和谐的辅导员师生关系是实现幼师生全面发展的保证和实现每个幼师生个性化发展的基础。

(一) 对辅导员角色的定位与思考

教育部2005年1月下发的《关于加强高等学校辅导员班主任队伍建设的意见》明确

指出："辅导员是高等学校教师队伍的重要组成部分,是高等学校开展学生思想政治教育的骨干力量,是学生健康成长的指导者和引路人。"在一个价值体系多元和选择多样的时代,辅导员要想当好"指导者"和"引路人",针对幼师生在新形势下所产生的心理病症、人格障碍、网络成瘾、学习和就业压力大、校园凝聚力下降等种种复杂的现象,就必须尽快转变成为心理咨询专家、职业生涯规划与择业指导专家、人际关系处理专家、学习指导专家等。"完人"是辅导员的理想状态,"完人"也是对辅导员的理想要求,但辅导员不可能成为"完人"。在现阶段,应该为高校辅导员集体框定有效的工作范围,主要表现在如下几个方面。

1. 以幼师生发展指导为主体工作

辅导员要以负责任的态度,为学生全面成才、健康发展提供指导。良好的、有效的指导能塑造学生的思想、行为,使其受益终生。正如曾经担任斯坦福大学校长的唐纳德·肯尼迪所言:"对学生负责,是大学的主要使命。"辅导员要充分运用典型案例,总结得失,避免"空谈",才能更好地为幼师生发展进行指导。一方面,辅导员要认真总结个人大学阶段的成长得失,还必须从幼师生周围的人群,包括他们的师兄师姐当中总结他们大学阶段的成长得失;另一方面,既要分析"成功"的经验,也要分享"失败"的经验。既要运用优秀幼师生的共性经验,也要运用"成功人士"的个案教育;既要为幼师生的发展做全面部署,又要指导幼师生分阶段具体实施。

2. 以幼师生事务管理为基础工作

辅导员工作"纵到底、横到边","上面千条线,下面一根针",幼师生事务管理是辅导员的基础工作。辅导员集体要理清工作头绪,分门别类地开展工作,要将工作细化、分解为幼师生党团建设与指导、职业规划与就业指导、幼师生活动与社团组织的指导、社会实践与课外实习的指导、特殊群体与困难帮扶的指导、班级建设与安全稳定的指导、素质拓展与身心健康的指导、专业学习与学术创新的指导等。辅导员集体根据工作内容进行分工协调,做到基础工作有"合"有"专",更好地为幼师生服务。

(二) 对和谐辅导员师生关系的理解

辅导员和谐师生关系可以从两方面理解:一是法律关系,即人与人的关系;二是社会关系,即辅导员与幼师生的关系。

第一,从法律关系角度,辅导员与幼师生在人格和地位上是平等的,都是师生交往双边活动的主体,都平等地享有充分的自主权。在交往活动中都应该尊重和理解对方的人格、权利、尊严,作为相对强势的辅导员来说,主导师生双边交往活动时应该多一些引导,少一些训导;多一些研究,少一些追究。从人与人的交往上讲,师生双方应该也完全可能争取双方信任,建立友爱、共信、坦诚的朋友关系。

第二,从社会关系角度,辅导员和幼师生角色不同,教育背景、知识结构、成长经验存在显著差距,必然存在引导者和被引导者的关系,师生交往活动中前者更为主动。教师这一"天底下最无私的职业",注定了师生交往活动中交融和谐的实质,这种师生关系在交往过程中经常是相互理解的、非对抗的关系,辅导员与幼师生之间即使有矛盾,矛盾的实质也是积极的,是幼师生进步、完善、超越自我过程中必然要出现的,从行为、语言、精神上很容易找到双方的契合点。从这层意义上讲,大学文化就是"化人",不仅教化、塑造、熏陶幼师生,也能教化、塑造、陶冶、感染、凝聚作为教化者的辅导员。

(三) 和谐辅导员师生关系的构建

和谐的辅导员师生关系由辅导员和幼师生双方共同完成,辅导员在构建这种和谐关系中起主导作用。因此,辅导员在构建和谐师生关系中要努力把握好以下几个方面。

1. 法律基础是构建和谐师生关系的基础

辅导员在主导双方关系过程中,要从法律的角度审视幼师生与自己平等的主体地位,尊重幼师生的人格和权利,并从教师职业道德的角度约束和规范自己在双边交往中的行为举止。在对幼师生进行教育和管理的过程中,首先,要适应幼师生心理、生理成长的客观需要,以平视的角度,摒弃居高临下的态度,放下架子,抛掉脑海中的"权威"观念,主动与幼师生沟通和交流,建立在法律和道德上的平等关系。其次,辅导员应明确自己在学校教学管理体系中的法律地位。"教而不教"(是教师但不教课)是大部分辅导员在高校的现实状况,因此,辅导员在对幼师生进行教育和管理的过程中不能越俎代庖,辅导员的工作不能代替专业教师在"一课堂"的工作。最后,必须明确幼师生成长成才的主从关系,即幼师生全面素质的提高,特长、个性的发展,是与幼师生主体要求相适应的,辅导员在构建和谐师生关系过程中,不能"包办"幼师生的发展意愿,甚至不能以"家长"自居,辅导员应该服务和服从于幼师生主体发展的积极要求,要努力创造条件,构建有利于幼师生健康发展的外部环境,促进幼师生全面成才。

2. 爱心是构建和谐师生关系的重要依靠

爱育不是思想政治教育工作,但思想政治教育离不开爱,爱是思想政治教育最有效的力量,是和谐的辅导员师生关系构建的重要依靠。英国教育家罗素说:"爱是一缕金色的阳光,凡是教育缺乏爱的地方,无论幼师生的品格还是智慧,都不可能充分或自由地发展。"教育的任务之一是让幼师生感到爱,学会爱。辅导员只有付出爱,才能收到爱。辅导员在爱育的过程中,不仅要针对"前面的"、优秀的幼师生,还要针对"后面的"幼师生,更应该关注那些"中间的"幼师生。爱育没有固定的程式,而是心与心的交流,只要辅导员付出,幼师生必然能感受到,或者今天感受不到,那明天也必然会感受到。通过爱培育的师生关系,能促进同学关系、宿舍关系、班级关系、学风、校风的全面提高。

3. 朋友关系是构建和谐师生关系的关键

在"爱"的帮助下,以辅导员为主导的师生关系可以变成朋友关系。辅导员在实际工作中经常感触:现在的幼师生,朋友不是多了,而是少了。在幼师生阶段这个需要沟通和交流的年纪,有话没处说,有气没处撒,有难没人帮,甚至成功了连分享的人都没有……久而久之,郁郁成疾,或孤僻,或冷漠,或张狂,或臆想。在我们传统教育方式培养下成长起来的幼师生最需要朋友,却也最不善于交朋友。辅导员由于大多与幼师生年龄相仿,乐观活泼、品格优良,具备成为幼师生朋友的先导条件,经过有序的接触和了解,彼此很容易建立朋友关系。辅导员工作能否取得实效,关键取决于能否与幼师生多多交流并进一步交友,能获得幼师生的信任和支持。在以辅导员为主导的师生朋友关系中需要注意以下几点:第一,不以利为目的,辅导员不能从"朋友关系"中获得哪怕一点点金钱、物质或其他变相利益;第二,要以服务为宗旨,辅导员要以朋友的身份,注重对幼师生的关心与交流,了解幼师生的期待与需要,创造条件,为"朋友"的发展服务。

4. 沟通渠道是构建和谐师生关系的保障

辅导员在师生关系中应争取积极主动建立沟通渠道,具体可以从以下三方面来考虑。第一是建立共同参与的各种活动渠道。共同参与的活动是增进师生了解的最有效途径。通过各种形式多样的活动,一方面可以展现辅导员真实的一面,拉近与幼师生的心理距离,让幼师生充分了解辅导员;另一方面,通过活动,辅导员也能充分了解幼师生的共性与个性,为开展普遍性和针对性的工作提供重要的参考。辅导员可以通过组织或安排文艺活动、体育锻炼、社会实践、参观考察等大众参与活动,也可以通过深入宿舍、指导竞赛、小组讨论,甚至聚餐等小团体活动,达到促进双方了解、进行有效沟通交流的目的。第二是建立平等的对话渠道。师生之间的对话具有主导性、开放性和非强制性的特点,对话内容是多元的,形式是多样的。在辅导员主导的对话过程中,要注意引导对话的方向,使对话朝着预期的目标发展,避免"扯谈";谈话内容是开放的,涉及幼师生的学习、就业、感情、纪律、理想、家庭、生活等幼师生活中几乎每一个元素;辅导员在谈话过程中,不应该也不可能强制幼师生接受自己的观点。作为平等主体的对话双方之一,辅导员应特别注意"平等",努力营造平等对话的外部环境,尽量避免将生活对话安排在辅导员的工作场所,避免将私人对话安排在容易受到干扰的公共场合,避免将工作对话安排在政治场合。第三是建立畅通的信息交流渠道。辅导员要适应信息社会发展的趋势,构建畅通的信息交流渠道,熟练掌握和运用幼师生喜闻乐见的现代信息平台进行交流。在工具手段上,E-mail、QQ、MSN、BBS、BLOG、微信、个人网站及开放的留言板、电话、手机短信等都可以为沟通交流服务;在方式方法上,辅导员除了运用规范的语言外,还应该掌握网络语言,如 QQ 语言的读写运用,以及时有效地了解幼师生信息。

二、任课教师与幼师生和谐关系的建立

师生关系是教师与幼师生在教育教学过程中为完成一定任务,以教与学为中介而形成的一种特殊的社会关系,是学校最基本的人际关系。和谐师生关系是教师搞好教育教学的基础,更是幼师生健康发展的前提。

(一) 任课教师与幼师生和谐关系的建立之重要意义

1. 和谐的师生关系能够激发幼师生的学习积极性

社会心理学告诉我们,人人都有民主、平等以及爱与被爱的需要,和谐的师生关系能够满足幼师生对爱、关心和尊重的需要。他们不仅从教师那里学到了知识,而且获得了爱护和支持。和谐的师生关系还影响着幼师生的学习态度和学习的积极性。幼师生都喜欢上自己喜爱或崇拜的教师的课,而不喜欢上不尊重自己的教师的课;幼师生愿意为他们所喜欢的教师而努力学习,而拒绝为他们不喜欢的教师学习;幼师生喜欢某位老师,他们往往爱屋及乌,从而亲其师,信其道。

和谐的师生关系可以激发幼师生学习的积极性。这是因为在良好的师生关系中,幼师生与教师在感情上具有依附性,也就是说教师是幼师生追随和效法的人物,而当幼师生所效法和追随的教师能给予他赞许和关心,这对学生来说是莫大的宠爱和鼓舞。因此,他会有意识地使自己的行为、学习符合教师的要求和期望,借此获得并保持教师的赞许和关心。

2. 和谐的师生关系有利于促进幼师生良好道德品质的提升

在教学过程中,师生关系不仅影响着教学的智育功能的发挥,而且还影响着教学中的德育效果。它直接影响着幼师生的人生观和世界观,对幼师生具有道德示范作用。幼师生认识人生和社会,总是从认识自己、认识周围的环境和认识自己与他人的关系开始的。幼师生视教师为楷模,教师的一言一行潜移默化地影响着幼师生的品行。

在和谐的师生氛围中,因为相互信任和尊重,视教师为知己,可以消除对对方的顾虑,打开心灵的窗扉,把自己的困难与问题在一个轻松的环境中说出来,师生关系融洽亲密,在感情上才具有相融性;而在不融洽的师生关系中,幼师生容易形成对教师的"逆反心理",与教师的教导背道而驰。可见,和谐的师生关系不但有利于发挥教师的示范作用,而且有利于教师对幼师生心灵的洞察,及时矫正幼师生的不良动机和行为,培养幼师生良好

的道德品质。

3. 和谐的师生关系有利于促进健全人格的形成

首先,健全的人格表现为具有一个健康的心理。在教育教学过程中,师生间保持着亲密和谐的关系,幼师生就会自尊、自信,心情轻松愉快,心理也健康发展,幼师生(特别是后进生)在教学中总是受到老师的训斥、批评和冷遇,师生关系极度紧张,就会产生自卑、恐惧、屈辱、焦虑等不适心理,导致患上心理疾病。

其次,健全的人格应具备一定的创新能力。当代的幼师生希望有一个畅所欲言、各抒己见的民主平等的环境,和谐的师生关系能够使这种需要得到满足,因而可以充分调动幼师生的积极性和主动性,使大家始终保持良好的心理状态,产生愉快、羡慕、互动、互助等积极的态度和体验,使幼师生的思维更加敏捷,记忆更加清晰牢固,想象更加丰富广阔,从而有利于对幼师生创新能力的培养。

4. 和谐的师生关系有利于使教与学在良性互动中提高实效

从教师角度来说,和谐的师生关系能使幼师生尊敬、依赖并且喜爱教师,这对教师是一种鼓励和鞭策。教师为了继续在幼师生心目中保持自己的形象和地位,对教学就更加负责,千方百计地想把幼师生教好。从幼师生角度来说,和谐的师生关系,能够使幼师生把老师看做是最信赖和仰慕的人,他们喜欢上这种精彩的课,把它当成一种享受,从而可以提高幼师生的学习效率。同时,他们懂得尊重教师就是要尊重他们的劳动,所以他们总是积极配合,这又提高了学的效果。所以,如果教师能够和幼师生建立一种友好合作的关系,而且共同担负任务和解决问题,幼师生的行为就会倾向于维护这种关系,这样相互间的交往就会促进学习,在良好的心理氛围中,幼师生尊敬、信赖教师,就比较容易接受教师对自己的严格要求和批评意见,从而避免由于人际关系紧张而影响幼师生的学习情绪和教师教学态度的事件发生。

(二) 任课教师与幼师生和谐关系建立的影响因素

第一,"师道尊严"的传统观念在部分教师中仍然存在,他们放不下架子,不能平等对待幼师生,导致师生关系紧张。同时部分教师在管理、沟通上缺乏艺术,使得他们的行为得不到幼师生的理解,拉大了师生间的距离,并造成幼师生的封闭心理或逆反心理。

第二,在教学成绩这座大山的重压下,教师和幼师生都为"分"疲于奔命。不合实际的高要求,超负荷的作业量使得部分幼师生、教师都承受着巨大的心理压力。一边是负有责任心的教师在强制幼师生学习;另一边是丧失选择自由、被迫学习的幼师生把教师的行为看成是压抑、侵犯,久而久之师生关系就变得紧张、尖锐。

第三,由于网络教育的到来,使得幼师生接受信息的渠道拓宽,从学校教学渠道获取信息的比例减低。而教师由于繁忙的工作导致获取社会信息量相对不足,使得幼师生对教师的信任度和满意度降低。

第四,成绩至上的评价方式根深蒂固,而全面客观的评价体系无法得到落实,使得部分幼师生的全面发展和个人潜能被忽视了,也造成师生关系的疏远。

影响师生关系的因素有许多,但其根源在于教育思想观念的偏差和行为方式的不当,长此以往势必严重影响素质教育的开展。

(三) 任课教师与幼师生和谐关系建立的基本要求

1. 了解和尊重

了解幼师生是教育的基础。如果没有对幼师生思想、心理和行为的观察与了解,我们的教育就难免是盲目的。只有了解幼师生,我们才能有可能帮助其制定切合实际的奋斗目标与进步计划。否则教育工作只能是缘木求鱼,会成为无源之水,也很可能由于缺乏必要的了解,致使工作失误,影响师生关系。了解幼师生要做到三结合:课上与课下相结合;校园与家庭相结合;观察与调查相结合。

尊重是教育的前提。没有尊重就没有教育,只有受到尊重的人,才能真正学会自尊与尊重他人,相互尊重是师生关系走向和谐的第一步,我们要尊重每一个幼师生。如果幼师生得不到应有的尊重,师生关系则很难走向和谐。那么怎样做才叫尊重幼师生呢?

(1) 尊重幼师生就是尊重其人格。作为人就有其人格,而每一个人的人格是平等的。作为教师,必须"把幼师生当作一个人来对待,尊重和支持他,尽力促进他们的发展"。

(2) 尊重幼师生就是尊重其个性。幼师生是社会中的个体,是个体就有个性。教育就是要张扬人的个性,培养人的特长,而不能铸成千人一面。教师应尊重幼师生的思路,珍惜幼师生思维中的合理因素,在他们遇到学习困难时只能提出一些建设性意见或解决问题的一些可供选择的思路,把更多的空间留给他们自己。这种非指导性的帮助可以让幼师生体验到独立和自尊,有利于幼师生良好个性的形成。

(3) 尊重幼师生就是对其报以积极的期待。教师对幼师生的错误一定要学会容忍,多做深入细致的思想工作,不要轻则呵斥重则体罚。尊重幼师生就要求教师充分相信他们的学习潜力和自我教育的能力,不把幼师生看"死"。在全面了解幼师生的基础上,结合幼师生的"最近发展区"提出"跳一跳,够得着"的目标,并对幼师生达成目标持积极乐观态度,在这种良性期待和积极暗示的心理氛围下,幼师生受强烈的自尊心的驱使,一定会努力进取,完善自我,完成教师与幼师生关系的良性循环。

(4) 尊重幼师生就是对其一视同仁。正如一棵树上没有相同的叶子一样,幼师生的发展也不可能完全一致。真正的尊重要求教师全面地无条件地关注每一个幼师生,注意发现那些不循规蹈矩或有学习困难的同学思想行为上的闪光点并加以鼓励,使他们抬起头来做人,逐步改善自我,找回失落的主体意识。

（5）尊重幼师生与严格要求相统一。马卡连柯指出:"我的基本原则永远是尽量多地要求一个人,也要尽可能地尊重一个人。当我们对一个人提出很多要求的时候,在这种要求里也就包含着我们对这个人的尊重,正因为我们向他提出了要求,正因为他完成了我们的要求,所以我们才尊重他。"可见严格要求幼师生是尊重他们的表现,是衡量这种尊重的尺度。这两者是与本质和现象的关系相互一致的,尊重表现于严格要求之中,严格要求本质上是尊重人。在教育实践过程中,教师应认真把握尊重与要求相结合的原则。

2. 信任与真爱

信任是教育的基石。信任是一种力量,彼此信任才能使彼此关系更加牢固。不论什么原因,如果对幼师生不能抱有信任的态度,如果没有让他们感到教师对自己的信任,教育不仅没有正效应,反而会激起幼师生的反抗心理,最终使教育一败涂地,教师充分相信他们,他们才会相信教师,真正平等有效的沟通也才会开始,真正的教育也才会开始。信任幼师生就要给他们展示自己的机会舞台。

真爱是教育的保证。什么是真爱? 真爱就是要尊重其人格,满足其需要,引导其发展。这是一种纯粹的爱、科学的爱、理智的爱。要严慈相济,严中有爱,要爱每一位幼师生。只有在幼师生的心里播下真爱的种子,才是人类真正的希望所在。真爱的种子就是真爱的教育,"有了爱就有了一切"。教师如果充满真爱,即使冰冻的感情也能融化。真爱是建立和维持和谐师生关系的桥梁和纽带。

3. 宽容与欣赏

宽容是幼师生心理健康发展的良药。处于新的历史条件下的幼师生,寻求人格独立而又身心发展不健全的矛盾表现尤为突出。因此,师生之间的一些矛盾冲突也在所难免。对此,教师们常常采取的对策是以"严"为主或说服教育,辅之以惩罚,而耐心宽容却显不够。幼师生一次又一次的违规行为,使教师的尊严、忍耐力都受到极大的考验,许多教师逐渐变得没了耐心,没了修养。在这样的教育下,大批的"贫困生"、"问题生"产生了,"逆反心理"、"报复心理"、"无所谓心理"也产生了。教学中,教师对幼师生严格要求并没有错,但要讲求方式方法,尤其不应苛求,要学会宽容。

有一个故事:一位老和尚,一天夜晚在寺院里散步,见墙角边有一张椅子,便知小和尚违反寺规越墙出去了。老和尚也不声张,走到墙边,移开椅子,就地而蹲。不一会儿,果然有一小和尚翻墙,黑暗中踩着禅师的背脊跳进了院里。当他双脚着地时,才发觉刚才踏的不是椅子,而是自己的师傅。小和尚顿时惊慌失措,张口结舌。出乎小和尚意料的是,老和尚并没有厉声责备他,只是以平静的语调说:"夜深天凉,快去多穿一件衣服。"

老和尚宽容了自己的弟子。他深知,宽容更是一种无声的教育。

宽容折射出教师教书育人的艺术与良好的文化涵养。学会宽容,教师需要吸收多方面的"营养",需要时常把视线集中在完善自己的精神建构和心理素质上。教师要学会宽容,宽容幼师生的错误和过失,宽容他们一时没有取得很大的进步。要用长者的成熟去理解幼师生成长的年轻。宽容不仅是一种方法和手段,更是一种精神。

当顽劣的幼师生从教师的一次次宽容大度中悟出真、善、美时,他的内心培养起的求真、向善之心,自律的行为,就会化成强大的学习动力,而这正是我们教育工作者所希望看到的。许多事实证明:宽容比惩罚更有力量。对人宽容是做人的一种美德,而对幼师生们宽容不仅是一种美德,还是一种教育艺术,是一种教育智慧,是一种胜过惩罚的教育,它可以让一颗颗愧疚的心靠近你。

欣赏是最成功的教育方式之一。欣赏可以帮助幼师生找到自信、优点,可以使他们悦纳自己。对于一些普通的幼师生,甚至是"差生"的欣赏,实际上是一种发掘闪光点的过程,每个人都有自己的闪光点,之所以很多人都没有机会得以展示,是因为它们都被表面不怎么优秀的成绩所掩盖了,于是原本可能的"闪光点"因欣赏而被"捕获",这些"闪光点"就可能成为可以燎原的星星之火,幼师生的一生可能因此而改变。宽容与欣赏幼师生既是转化后进生扬其长避其短的佳方,也是改善与建立和谐师生关系的妙法。

(四) 任课教师与幼师生和谐关系建立应注意的几个问题

1. 建立和谐的师生关系,教师观念转变是关键

要建立和谐师生关系,首先教师在教育教学中要改变两个观念:一是传统的师道尊严;二是传统的"幼师生观"。这两个观念往往是影响建立和谐师生关系的思想问题,也是改变教师行为与教育教学效果的前提。其次,是提高自身素质,这是建立和谐师生关系的根本。教师要以自身高尚的人格、高超的教育教学艺术和严谨的作风、爱生如子的宽广胸怀、尊重幼师生的人格个性赢得他们的信赖与尊重,在工作实践中摸索出一套在民主、平等、相互尊重基础上教育幼师生的科学方法,并努力将其形成一种教育习惯。

2. 建立和谐的师生关系,幼师生的尊师意识是前提

建立和谐的师生关系虽主要问题在教师,但我们关注教师问题的同时,也不能忽视幼师生问题,否则教师再怎么努力,也可能是低效或无效的,基于以上考虑,要十分重视唤醒幼师生的尊师意识,经常对幼师生进行尊重教育与感恩教育。可以这样说,得到幼师生应有的尊重是每位教师最基本的心理需求,而幼师生的感恩则是对一个教师最大的肯定和鼓舞。

3. 建立和谐的师生关系,客观公正的评价是保障

合理、公平的评价不但有利于师生的自我认识,还有利于师生的全面发展与师生关系的和谐,因而我们必须要建立与时俱进的评价机制。把评价的重点放在纵向评价上,强调个体幼师生的进步,同时采用幼师生自我评价、同学之间评价、家长评价与教师评价相结合的多级方式。把同学与同学的相互评价纳入评价中,体现了师生之间的相互信任,这也是建立和谐师生关系的一种必要手段。对教师的评价也是如此,多元、合理、公平、公开的评价,对培养师生健康向上的人格,建立和谐的师生关系,提高教学水平有着十分重要的意义,这样的评价才能更趋于客观公正。客观公正的评价有利于和谐关系的建立。

总之,"一切成功的教育都是和谐的教育",和谐教育的关键是和谐的师生关系。和谐的师生关系能够促进幼师生的发展,进而促进学校的发展,促进教育的发展,促进整体国民素质的提高。幼师生全面、健康、快乐的发展,是我们基础教育的出发点和归宿。幼师生发展要求和谐,和谐能够促进幼师生发展。在发展中求和谐,在和谐中求发展应是基础教育所必须遵守的重要原则之一。

三、子女与父母和谐关系的塑造

(一)尊重父母应讲究的礼仪规则

道德把敬重父母列入规范,法律把赡养父母定为准绳,舆论将虐待父母作为谴责对象。那么,尊重父母应讲究哪些礼仪规则呢? 以下几点是必须遵循的。

1. 孝敬父母

首先,要懂得孝顺。每一个人都是父母从小拉扯大的,都倾注了父母的大量心血,父母为了儿女们,每天都要辛苦地工作,所以儿女们要经常关心父母亲的生活。如逢年过节,在向同学、亲友祝福的同时,不要忘记自己的父母;在父母的生日,以及父亲节、母亲节之际,应送上一件有意义的小礼物,献上深切的祝福,让父母享受到生活的美好,品味到人生的天伦之乐。

2. 关心父母

父母养育子女,并不是为了将来子女如何报答自己。但是,和其他人一样,父母也需要关心,尤其需要子女的关心。谁都有衰老的一天,谁都有需要子女关心的日子。关心体贴父母,尤其要留心父母的健康状况,这是对父母最大的关心。疾病是老年人最大的麻烦,越是身体不好的人,越需要子女的关心。对有病的父母,一定要悉心照料他们的衣食起居,随时嘘寒问暖,给予父母更多的关心。幼师生对父母最大的安慰就是在学校好好学

习,健康成长,以使父母安心。

3. 体谅父母

父母为了事业和家庭,为了子女的成长与幸福而辛勤地工作。随着年龄的增长,身体会逐渐衰老,可能就没有过多精力关注自身的穿着修饰,或许还会产生某些不良的生活习惯。作为晚辈,要设身处地地替他们考虑,充分理解和体谅父母,时时注意关心父母的健康和生活。

另外,不要干涉父母的私事。父母有自己的社会、人情、利益开支,更有自己的思想感情,子女应为父母的幸福着想,支持理解他们。

(二) 父母构建和谐的亲子关系应讲究的礼仪规则

幼师生学会理解、关心、体谅父母的同时,父母也应该理解子女,与子女有效沟通,这样才能形成和谐的亲子关系。

幼师生和家长沟通"断层"现象可能存在两种原因:一是从小亲子沟通较少,对幼师生宠爱过多而约束较少,养成了幼师生内向、任性的个性和不良习惯;二是幼师生可能遇到学习上的困难或其他挫折,情绪低落而不愿意和家长沟通。那么,父母构建和谐的亲子关系应讲究哪些礼仪规则呢? 以下几点是需要遵循的。

1. 父母要学会倾听

与幼师生沟通需要谈自己的意见,但更需要耐心地倾听幼师生的想法。倾听意味着避免打断他们的话、集中精力于交流的过程。为了便于做到这一点,沟通最好在安静的地方进行,排除可能使人分心的干扰。做一个耐心的倾听者能使你了解他们的问题和观点,有助于澄清事实,避免对他们的误解。经常倾听他们的声音,你会发现,尽管你没有对他们提出许多要求和建议,但他们却会更多地向你提出问题,而善于倾听的父母才有可能成为他们的知心朋友。

2. 要创造机会交谈

与幼师生沟通需要有恰当的机会。青少年不喜欢预约的谈话。你想谈的时候,他们可能没有兴趣;只有他们想谈的时候,沟通才有可能顺利进行。有些父母可能喜欢在饭桌上或睡前时间与他们谈话,有些父母则常常利用一起散步或郊游的时间与他们交流。不管选择什么时间,我们都要知道,最佳的沟通常常是在共同的活动中进行的。切忌不要总是试图在临时想起的、不固定的时间与他们进行沟通,那样做的结果只能是失败。

3. 讨论相互间的差异

父母与幼师生之间往往在观念和意见上存在差异。比如,父母认为他们应该在晚上10点睡觉,而进入青少年期的他们则认为自己已经长大了,可以晚睡一会儿。如果不能有效地处理这种差异,沟通就难免失败。父母应当认识到,这些差异实际上为沟通提供了重要的机会,便于家长重新思考原有的教养方式和限制措施,与他们一起商议和制定新的制度,从而帮助其健康成长。由于青少年对事物的认识辨别能力以及考虑各种可能性或观点的能力不断增强,这种商议不仅是可能的,也是有益的。如果相互间的差异比较大,一时难以协调,父母也不必着急上火,最好平静而坚定地告诉他们你对他的关心和期望,耐心地进行解释,从而使差异限定在一定范围内,而不至于演变成一场冲突。

4. 避免过度反应

对幼师生言行的反应过于激烈往往导致争吵,使交谈无法继续。为了使交谈保持友好的气氛,父母绝对不要带着不良的情绪与他们交谈;同时,为了体现尊重,避免引起反感,父母在提问题时,最好以商量的口吻、平和的语气进行,如"你这样做是怎么想的","让我们谈谈好吗"。

父母要努力成为幼师生愿意倾吐秘密的对象,成为对他们的事情感兴趣的人。只有这样,他们才乐意向父母们敞开心灵。比如,你的孩子告诉你,他今天和同学们一起组织了一场活动,如果你表现得很吃惊且激动,或对事情的结果根本不感兴趣,孩子以后就不会再对你说什么了。

父母要认识到,他们最希望得到父母的肯定、鼓励和奖赏。如果他们和父母谈话时受到批评,他会感到自己的坦率得到的不是奖励而是惩罚,这将伤害他继续与父母直接交流的积极性。

5. 讨论对幼师生们来说重要的事情

幼师生们生活在不同于成人的另一个世界之中。有些事情对父母来说并不重要,甚至令人烦恼;但对他们来说就不同了,那可能是意义重大的事。父母不必假装对他们的事情感兴趣,但是必须对他们感情和观点表示尊重。因此,经常与幼师生讨论他们的事情是必要的。

这里列出的问题是幼师生通常所感兴趣的:

(1) 学校:如果父母问幼师生:"今天你在学校做了什么?"他很可能会回答说:"什么也没做。"当然,这不是真的。幼师生这样回答其实是因为父母的提问太笼统,引不起他们的兴趣。父母不妨结合幼师生正在学习的课程内容和学校的活动,问一些具体的事情,这样很可能开始一段对话。

(2) 业余爱好和个人兴趣:不少幼师生喜欢体育,父母不妨与他们讨论喜欢的球队或赛事,可能的话,可以一起去现场观看比赛;音乐也是青少年所热衷的,父母至少应该知道流行歌手的名字。如果你认为幼师生正在听的音乐是不适当的,或认为他的"追星"行为有些过分,不妨坦率地告诉他们并且说明为什么,保持沉默往往会被误解为允许。

（3）情绪：幼师生常常对许多事情感到担忧，如自己的朋友、流行事物、性、超重或太瘦、明天的测验、就业以及世界的未来等。所有这些事情都可能使幼师生情绪波动。父母有时可能难以判断这些事情对他们到底有多重要。如果是这样，父母可以直接问："这个问题对你来说是无足轻重的、中等重要的、还是重要的？你经常对此感到担心吗？"在了解了之后再决定如何帮助他减轻烦恼。

（4）家庭：幼师生喜欢谈论和参与制定家庭计划（如购物、假期安排），这其实是幼师生社会性发展的必然反映。父母应充分发挥他们的积极性，与他一起讨论家庭的计划和安排，鼓励他们发表意见，重视并采纳其合理意见。这样不仅能够增进他们的归属感和安全感，还培养了他们对家庭的责任心以及分析处理问题的能力。

（5）父母的生活、希望和梦想：许多幼师生希望了解父母的世界，包括过去的和现在的。比如，小时候玩什么？是否碰到过令人讨厌的教师？上小学的时候得到过零花钱吗？如果有，是多少？谈恋爱时是爸爸主动吗？单位的老板凶不凶？当然，这并不意味着父母必须把所有的事情告诉他们，对不恰当的问题最好延迟作答。尽管如此，对幼师生讲述自己童年的事情和现在的生活有助于他们更好地应对他自己的生活。

（6）未来：随着认识能力的发展，幼师生开始更多地思考关于未来的事情，更多地谈论对未来的设想。他们可能会问父母一些问题，例如，上大学是什么感觉？什么时候可以结婚？工作以后能不能有自己的汽车？等等。对幼师生的问题，父母应认真地回答；如果你无法回答，就要诚实地说："我不知道。"

（7）文化、时事：现代的世界是一个媒体丰富的世界，幼师生也被电视、音乐、电影、录像和电脑、网络、游戏以及其他形式的媒体包围着。父母要认识到，这些媒体能提供一个了解他们内心世界的窗口。例如，如果你和你的孩子看过同一部电影（一起看或分别看），你们就有了对话的机会。所以，父母应当对他们热衷的媒体给予同样的关注。当然，父母也要看到媒体传播的不良信息可能带来的消极影响，对幼师生利用媒体的过程进行必要的引导和监督，通过交流帮助他们提高对不良信息的鉴别与抵制能力。

6. 沟通时持亲切、尊重的态度

现代的幼师生崇尚个性，喜欢自我表现，追逐新鲜事物。因此，他们说话做事时常令人难以接受。但无论他们给你的刺激有多大，作为父母，你最好保持平静。在与幼师生说话时，你所表现出的尊重和自我控制最终有一天会出现在幼师生与他人交流的过程中。

在与幼师生交谈的时候，如何说话与说什么同样重要。简单命令式的、挖苦讽刺式的、情绪发泄式的话语只会伤害他们的感情，而且于事无补。父母要学会以尊重的态度、平静的语气对他们说话。

尊重还体现在父母与幼师生进行有深度的交流沟通方面。他们的社会意识和对事物的理解力在不断增强,他们赞赏有思想性的、有深度的交流。因为这样的交流使他们感到自己被父母视为平等的伙伴,能激发他们的自尊感。父母完全可以就广泛的主题——如社会问题、和平、环境治理、创造发明等与幼师生展开讨论;而不要使沟通仅仅局限在幼师生的学习和日常生活上,那只会使他们逐渐丧失与你沟通的兴趣。

第三节　活动设计

《认识新同学》

【辅导目标】

1. 让幼师生在活动中相互认识。

2. 让幼师生通过活动,主动融入新集体。

【辅导重难点】

让幼师生积极主动地参加活动,每个人在里面有不同的收获。

【辅导准备】

1. 上课之前先准备好多种颜色的小方形纸若干,随机将它们发给班上的同学,目的是通过这种方式将幼师生随机地分为几个小组,每组 6—8 人(根据班级人数将相同颜色的彩纸分别剪成几小块彼此能相互契合的形状)。

2. 布置场景(最好教室里只留需要的椅子,如果不能移动桌椅也可)。

3. 播放音乐;小球(多个)。

【辅导过程】

一、暖身活动:击鼓传花(5 分钟)

准备一个球,老师放音乐(如无音乐也可用手打拍子),音乐停下后拿着球的同学介绍你的名字并进行简单的才艺表演,如唱一首歌,讲一个笑话等。

二、活动:有缘相识(20 分钟)

在背景音乐的欢快气氛下,每个人凭着手中纸片的颜色与形状到群体中寻找能与自己图形契合的"有缘人"(形成小组,每组一个小球)。

相互认识:指定一位同学为游戏的开始者,大声报自己的名字,然后把球抛给一位想认识,而他/她又没有进行过自我介绍的组员,接到球的队友也要如法炮制,喊出自己的名字,然后把球抛给下一个人。这样一直继续下去,直到每个人都完成自我介绍,完成后举手示意。

教师:现在每个队员能否记住全组所有队员的名字?

幼师生们第一轮往往很难记住所有人的名字。

1. 请各个小组分享下列内容,并把分享出来的方法记录在自己手中的纸上。

(1) 别人记住自己名字的时候,你的感受。

(2) 你没能记住别人名字,有什么原因。

(3) 你介绍自己,让别人更容易记住自己有什么秘诀?

(4) 更快、更容易记住别人名字又有什么秘诀?

2. 重新进行刚才的游戏,在游戏中要运用刚才讨论出的方法介绍自己和记住别人的名字,直到每个人都能够记住所有人的名字后举手示意。

3. 全班分享:

每个小组请代表发言:你们小组相互认识的秘诀是什么?

教师:怎样才能在第一次认识时,让认识变得更容易。比如:要主动把球抛给自己不熟悉的队员;介绍自己名字时候,做更有特色的介绍;介绍时候不仅仅只介绍名字,还可以介绍一些自己有特色的特点,等等。

三、活动:我想认识你(10 分钟)

教师:刚才我们已经熟悉了我们小组内的成员了,但是其他小组的部分成员对于我们来说可能还很陌生,同学们想不想认识他们呢?

1. 运用刚才我们分享的经验,给大家 5 分钟的时间,主动去寻找你想认识的同学,看我们的同学谁能够在有限的时间里,认识更多的新同学。

2. 活动结束后,分享如下:

邀请自愿者为大家介绍,在这 5 分钟里,自己认识的新朋友:

(1) 他们是谁,有什么特点?

(2) 同时谈谈,在这个过程中,自己内心的感受。

教师:很高兴,我们认识了那么多的新朋友,通过这个活动,我们彼此不再陌生。放开我们的心,以开放的心态去认识新同学,结交新朋友,会让我们在这个新的集体更加快乐和幸福。

四、总结(5 分钟)

1. 请所有同学拿出纸和笔,完成下面的表格:

我认识的新朋友有:_____
我认识新朋友的感受是:_____
我认识新朋友的办法是:_____
我还能有什么办法去认识更多的新朋友:_____

2. 请刚才没有发言的幼师生发言分享自己的表格。

3. 教师：

将幼师生的回答提升,提出希望:相信通过今天的活动,同学们的陌生感已经大大地下降,同时我们相信,在我们这个和谐的大家庭中,我们彼此的感情会越来越好,让我们用彼此的支持重建我们的心灵家园。

【课后延伸】

让幼师生在课后,使用自己总结出来的方法,主动去认识今天还没有认识的其他同学,更好地融入新集体中。

【辅导建议】

1. 在暖身活动中,如果有幼师生出现害羞、紧张而不能表演时,要及时鼓励,并帮助他完成表演。

2. 在相互认识中,如果幼师生第一轮就记得所有人的名字,请进行下面内容——

请各个小组分享以下内容,并把分享出来的方法记录在自己手中的纸上。

(1) 别人记住自己名字的时候,你的感受;

(2) 你记住各个同学的名字,有什么原因;

(3) 你介绍自己,让别人记住自己的秘诀是什么;

(4) 你记住别人名字的秘诀是什么。

全班分享:

每个小组请代表发言:你们小组的秘诀是什么?（板书)

教师:怎样才能在第一次认识时,让认识变得更容易。比如:要主动把球抛给自己不熟悉的队员;介绍自己名字时候,做更有特色的介绍;介绍的时候不仅仅只介绍名字,还可以介绍一些自己与众不同的特点,等等。

3. 在活动"我想认识你"进行时,老师需要关注有没有幼师生落单,如果有,及时鼓励他们去结识新朋友,或者让活动中表现积极的同学去结识他们。要保证所有同学在这个过程中都能结识到新朋友。

【辅导素材】

一、备选主题活动:寻人游戏(25 分钟)

二、活动道具:"寻人信息卡"、笔

三、活动程序

1. "寻人行动"要求幼师生根据"寻人信息卡"上的信息,在 10 分钟内找到具有该特征的人,简单交流后签名。

2. 大家交流"寻人信息卡",看看谁的签名最多。主持人邀请有代表性的幼师生进行全班交流,如签名最多的或某一特征签名最少的。

3. 交流完毕后,主持人在全班梳理信息,请具有同一特征的人站立一排相互介绍与交流。

寻人信息卡

序号	特 征	签名	序号	特 征	签名
1	穿 39 码的鞋		17	戴眼镜	
2	会打乒乓球		18	补过牙	
3	有白发的人		19	穿黑色袜子	
4	喜欢听古典音乐		20	喜欢唱周杰伦的歌	
5	去过北京		21	喜欢上网聊天	
6	骑自行车上学		22	当过志愿者	
7	身高 170 厘米		23	网络游戏高手	
8	妈妈是教师		24	有住院开刀的经历	
9	校运动会获过奖		25	体重 54 公斤	
10	读过韩寒的书		26	喜欢红色	
11	参加过爱心捐款		27	喜欢爬山	
12	未来理想是当医生		28	不是本地人	
13	4 月出生		29	爱养小动物	
14	色盲、色弱者		30	想报考外地大学	
15	某学科的课代表		31	理科为强项	
16	擅长游泳		32	崇拜贝克汉姆	

四、注意事项

1. 本游戏可以在陌生群体中进行,通过游戏学会主动交往与沟通。也可以在同班幼师生中进行,通过"寻人"活动,增强同学之间的进一步了解。

2. 在一个栏目中可以签不止一个人的名字,看看谁签的名字多。主持人要对签名人进行核实,防止假、乱信息。

3. 符合同一特征的幼师生相互交流后,派一名代表做全班分享。

4. "寻人信息卡"中的信息根据幼师生的实际特点可以增减。

《认识自己》

一、教学理念

幼师生的自我意识在不断增强,但自我评价还不能做到全面、客观。引导幼师生学会接纳他人意见,正确认识自我,尤其是通过同学的评议,看到自己的优点,有利于帮助幼师生进行自我反思,强化自我认识,增强信心,形成完善人格。

二、教学目的

1. 创设机会让幼师生面对他人对自己的评价,引导幼师生正确认识他人的评价。

2. 指导幼师生学会从自我评价和外界评价中全面客观地认识自我。

3. 帮助幼师生学会聆听,学会评价他人,初步培养客观分析各种评价、对自我形成全面认识的能力。

三、教学重难点

1. 教学重点:怎样正确认识自己。

2. 教学难点:怎样正确评价自己,真诚地接纳自己。

四、教学方法

1. 自我反思。

2. 书信交流。

五、教学准备

每人信封一个,32 开纸六张。

六、教学过程

(一) 问题导入

1. 猜谜语:《斯芬克斯之谜》。

有这样一个传说,传说中众神居住的地方叫做奥林匹斯山,众神的主神是宙斯,奥林匹斯山上有一块石碑,碑上刻着一句箴言。宙斯想把这句箴言告诉给人类,于是他派了斯芬克斯来到人间。斯芬克斯把这句箴言化作了一道谜语让人类猜。斯芬克斯来到了古希腊著名的城堡拜森克,守候在这座城堡唯一的井口旁,要求每一位前来打水的人猜这句谜语,凡是没有猜中的,斯芬克斯马上把他吃掉。这句谜语给当时的拜森克城民带来了前所未有的灾难。谜语是:"什么东西早上四条腿走路,中午两条腿走路,晚上三条腿走路?"

2. 让幼师生讨论。谜底是:人。

(二) 引入新课

"我是谁","我是一个什么样的人",这是人类从古至今都在思考的问题。老师今天就是要和大家来谈论如何"认识自我"这个话题。

小结:我们每个人都会对自己有一个认识或者看法,但我们眼中的自我和他人眼中的"我"往往会有不同。产生偏差的原因或者是我们认识不够周全,"高估"或"低估"了自己;有时候是因为别人误解了我们。

(三) 开展活动

活动一:自我认识。

教师引导:同学们,下面让我们自己认识一下自己吧。请用陈述句,围绕"我是谁"这个问题,用最少 15 种相异的回答填写出能表明自己的句子,包括自己的优点、缺点。

举例说明:

(1) 我是一个样子可爱的人。

(2) 我是一个有唱歌专长的人。

(3) 我孝敬老人。

(4) 把自己写好的第一封信放到自己的信封里。

课堂讨论:自评与他评有不同,如何看待同学的评价?

小结:仁者见仁,智者见智。兼听则明,偏听则暗。对比分析,集思广益。看到优点,正视不足。他评自评都有偏差,不能顾此失彼。

2. 活动二:帮助朋友认识自己。

教师说明方法:自我认识已经完成了,自己身上的一些优点和缺点可能自己都没有发觉,接下来我们就帮助自己身边的朋友认识一下自己。把剩下的五张纸匿名分别写给你的五位同学,写出他的优点和缺点,要真诚! 然后把写好的信投到同学的信封里。

3. 活动三:总结反思。

打开自己的信封,看看同学给你的信,和自己的认识有哪些不同的地方,再认真审视一下自己,真正了解自己。写出一份自我评价。

(四) 本课总结

聆听了别人的看法后,我们要学会拿别人的意见和自我评价对比,找出相同和不同的部分,弄清相同和不同的原因。

记住:外界对我们的评价和我们对自己的评价总会有偏差,消除偏差的唯一途径是靠我们自己。我们每个人都不是完美无缺,也不是一无是处。我们要从同学们的评价中发现自己的优点,增强自信。我们要相信:我们可以做得更好,今天比昨天好一点,明天又比今天好一点。一点一点地改进不足,发挥长处,这就是我们在成长!

《大家都是好朋友》

一、教学理念

根据《新课标》精神,体现"以幼师生发展为本"的思想,构建一个开放的、充满生机的课堂,对教材进行大胆处理,凸显以下理念:

1. 创设人文化的学习情境。新世纪的幼师生所接触的是一个具有多元观念的社会,一个信息发达的社会。"课程具有人文性质",所以老师希望《大家都是好朋友》的设计能在这堂课中体现一种浓郁的人文精神,希望幼师生能关注人的情感、态度,能充满热情地将自己投入一个愉悦轻松的情境中,探究、实践、游戏,了解美术与社会、美术与文化,形成经验和能力,获得尊重、关怀、合作、分享等人文素养,而不仅仅是掌握画一幅好朋友的画基本美术技能。

2. 引入成功教育的理念。"相信每个幼师生都有成功的潜能,相信每个幼师生都能在现有潜质上获得不同程度的发展,都能取得多方面的成功",这是成功教育的真谛。在学校里我们发现有的幼师生画画不出色,是该生的绘画潜能没有完全开发。老师要用赞赏的眼光让每个幼师生不断享受成功的乐趣,真所谓"好孩子是夸出来的",对于幼师生更是如此。教育的目标是使幼师生形成基本的美术素养,陶冶幼师生的情操,提高其审美能力。为此,在教学过程中,可以不断展现大师的作品,随时发现幼师生显现的美术潜能。通过课堂上的观察、讨论、回忆、思考,使每个幼师生对同学们都有全面的认识,让幼师生在有效的学习方法指导下快乐地学习。

3. 运用现代教材观处理教材。现代教材观认为教材只是在教学活动中起到中介和"话题"的作用,它不过是连接幼师生与教师之间的桥梁。以教材为切入口,不但要深入挖掘学科知识,而且还要能够着力于课题的"泛化",即从课题展开,联系到幼师生生活的方方面面,如石击水溅开层层波浪,从单一的教材中走出来,让幼师生吃透,拓展和超越教材。《大家都是好朋友》这节课,将班级内的好朋友延伸到世界各地的好朋友,进而拓宽至宇宙人。拓宽创作的思维,拓展课堂的空间,让幼师生体验学习的乐趣,激发他们的创作热情,使其产生持久的兴趣,达到美术教育的目的,促使幼师生终生热爱学习,终生创作。

4. 体现"为促进幼师生发展而进行评价"的教学理念。对幼师生的创作活动,采用自评、互评、师生共评的方式。既重视评价幼师生美术学习的结果,更重视对他们美术活动过程中学习态度、习惯形成、情感显现、合用参与等方面的评价。这种学习方式,老师评价学生,同学评价同学,自己评价自己,学生评价老师,折射出师生之间互相平等、互相尊重、互相亲密的真挚感情。

二、教材分析

学校是幼师生的"家庭",同学们是这个"家庭"中的新成员,一起过着幸福的集体生活,共同努力学习,人人健康成长。教师要有目的地引导幼师生观察。观察能力是人类智力活动的门户,没有观察能力作基础,就谈不上艺术表现能力和创造能力。因此,要求幼师生看清所画同学的共性和个性特征,为绘画"大家都是好朋友"打下形象记忆的基础,搭好过路的桥。对于人物造型,不必强调五官比例,只求能画出男孩和女孩的大致特征即可,提倡用大胆肯定的线条把自己的好朋友都画出来。

三、幼师生分析

幼师生活跃的思维,他们会以自己的方式挑战每一位授课的老师,没有生动的教学内容无法把他们吸引过来,没有有效的调控也难以调动他们的学习积极性。要想幼师生对整堂课保持持续的兴趣和热情,在每一个教学环节都要考虑采用幼师生喜欢的形式。幼师生的创造性和积极性是无穷的,只是需要教师的正确启发和引导。培养学生们的观察能力,引导他们在观察的过程中解决问题,在本课的教学中显得尤为重要。

四、教学目标

1. 认知:感知人物的特征,能大胆地用绘画的形式表现。

2. 能力:培养观察能力。

3. 情感:通过画自己的好朋友,增进同学间的了解,培养朋友间的友谊。

五、教学重点

引导幼师生正确的观察方法,用绘画的形式表现自己的好朋友。

六、教学难点

抓住同学的头形、五官、发式、表情等的共性和个性特征。

七、师生课前准备

课件、投影仪、多媒体等。

八、幼师生课后活动

1. 以"我们的故事"为题,画与好朋友之间的事情。

2. 把你自己的家人画下来介绍给你的新朋友。

九、教学可能出现的问题及解决方法

教学中可能会出现如下问题:幼师生不敢大胆发言,不懂正确的观察方法,创作速度过慢等,对此,教师在幼师生出现问题时应及时给予鼓励、启发、引导。

十、教学评价

1. 是否对美术课感兴趣。

2. 是否大胆地表现自己的好朋友的特征。

3. 是否积极参与本课的游戏活动。

4. 能否大胆地发表自己的想法和对他人、自己作品的意见。

5. 能否在活动结束时自己收拾、整理工具、材料。

十一、教学流程

(一)组织教学

引导幼师生集中注意力,准备教学。

☆ 本教学环节重难点:有一个好的开始等于成功了一半,引导幼师生集中注意力。

☆ 本教学环节评价:能否集中注意力,全身心投入课堂。

(二)体验性实践

1. 教师导言:同学们,大家都是幼师生,在学校里可以学习很多本领,大家高兴吗?今天,我是同学们的老师。现在互相认识一下,请同学们起立。我先做一个自我介绍,我要看看在自我介绍以后,你们会有什么表现,会有什么反应? 我姓王,我是王老师,希望成为大家的好朋友。

2. 展示课题,引导幼师生观察、感受人物的脸部特征。

(1) 找特点:男女、脸型、发式、五官特征、神态、动作等不同。

(2) 在解决怎样进行整体观察这个难点时,采用"对号入座"的游戏:当老师指着某一种脸型时,这种脸型的同学就站起来,其他同学可以评议有谁站错了,他应该与哪一种脸型对应。在分析五官特点时也用这种游戏方式,帮助幼师生轻松、愉快地将自己的特点归类。

3. 欣赏大师们画的人物头像。

4. 幼师生绘画。

(1) 分别在准备好的不同脸型的纸中选择合适的头形,然后画其五官。最后贴在老师事先准备好的一张 KT 板上,组成班级集体照。

(2) "画得不像本人可以吗? 一定要画得像才好吗?"引导幼师生只要抓住特征,画出自己的感觉就行。

5. 小结:幼师生之间团结友爱,互相关心、帮助,那我们班就是一个团结的集体,一个优秀的集体。我想送给同学们一句话:"班级是个大家庭。"

☆ 本教学环节重难点:在观察的过程中学习正确的观察方法,找出好朋友的头部特征,包括脸型、发式、五官,并表现出来;体会班级是个大家庭。

☆ 本教学环节评价:通过对比观察,能否找出好朋友的特征;通过与别人的作品比较,能否发现自己画作的优缺点;是否对大师有所了解,并大胆发言、表现;能否大胆地表现自己的好朋友;是否激起与好朋友间的友谊之情。

☆ 教学意图:与自己朝夕相处的同学是学习的好伙伴、游戏的好朋友。比较观察人物头像间的不同点,为创作提供素材,为后一层次的作业做好准备。这是教学的第一层次,也是本节课的重点,只要求画人物的头像,会使幼师生感受不到创作的难度。

(三) 自主性实践

1. 设立以"找朋友"为主题的活动,请幼师生再一次画你的好朋友。

(1) 拓展朋友的范围:与山区的同学交朋友,与上海、北京的同学交朋友,与外国的同学交朋友。

(2) 比较各民族、各人种的不同特征。如少数民族的服饰特点,黑色人种、白色人种的五官特征。

2. 欣赏大师们所画的人物线描。

3. 画下你好想结交的朋友(要求全身像),将画好的作品剪下贴在 KT 板上。

4. 小结:要是全世界的同学都成为朋友,那我们就能认识更多朋友,世界就会变得更加和平、友爱。我想送给同学们第二句话:"世界是个大家庭。"

☆ 本教学环节重难点:找出各民族、各人种的不同特征,并表现人物的形象特点;体会世界是个大家庭。

☆ 本教学环节评价:能否大胆地发表自己的感受和对自己、他人作品的意见;能否大胆地发表自己的感受并肯定自我的表现;能否大胆地表现自己想结交的好朋友;是否有我们的朋友遍天下的感受。

☆ 教学意图:幼师生也是社会的人,对他们来说幼师生活是人生的起步,从进入学校就接受交朋友、建友谊的熏陶很有益处。教学层层深入,拓宽了创作的范围,也拓展了内容的空间。第二层次的创作要求完成全身像,难度略微提高,有了第一步的铺垫,幼师生同样能轻松完成,避免了创作时的畏惧心理。

(四) 拓展性结课

1. 随着科学技术的不断发展,人类不断地向宇宙进军,我们还可以和外星人交朋友。我想送给同学们第三句话:"宇宙是个大家庭。"如果我们幼师生学好更多的知识,课外可以把外星的朋友画下来。

2. 认识这么多新朋友,你高兴吗?

3. 进行课堂评价。

☆ 本教学环节重难点:体会宇宙是个大家庭;将学到的知识在课后授用,继续研究。

☆ 本教学环节评价:能否在活动结束时自己整理材料;能否学以致用;能否真正地将教学延伸,将知识内化。

☆ 设计意图:进一步拓展教学,同时令其向课外延伸,使美术课中建立的兴趣得到延续,可见结交好朋友是再学习的巨大动力。一两句话的课后拓展,让幼师生有了更宽的学习天地和更大的学习动力。

《沟通从心开始》

【辅导目标】

1. 加深幼师生对沟通交流的认识与理解。

2. 帮助幼师生认识并掌握一些有效的沟通要点和技巧。

【辅导重难点】

1. 了解沟通的重要性、掌握沟通的技巧。

2. 引导幼师生产生积极、健康的情感沟通体验。

【辅导准备】

1. 纸片(每人两张)。

2. 幼师生准备一句话表演。

【辅导过程】

一、暖身游戏:折纸(5分钟)

1. 第一轮:

要求:根据指令折纸,不能询问也不能与周围同学交流。

指令:请将手上的纸对折,再对折,再次对折,将左上角撕下。

分享同学所折图形,思考图形不一样的原因。

如果希望所有幼师生都能折出一样的图形应该怎么做?

2. 第二轮:

运用刚才讨论的方法,再次折纸。

通过对比两次活动的区别,推导出沟通的重要性以及沟通的三要素:表达、倾听和反馈。

二、沟通训练营(25分钟)

有研究表明有效的沟通行为比例中,表达和倾听所占的比例相当大,一般来说,表达占 35％,倾听占 40％。这个数据告诉我们:如果我们能有效掌握表达与倾听的技巧,那么我们的沟通就事半功倍了。

1. 第一项训练:有效表达。

(1) 故事分享:解梦。

有个国王做了一个梦,梦见自己的牙齿一颗颗掉光了。他很不安,传了一个解梦者来解梦。这个解梦者说:"陛下,这是一个不好的兆头。就像你一颗颗掉落的牙齿一样,你的家人也将一个个先于你死去。"国王听了大怒,命令将此人投入监狱,并吩咐再传一个解梦者来。第二个解梦者说:"陛下,这是个好兆头。这个梦的意思是,你将比家里所有的人都活得长命。"国王听了非常高兴,赏了这个解梦者一大笔钱。

请你思考:① 两个解梦者话的意思是否一样呢?

② 他们的遭遇为什么截然相反?

小结:立足点不同,前者立足于死,而后者立足于生。

最简单的表达技巧就是:了解对方的需要,从对方的角度出发,同样的意思,不同的角度、感受就不同,这就是表达的艺术。

(2) 一句话表演:"你为什么要这么做?"

请两位幼师生分别表演"你为什么要这么做"这句话,请幼师生认真观看,并注意自己的情绪感受。随机请幼师生来感受。

表演:第一位:愤怒(肢体动作,语气语调)(表情严肃,手拍打桌子,指着对方)。

第二位:关爱(肢体动作,语气语调)(表情微笑,手拍打对方肩膀)。

请你思考:你感受到的情绪有什么不同? 同样的一句话为什么带给我们不同的情绪体验? 在表达的过程中有什么不同?

沟通的结构:语调语气38%;非语言/肢体语言55%;语言文字7%。

2. 第二项训练:用心倾听。

你是一个好的倾听者吗? 倾听中应该注意些什么呢?

小活动:我说你听。

活动规则:同桌两人为一小组,左边的同学担任表达者,右边的同学担任倾听者。

要求:

(1) 表达者活动要求:请全体表达者闭上眼睛,埋头思考一个你最感兴趣的话题,待会儿与倾听者交流。

(2) 倾听者活动要求(只让倾听者知道):无论待会儿表达者说什么,都不理睬,不回应。

活动时间:一分钟。

感受分享:请部分表达者和倾听者谈谈活动中的感受。

教师发问:表达者,你希望对方怎么做呢? 倾听中我们应该注意些什么呢?

教师指导后,幼师生用正确的倾听方式再练习一次。

教师总结:最高层次的倾听是设身处地的倾听,需要同学们在听的过程中不仅仅是用你的耳朵,而且要用你的心,不仅是听,还要思考,对方表达的内容和情感。这种倾听的能力,既是一种尊重人的态度,也是一种可以训练的、十分有效的人际沟通的方法和技巧,在人际交往中灵活运用表达与倾听,将会使你拥有更多的朋友,赢得好人缘。

三、请你思考(6分钟)

在沟通中我们还应该注意些什么?

比如:

1. 对方无意中伤害了我,我会……

2. 当我和他人的意见不一致时,我会……

3. 发生了误会,我会……

四、总结(5分钟)

1. 请幼师生思考并分享:"一句话感受!"

2. 教师总结提升:其实生活中我们在解决问题时,通常是多种沟通技巧的综合运用。

无论我们运用何种方式、何种技巧进行人际沟通,最为关键的是真诚待人的情感、以心换心的交流,这才是人际沟通的真谛。

【课后延伸】

回忆自己最成功的一次沟通和最失败的一次沟通,思考其中的差异,总结如何更好地与人沟通。

【辅导建议】

1. 课程背景:沟通是一门艺术,是人际交往的基础。对于幼师生来说,在这一阶段自我意识快速发展,与人沟通时,常常以自我为中心,不善于表达自己和倾听他人。有效的沟通可以帮助幼师生尽快地建立良好的人际关系,更好地与家人、老师和同学相处。与此同时,沟通的能力对于幼师生的人生发展也有着非常重要的作用。没有人是天生的沟通大师,幼师生可以通过掌握和运用沟通技巧,去改善自己的沟通状况,为将来人生的成功奠定基础。因此,帮助幼师生建立良好的人际关系,应从协助他们形成正确的人际交往态度,从而获得有效的人际沟通技能开始。

2. 教学建议。

(1)本课讨论和分享环节较多,教学时一定把握好时间。

(2)"你说我做"环节,在告知倾听者要求时,可将每列倾听者的排头同学叫出告知要求,并让其回到教室悄悄往后面传要求,教师要注意对此环节的掌控。

【辅导素材】

沟通小活动:完美搭配。

活动过程:出示 10 张图片,每张图片都有一定的联系,请你从你认为最好的角度将这些图片两两配对,并说明理由。

1. 独立完成:要求幼师生之间先不讨论,独立完成"最佳配图",请一两位同学简单分享。

2. 小组讨论:分小组讨论,讨论出每个小组的完美搭配。

你在与组内同学的沟通的过程中,有什么感受,你认为有效的沟通还要注意些什么?请幼师生分享,讨论过程中的感受。推导出影响有效沟通的因素:理解、谦让、尊重、宽容等。

《长大后我就成了你》

一、活动说明

师生关系是幼师生三个主要的社会关系之一,但是近些年的一些调查表明:目前的师生关系并不理想,很多幼师生对老师有惧怕心理,有些人不自觉地把师生关系对立起来,以至于不敢和老师交流,也不敢问老师问题,影响到学习成绩的提高。

二、教学目标

1. 通过辅导,使幼师生明确尊师是重教的前提,只有尊师才能形成融洽的师生关系。

2. 通过情景再现,使幼师生了解到师生关系的发展变化的历程。

3. 通过回忆与讲述,体会良好的师生关系是在学习与生活中通过彼此的交往建立起来的。

4. 克服心理障碍,主动与老师交朋友。

三、教学重点

倡导新型的师生关系,营造民主、和谐、平等、合作的师生交流氛围。

四、教学过程

(一) 课前准备

1. 搜集有关古人尊师重教的故事与图片、视频等,并创编情景剧、评书。

2. 搜集现在的师生交往中最有趣的事情,有条件的可以表演出来。

3. 搜集有关的歌唱老师的歌曲、诗歌、散文名篇等,从而树立正确的师生观的启蒙。先放歌曲《每当我走过老师的窗前》(课前划分好小组,通过合作探究完成)。

(二) 导语引入

学校是一个温馨的大家庭,我们在这里学习、生活,愉快地成长,每天要接触到三类人:第一,是与我们朝夕相处亲如兄弟姐妹的同学,是他们的帮助与支持才使我们拥有了美好的友情;第二,是默默无闻、无私奉献的后勤工作者,是他们的辛勤劳动免除了我们的后顾之忧;第三,更重要的是有呕心沥血、甘当人梯的老师,他们心系国家的前途、人民的重托,默默耕耘在三尺讲台之上,用粉笔书写着平凡而辉煌的人生。公历 9 月 10 日,是我国的教师节。确定 9 月 10 日为教师节,是因为新生入学伊始,即开始尊师重教活动,可以给教师教好幼师生创造良好的氛围。同时,9 月份全国性节日少,便于各方面集中时间组织活动和突出宣传报道,促进在全国范围内形成尊师重教、尊重知识、尊重人才的良好社会风尚。今天我们一起来探讨师生关系这个话题。

(三) 过去的师生观

1. 哪个同学来讲讲古人尊师重道的故事? 如程门立雪、毛泽东敬酒、写贺信等。

2. 你过去是怎么看待你的老师和教师这门职业的?

3. 你收集到的有关的名人名言。

4. 请幼师生列举自己害怕老师的情景:如(1)打招呼;(2)向老师发问;(3)不懂装懂;(4)举手发言;(5)申辩;(6)和老师说话尴尬、难受;等等。

5. 在你与老师的交往中,曾经发生过与老师对抗的事吗?如果有,是什么事?你现在怎么看待这件事？其中的是非你能分得清吗？

6. 你做过哪些尊师的事情？在小组内交流，并说说谁在这方面做得最好。

（四）美好的回忆

很多时候老师留给我们的也许只是一束渴望的目光、一个鼓励的微笑，或者是课堂上一句亲切的话语，或者是台灯下批改作业的一个身影。他们的一句话往往会坚定我们为一项事业奋斗终生的信念，一次偶然的提示有可能点亮了我们对某一领域兴趣的火花。

让我们停下匆忙的步伐，泡杯清茶，静静地独自待上片刻，拨开尘封的记忆，回忆一下在自己生命里出现过的老师，以及他们曾经给过我们的感动。

1. 你最喜欢的老师是谁？在你们的交往中，你印象最深的事是哪件？

2. 这些老师中，有你把他当成朋友的人吗？

通过讲述、小组交流、情景再现、"夸夸×××老师"等活动，进一步加深对师生关系的理解。

（五）与老师交朋友

老师既是我们成长的阶梯，也是我们的恩人，更是我们相知甚深的朋友，我们应该克服心理障碍，主动与老师交朋友。你们有这样的想法吗？有信心找一位老师交朋友吗？

1. 下面我们分组讨论并制定一个方案，在近期内找一位老师交朋友，你们说好不好？

（1）走近老师的心灵：以采访老师为主要活动形式，拟定采访的话题。

（2）请老师谈谈对你的了解和期望，坦诚与老师对话。

（3）大胆向老师说出"老师，我能成为你的朋友吗？"

（4）向老师索取签名或签名照片。

（5）与老师礼貌告别。

2. 团体行为训练法（每组选一名平常做得好点的同学扮演老师）。

（1）以小组为单位（6～8人），采用以上的方法训练，从而增强幼师生与老师交往的信心和勇气。

（2）其他情景训练：

①向老师问好；②致谢；③向老师请教。

（3）结对训练：针对一些在行为训练中完成不好的同学，帮他们与表现良好的同学结成对子，当表现良好的同学向老师问好时，他也同时向老师问好；当表现良好的同学向老师请教时，他也跟随去。通过结对训练的方式，使一些胆子较小的同学进行观察学习，改进自己的行为。

（4）幼师生认为需要进行训练的特定情景。

（六）老师我爱你

1. 老师是你的朋友，那么从现在做起，你准备怎样用最纯朴的方式向你的老师表示节日的祝贺呢?

2. 小组交流,展示你的金点子。

3. 老师的建议:千万不要把老师当仇人,更不要把老师当敌人。不要经常去想我最讨厌的老师是谁,老师有哪些做得不对。这样的幼师生永远是发展最慢的幼师生。信其道才能听其言,只有把老师当父母一样尊敬,当朋友一样依赖,才能使幼师生们的成长更迅速。

4. 下面向你们推荐几种既充满尊师之情、又简单方便的祝贺方式,同学们不妨一试:

(1)给老师发一封庆祝教师节的电子邮件。

(2)给老师写一封表露自己感激之情的亲笔信。

(3)自己制作一个贺卡,送给老师,或到商店买一张贺卡,写好祝福语后,悄悄放在老师的办公桌上。

(4)早上见到老师时送上一声亲切的问候。

(5)给老师画一幅铅笔画,再加上一行深情的问候或写首抒情诗。

(6)当老师走进教室时,能看到黑板上写的祝教师节快乐的话。

(7)一份自己决心改正缺点追求上进的日程表。

(8)以全班同学的名义,在老师的讲台上放一束鲜花。

(9)帮老师把讲台擦干净,或给老师买一包润喉糖,让老师保护好嗓子。

(七)长大后我就成了你

播放并跟唱《长大后我就成了你》的视频或录音,在歌声中体验师恩的伟大与崇高。

五、课例评析

本课是在对幼师生进行"良好的师生关系"心理辅导时采用的心理引导形式,借鉴了"行为治疗技术"的相关理论,应用团体行为训练的方法——即通过行为训练的方式改变个体的行为,从而达到改变个体心理模式的目的。具体地讲,就是辅导员在确定好训练目标后,以群体为单位进行行为训练,采用强化、惩罚、厌恶及条件反射等手段,使个体或群体的行为向辅导员预期的方向改变,达到使受训者增加某项适应性行为或者是停止某些不良行为的目的。

(一)几个事例

1. 如果你吃药或者打针的时候不哭闹,我就给你买东西,就带你去公园玩。

2. 我们在心理学中学习过的巴甫洛夫的"通过行为训练"实验,以及狗见到灯光就分泌唾液的"条件反射"实验,是我们进行行为训练的重要理论基础。

3. 针对幼师生对长跑的厌恶情绪,可以在长跑之后结合一项令幼师生感到愉快的活动,如让他们去买饮料,或者去打篮球,或者去室内活动等。

4. 美国心理学家桑代克把饥饿的猫放进迷箱的试验,提出"试误学习"的理论,从而得出的三条学习规律:(1)准备律:学习者的对刺激的反应首先取决于它是否做好准备,所以放进笼子的里必须是一只饥饿的猫;(2)效果律:满意或者不舒服的程度越高,刺激与反应的联结就越加强或是越减弱;(3)联系律:反应重复的次数越多,刺激与反应的联结就越牢固。

5. 斯金纳关于操作性条件反射作用的实验,是在他设计的一种动物实验仪器即著名的斯金纳箱中进行的。箱内放进一只白鼠或鸽子,并设一杠杆或键,箱子的构造尽可能排除一切外部刺激。动物在箱内可自由活动,当它压杠杆或啄键时,就会有一团食物掉进箱子下方的盘中,动物就能吃到食物。箱外有一装置记录动物的动作。斯金纳的实验与巴甫洛夫的条件反射实验的不同在于:(1)在斯金纳箱中的被试动物可自由活动,而不是被绑在架子上;(2)被试动物的反应不是由已知的某种刺激物引起的,操作性行为(压杠杆或啄键)是获得强化刺激(食物)的手段;(3)反应不是唾液腺活动,而是骨骼肌活动;(4)实验的目的不是揭示大脑皮层活动的规律,而是为了表明刺激与反应的关系,从而有效地控制有机体的行为。

(二) 团体行为训练的运用

1. 确定要训练的行为:首先要明确训练的行为是什么。

2. 确定靶行为:在训练中,通过初步的行为功能分析,治疗者可确定整个训练过程或者各个训练阶段中需要加以改变的患者问题行为中的具体目标,这些目标称为靶行为。

六、对目标进行分析

1. 确定目标以后,要对该目标行为进行分析,以确定训练的内容和过程,包括:该行为被改变的难度,幼师生已有的行为情况,改变该行为的适用方法。例如幼师生吸烟问题,要一下子戒烟是不可能的,我们要制定具体的分目标:认识吸烟的危害→减少吸烟的次数→采用替代物→不再依赖替代物→对吸烟产生反感,从而:巩固戒烟效果→继而成为宣传吸烟有害健康的典型→得到群体的赞扬,达到戒烟的目的。

2. 制订团体行为训练的计划。在分析行为目标的基础上,我们要开始寻找影响目标行为的相关条件,制定具体的实施办法,设计恰当的活动以达到目的。例如在帮助幼师生克服在人多场合焦虑问题的行为训练中,分目标分别是:"在团体中获得自我肯定"、"在团体中信任他人"、"在团体中与他人分享自己的感受"、"在团体中获得信心,克服焦虑感",根据这些分目标,可以分别设计活动:"词语或作文接龙——自我肯定"、"分享成功——分享自己的感受"、"优点轰炸——获得信心"。

七、实施训练

1. 首先是进行心理热身,使受训者大多数成员得到放松,形成良好的氛围。良好的团体氛围往往使学习者能更好地掌握新的行为或者消除不良的行为。团体凝聚的程序有赖于目标活动的成败,当全体组员在各项目标互动活动中,或在小组时间中,大部分组员是以积极的方式参与活动,并能真情吐露;另外一些组员的问题行为(或称为一种防卫机制行为)得到了温和的处理,也愿意参与互动的活动和经验的分享回馈,这样大多数的团体组员就能很快地发展其团体的信任感和归属感,并愿意放弃心理防卫的防卫外壳,低的开放层次是能与组员分享体验,高的开放层次是能真情吐露内心的感受(不是隐私)。这样的小组达到目标有了保证。例如:在"小电视剧"的活动中,我们仅给小组三个小时的时间去准备,包括讨论表演内容、角色分配、排练、道具的制作和表演。每个成员都能自觉地担任角色,负上各自的责任,每个组员都能委身投入活动中,乐意地去参加表演,充分体现出团体的凝聚力。

2. 其次是要设计一系列互动的活动(包括特殊情况下的候补活动),组织组员全体参与,在参与过程中得到冲击、体验、回馈……各有不同程度的成长。发展目标的达到并不是在于每一个活动的终结,而是在于过程中。组员在目标活动中相互信任,共同去活动、探索、解惑。老师的责任就是刺激成员互动、探索,从拼图的活动中,再引导走进团体独特(指成长目标)的世界。对群体中出现抵触情绪的成员应及时进行干预,私下与他交换意见,必要时可以请他退出训练。因为心理训练的一个重要的原则就是被训者要能接受老师的心理暗示,否则无论是什么样的导引方式都不会收到实效。当然,如果有较多的成员持有异议的话,就有必要对活动做适当的修改。

3. 再次要激荡探索。这一程序其实是融汇于目标活动当中的一个代表性的心理技巧,在每一个互动活动和每一次小组时间都要贯穿运用此技巧。组员只要自我开放,投入活动时,都会打破原来的心理平衡,在激烈的矛盾心理当中,寻求出新的心理平衡,这就有了新的成长体验和解决障碍的办法,也就是心理激荡。这时老师本人还要运用以身示范、指引方向、刺激激荡、催化沟通的领导功能,以维持互动、探索、心理激荡活动的发展。

4. 最后是要进行分享体验和成长评价。每次目标活动后都应及时地进行小组活动,让组员分享体会,在轻松、和谐的气氛中互相倾吐该次活动中自己的体验,导师要求每个组员给予回馈,使组员在"自我沟通"的过程中成长,洞察了解他人、人生和社会。此时导师也应是一个忠实的聆听者,必要时也可以组织一些游戏活动进行情感气氛的催化。

成长评价是团体辅导的一个重要程序,它贯穿整个活动程序的每一个环节。它可以让组员在活动前鼓励成员定下自己的努力目标,然后在小组活动时间内进行自我肯定;也可以在每一活动后填写有刻度的或有情感头像的回馈单,加强体验或反馈意见;还可以设计各种各样的追踪发问卷、聚旧会,写下感想意见……总之,团体的成长评价是成长辅导的重要过程,一个良好的导师不可以忽视这个重要的环节。

在此环节中,也要注意情感催化的技术。老师、组长不要说有批判性的评价;本人要热诚,常带笑容,略带幽默,眼望所有组员;评价项目要多尺度,要当众公布,增加兴趣;接连失败者应给予调换目标或组员;奖品不宜贵重;鼓掌也是很好的奖励;要引导组员制造自我成长纪念品,进行自我肯定。

当然这种方法也有不足的地方,它偏重于刺激与反应之间的联系,有些忽视幼师生的主体作用,训练是行为而不是人本身,因而其改变可能是表面的,只治表而不治本,一旦训练停止,可能又会故态复萌,不适宜于对较高层次的人生观等问题的辅导。

《爸爸妈妈,你们辛苦了》

一、教材分析

主题活动课要求我们走出以往的学科教学模式,尤其是说教的德育模式,尊重幼师生的生活,根据其实际需要组织教学活动,引导他们在生活中饶有兴趣地学习、探究、体验,在学习中愉快地生活、成长,获取对社会的整体认知,形成自己的价值观和道德观。幼师生的品德形成和社会发展源于他们对生活的体验、认知和感悟,我们应帮助他们深入地感受生活、感受他人,从不同角度提供一些范例,启发幼师生对自己的生活经验进行反思和整理。

这一主题的目的是:通过幼师生对父母日常生活及工作情况的了解和亲身体会,感受父母持家的辛苦,从中树立为父母分担压力的思想。

【教学目标】

1. 通过观察,感受父母为家庭的温馨付出的辛劳。

2. 通过亲身体验,了解父母的工作情况,体会父母工作的辛苦。

3. 明白家庭的幸福、自己的成长离不开父母的无私付出。

【教学准备】

1. 观察妈妈的手,与自己的手对比有什么不同。

2. 课前调查了解父母一天的工作,通过自己的所见所闻来了解他们的工作情况。

3. 音乐、诗歌。

二、设计思路与设计意图

1. 以联系实际活动贯穿全课。使幼师生在活动中领悟人间真情,激发爱心奉献,领略爱的幸福。

2. 让幼师生在活动中体验和感悟,把课堂创设成自己的家。创设各种情景,如同回到自己的实际生活,从内心真正体验。

3. 在交流合作中演一演,实现情感调动,培养帮助父母、孝敬父母的思想品质。

三、教学过程

（一）欣赏全家福导入

1. 父母是我们生命中最重要的亲人,哪些同学带来了他们的全家福,请他向我们介绍他的家庭。

2. 看了照片,你想用什么词语来形容他们的家庭呢?

（温暖、幸福……）

教师:说得真好。可你们知道吗,父母为了你们为了家,付出了多少艰辛? 今天,就让我们走进他们的生活去更深地了解他们。（板书课题）

（二）大手和小手

1. 猜谜:有一家人,共有十个兄弟,他们长短不一,胖瘦不一,他们团结起来是最强大的。（打一人体部分）

（谜底:手）

2. 对比中出体验:观察书中妈妈的手一图,并结合自己的观察,谈谈妈妈的手与自己的手有什么不同,从而激发起幼师生们懂得体贴妈妈的思想感情。

幼师生:妈妈的手很粗糙,有很多茧,而且还开裂。我的手很光滑。

3. 看图,妈妈的手为什么会这样,她的手做了什么? 结合实际,说说你妈妈的手做了什么?

4. 妈妈的双手是那么勤劳,让我们一起来表达感激之情好吗?

《夸夸妈妈的手》(放背景音乐)

妈妈的手,可以用魔法把白净的米,变成香喷喷的米饭。

妈妈的手,可以用面皮粗糙的鸡蛋,变成黄黄的、诱人的鸡蛋羹。

妈妈的手,可以把脏兮兮的衣服,变成洁净的漂亮的衣服。

妈妈的手,可以用小魔棒把一团团彩色的毛线,变成一件令人羡慕不已的彩色毛衣。

妈妈的手,是一双温暖的手,轻轻地抚摸着我的头,使我心里充满了安全感。

妈妈的手,是一双粗糙的手,因为她对我付出了太多。

妈妈的手,是我人生路上的指明灯,使我走上正确的道路。

妈妈的手,是一双勤劳的手,她用她那勤劳的手,使我家变得美丽、漂亮、整洁。

妈妈的手,是一双温暖的手,是一双奇妙的手,是一双勤劳的手,是一双灵巧的手,同时也是一双充满母爱的手。

教师:妈妈用勤劳的手给你们带来了幸福感,你们现在吃的、穿的、用的都需要用钱来买,那这些钱都是怎么来的呢?

幼师生:爸爸妈妈上班、做生意挣来的。

教师:是的,同学们,爸爸妈妈为你买漂亮衣服,使你们拥有美丽;给你们买好吃的,使你们拥有健康;花钱送你们来读书,使你们拥有知识。你们现在拥有的一切都是他们每天辛勤劳动一点一点挣来的,作为他们的儿女,你们都了解他们的工作情况吗?

(三)图文结合,初步理解

观察书上的两幅图,着重根据图中爸爸对工作认真、负责的态度对幼师生进行正面教育,鼓励幼师生在对待学习上也应该如此。

(四)交流体验,深入体会

1. 小组讨论交流:谈谈自己到父母上班地方的所见、所闻、所感。

2. 通过幼师生自己的调查了解,谈谈父母一天的工作,使幼师生能更深地了解父母持家的艰辛。

3. 小组交流,谈感受。

(五)感悟深化

1. 引导学习《今天我当家》,思考父母的恩情该如何报答,请用实际行动来分担父母的辛劳,表达对他们的感激之情。准备怎么做,请写下来。

2. 做手语操《跪羊图》(放背景音乐)。

四、课后反思

教学时从幼师生自己家的全家福入手,把幼师生自然而然地引进愿意谈论分享的话题,充分调动了他们的主体参与意识。通过夸父母的手、画父母的手等活动的开展,引导孩子讲讲父母对长辈的敬爱,对子女的爱抚,对邻居的关心等,幼师生通过课前观察记录,让他们用自己的眼睛亲眼看到父母辛劳的情景,从而知道父母每天要做许多事情,幼师生只有理解了在这些情况下该怎么表达对父母的爱,才能表演,让幼师生参与评说,本身就表达了对某种行为的态度,也就更加深了认识和体验,允许幼师生随时出主意,既是对上台幼师生表演的补充和支持,不至于使他们太紧张,又能调动全体幼师生的参与意识,使每位幼师生都能置身于活动中,幼师生通过参与评说或争论,辨明是非,从而加深了对好孩子和坏孩子的认识,也进一步激发了对父母的爱。

当然,这样的课堂也有弊病:课前花费的时间和精力太大,准备的时间很长。经常实施这样的教学会很累,而且也有虚假的成分,因为大量的工作都是事先准备好的,未免在课堂上有表演的成分,显得不够真实。

第四单元
成长阶段的人际交往和礼仪

礼者,敬人也,这是幼儿教师礼仪的首要原则,也是幼儿教师礼仪的灵魂所在。幼儿教师每天都要和孩子、家长以及社会上的人们沟通,他们的着装打扮、言谈举止、待人接物等反映了自身的修养和品位,更是幼儿学习效仿的榜样。幼儿教师作为幼儿园的形象代表更应该时刻都注意自己的言行举止,在日常工作中以良好的形象和规范的行为感染、引导幼儿。

第一节　虚心请教,积累经验

幼师生不仅要在学校认真学习幼儿教育、教学的理论知识,更要去幼儿园实践。在见习和顶岗实习期间要认真向指导教师学下相关的礼仪,如职业修养、精神面貌、仪容仪表、行为举止、语言沟通等,并且严格遵守幼儿园教师各项管理制度。

一、职业修养

1. 有高度的责任感和事业心

对幼儿认真负责,热爱尊重每一个幼儿;有良好的敬业精神和献身精神,勇于吃苦,为了工作不计较个人得失;能意识到自己的工作与幼儿园、国家的命运、前途和社会发展的关系。

2. 和谐的人际关系

善于团结协作,妥善处理与周围同志之间的关系;善于交流、化解矛盾;以集体利益为重,与人为善、和谐相处;能意识到与他人合作的价值。

二、精神面貌

幼儿教师的精神面貌,是幼儿教师形象的灵魂。

第一,积极主动开展工作,乐于助人,能与他人分享教育经验和教育成果。

第二,模范遵守社会公德;追求和创造愉快、健康、向上的氛围。

第三,有积极的生活态度和价值观,给人以朝气蓬勃、振奋昂扬的形象。

幼师生应努力使自己具备以下的心理素质和品质:心态——自尊自信的;品质——真诚正直的;性格——活泼开朗的;心胸——豁达宽容的。

三、仪容仪表

1. 着装

幼儿教师上班时适宜选择"流行中略带保守"的服装,而不宜穿着太时髦或太暴露的服装(超短裙、超短裤、吊带裙、低胸装)。

衣着打扮符合幼儿园教师的职业特点:衣着活泼大方,大小得体,便于活动,颜色鲜艳,不同场合穿不同服装,给孩子以美的熏陶。

细则:日常着装柔和、大方、典雅,以色彩柔和淡素的职业装为佳;上岗时穿轻便、色彩艳丽的休闲装或娃娃服,下装长度不可太短,配以舒适、多样式的鞋子;上班时间不可赤脚、穿拖鞋或踢拉着鞋,带班或幼儿午睡时不穿有响声的高跟鞋。

2. 仪容(化妆)

仪容要精神饱满,健康向上,面带微笑,充满活力。

细则:保持口气和体味清新,仪表整洁;日常生活化妆自然、大方、淡雅,与肤色衣服相匹配;杜绝浓妆艳抹浓指厚甲,不可使用有刺激性气味的化妆品;染发应选大众色,工作时间将长发束起,不披头散发;额前头发不可过长,以防挡住视线;佩饰不要太夸张,稍加点缀即可。

四、行为举止

幼儿教师良好的举止将给每位经过您身边的人们带去教师特有的优雅和气度。

1. 体态(站姿、走姿、坐姿、交谈姿势及手势)

姿态要端正、大方、自然、规范。

细则:

（1）体态挺拔，站立自然，挺胸收腹，头微上仰，两手自然下垂，面带微笑。

（2）走姿稳健轻快，头正胸挺，双肩放平，两臂自然摆动，双目平视，不左顾右盼，随时准备问候家长、同事和幼儿。

（3）手势自然、适度，曲线柔美，动作舒缓，力度适中，左右摆动不宜过宽。

（4）交谈姿态以站姿为主（忌双手抱胸前、靠墙、歪斜或双手插在口袋里），自然亲切，对幼儿可采取对坐、蹲下、搂抱的姿势，尽量与交谈方保持相应的高度。

2. 良好行为

（1）办公——保持安静，集中精力，抓紧时间，认真书写，分析思考；讨论问题应轻言轻语。

（2）接待家长——起身迎送，微笑问候，点头示意；询问了解，提供帮助，反映问题。

（3）带班教学。

坐姿——面对幼儿端坐，双腿并拢，上身正直，双手自然摆放，或左手搭右手放膝盖上（忌：坐幼儿桌子，跷二郎腿，腿伸得很长妨碍行走）。

指示行动——指示幼儿时用语言加手势提示，或牵着手引领指示，不拉扯身体和衣服，不随便用手指点。

班务行动——轻声缓步，不影响幼儿的学习休息。幼儿午睡时不聊天、不打电话（忌：始终握着茶杯，入园离园时坐着接待幼儿或扔书本等不文明行为）。

师幼互动——热情温和，积极应答，仔细观察，不断提示，给予评价，鼓励欣赏。

（4）日常办公。

遵守时间——按时上下班，有事（病）请假，带班不离岗，不因私随意换班。

升旗仪式——立正，表情庄重，不说话，行注目礼（忌：身体歪斜、双手插在口袋里、手背后或抱胸、交头接耳、嬉笑逗闹等）。

对待工作——积极完成，忌消极怠工、拖拉推诿、等靠依赖、胡乱应付等。

学习开会——准时到会，专心聆听，认真做笔记，真诚交流，手机静音，适时鼓掌（忌：讲闲话、发短信、乱丢纸张、拍桌摔物、随意进出、结束时椅不还原等）。

使用物品——轻拿轻放，节约水电，按需用电，及时关水，忌损坏浪费。

环境卫生——有序停放车辆，自觉保持环境卫生，不扔垃圾、不随便张贴等。

生活用餐——文明用餐，离开时主动清理桌面、座椅归位（忌：挑选食物，乱扔剩饭菜，高声谈论）。

（5）接待领导嘉宾或来访者。

接待领导嘉宾，在大门予以热情的欢迎，主动握手问好，在客人的前侧引导进入接待室,请坐,沏茶,敬茶。

介绍贵宾,介绍的先后顺序一般是:"尊者居首",男先女后,主先客后;如果双方都有很多人,要先从主方职位高者开始。

客人将要离开,相送至园门外,(客先伸手)握手再见,并表示对其到访的感谢和再次到访的欢迎。

值班人员对来访者主动问好,询问来访原因,提供帮助和联系,礼貌地请来访者登记。

五、语言沟通

全园推广使用普通话。语言:语速适中,语言生动、有趣、儿童化。

1. 上课语言

上课语言语速要适中,语言生动、有趣、儿童化。

细则:使用普通话,用词规范;语气柔和,委婉中听,忌大声呼叫;咬字准确,吐音清晰;语调婉转、平稳,抑扬顿挫,语速适中。

2. 生活语言

生活语言要亲切关爱,体贴入微,力求体现母爱。

细则:不讲粗话、脏话,忌训斥幼儿;忌大呼小叫;不要离听者太近;时刻面带微笑,保持恰当适度的目光。

3. 文明用语

(1) 接待来宾请使用(忌:不理不睬、冷漠、无应答):

主动询问——您好,请问您找谁?请问您有什么事吗?需要帮忙吗?

被动受问——哦,抱歉,这个我还不太清楚,我可以帮您问一下。

(2) 对同事:

上班时进幼儿园见到园里的工作人员,均应问"你好"、"早上好"或点头致意。

称呼——在幼儿面前对同事不直呼其名,用幼儿角度的称呼:×老师,忌用生活中的称呼小×、老×……(言谈间不涉及他人隐私)。

提出意见——我对这件事有看法,因为……

提出建议——我想,能不能这样……(供参考)。

(3) 对小朋友和家长使用文明礼貌用语。

问候语——你好!小朋友好!宝宝好!早上好!……

请求语——请、请稍等、打扰您了、麻烦你帮我……

感谢语——谢谢、非常感谢……

抱歉语——抱歉、对不起、很遗憾、请原谅……

道别语——再见、明天见、待会儿见……

宽容语——没关系、不客气、应该的……

（4）打电话：

打电话——先问好，然后做自我介绍，接下来再说事。例如："喂，您好！我是××幼儿园×班的××老师，你是××的妈妈吗，是这样的……"

接电话——先问好，然后做自我介绍，接下来再询问。例如："喂，您好！××幼儿园×班××老师，请问你找谁？"或："您好！我是××，有什么事吗？"

放电话——等对方放下电话，然后再挂机。

4. 日常交流中的忌要

把礼貌习惯性用于日常口语中，注意不同环境下的音量与语气，对家长体现尊重，对同事体现友爱，对幼儿体现关爱。

（1）当家长提出要求或意见时：

用语：我们一定认真考虑你的意见；您的要求我们明白，请您放心；我们会转达你的建议，谢谢您的帮助。

忌语：那怎么可能，你想得太多了，这是不允许的。

（2）当幼儿生病需要服药和照顾时：

用语：您放心，我们会按时给孩子服药，有特殊情况会及时与您联系；药我们已经按时给孩子吃了，据观察孩子病情有所好转，请回家再接着服药。

忌语：知道了，他的药真多，他怎么老是吃药啊。

（3）当家长打电话或亲自来为生病幼儿请假时：

用语：谢谢您通知我们；病情怎么样；您别着急；孩子病情稍好些，可把药带到幼儿园，我们会帮您照顾的。

忌语：知道啦，好的，没事的。

（4）当幼儿遇到困难时：

用语：别着急，我来帮助你；你能行，再试试；有不会的，请老师或同学帮忙；不错，有进步了；挺好的，加油！

忌语：人家都会，就你不会；你做不完就别××；你就吃行，什么都不行。

（5）当幼儿无意出现过失时：

用语：伤着没有？下次要注意；不要紧，老师帮你；勇敢点，自己站起来；有大小便要跟老师说。

忌语：你怎么那么傻；你自己给擦了；真讨厌；你怎么回事。

（6）当幼儿出现打闹等不良行为时：

用语：怎么回事？有事好好说，不能动手；自己解决不了的可以找老师；别人打你，你高兴吗？这样影响多不好；相信你们是知错认错的好孩子，以后不会再做这种事。

忌语：你们两个到外面去吵；看你们吵到什么时候；现在你们打吧，让大家来看看谁赢。

（7）幼儿在园发生意外事故，主动向家长报告：

用语：真对不起，今天……；你别着急，是……；麻烦你观察孩子，有什么不舒服时，需要我们做什么，您尽管与我们联系（次日未来园，主动打电话询问）。

忌语：指责孩子，推诿责任。

（8）放学时家长晚接孩子：

用语：没关系，不着急；请商量好谁接，免得孩子着急；准时来接孩子，孩子会更觉得家庭的温暖；帮助家长是我们应该做的；孩子玩得很自在，晚点接没关系。

忌语：明天早点接呀；你怎么老是那么晚；我终于可以下班了。

（9）找个别家长谈话：

用语：对不起，耽误您一会儿时间，反映一下××小朋友近期情况；在……方面要……希望您给予配合（态度平和，说话和气、委婉）。

忌语：××一点不聪明；太吵了；在班上属于中下等；真让人心烦，小朋友也讨厌他。

（10）家长送孩子随意走进教室：

用语：家长请留步，让孩子学做自己的事情；孩子能做好自己的事情，请您放心；孩子们正在用餐，请您留步。

忌语：家长不要进来！走来走去不卫生；让他自己放书包得了。

（11）家长送幼儿来园上交家庭作业：

用语：做得真棒，宝宝的作业真有创意，做得很认真，你的手真巧，谢谢家长的配合，你的××真是个好老师，又有进步啦，真漂亮，老师知道你做得很认真，老师知道你尽力了，相信你下次做得更好，下次听清要求会做得更好。

忌语：这是你自己做的吗？怎么做成这样啊？唉呀，做错了；实在难看；老师不是说了吗？

（12）当幼儿出现情绪不佳或不舒服时：

用语：别哭，告诉老师怎么了；让老师来帮助你；宝宝怎么了？哪里不舒服？让老师看看，跟老师说说悄悄话（蹲下、抚摸、拥抱）；你是个听话的宝宝；老师看到你比昨天进步了；老师知道你是个××孩子；老师小时候……

忌语：你怎么回事啊；你怎么又这样啦；你烦不烦啊；讨厌的家伙。

（13）幼儿请完假来园：

用语：××小朋友看起来全好啦；老师欢迎你回来；老师和小朋友都想你了；你今天真精神；落下的课老师会帮你补上；宝宝病好些了吧？我们会注意观察孩子,请您放心。

忌语：××你现在才来啊；还要吃药啊；××有好多课都没上到了,怎么办呀。

☼ 六、严格遵守幼儿园教师各项管理制度

认真贯彻国家幼教法规和未成年人保护法。努力做好班级工作,使幼儿在体、智、德、美各方面得到发展。

（一）师德

1. 教师应树立正确的教育观、儿童观,热爱、尊重幼儿,坚持积极正面教育,禁止任何形式的体罚和变相体罚。严禁打骂孩子,树立与孩子平等的观念：蹲下来和孩子说话,抱起来交流,牵着手教育。

2. 全体教职工必须严格遵守作息制度,不迟到、不早退,无大事不随便请假。

3. 教师要把全部精力放在工作上,上班期间,教师不能随便换班、替班、串班,要全面照顾幼儿,避免发生意外事故。严格做到：视线不能离开孩子。

4. 教师在校内、校外都应自觉维护教师形象和幼儿园声誉。上班期间要微笑面对每一个孩子,对家长和来宾态度友好,严禁与家长争吵。

5. 教师要注意仪容仪表,上班要穿工服,不能带明显饰物,不留长指甲；女教师不化浓妆,不穿高跟鞋,长头发要扎起来。

6. 教师带班不接、打电话,手机调成振动状态,不接待外人。进班不跷二郎腿,不坐桌子及幼儿床。不随意请幼儿替老师做事。

（二）教育教学

1. 教师必须遵循幼儿身心发展规律、幼儿的年龄特点和学习特点,以游戏为基本活动,保教并重,寓教育于生活及各项活动之中,关注个别差异,促进每个幼儿富有个性的发展。

2. 教师认真实施幼儿园规定的教学大纲,依照《纲要》的指导方针,结合本班孩子的年龄特点和学习特点,制订出学期计划,并按学期计划制订出月计划及周计划。

3. 教师积极参加教育研究活动和业务学习活动,认真备课,写好一周的教育活动计划、游戏和一日活动计划,不断改进教学形式、方法,随时更新,科学合理安排幼儿

一日生活。按时上课,严格执行作息时间。成为幼儿学习活动的支持者、合作者及引导者。

4. 教师要认真备好每一节课,坚持超前备课,保证每节课都要有教案,无教案不进教室上课。每周五前必须将教案本交给园长。教师上课前准备好教具,保证上每一节课都有丰富的材料。提高孩子的学习兴趣,绝不能老师空手上课。

5. 教师积极开动脑筋,自制玩教具。教具要结实、耐用,学期末,将自制玩教具交到资料室,以便资源共享。

6. 教师每月根据主题活动,随时更换主题墙饰。并根据班级情况、幼儿年龄特点布置生活墙饰,以利于培养孩子良好的生活习惯。

7. 教师要尊重家长,主动与家长沟通、合作,共同促进幼儿身心健康发展。平时通过家长联系本及时与家长沟通信息,双方共同配合,进行教育。每周五按时将家园联系本交给家长,每本不能写同样内容。

8. 学期结束,对教师考勤、教案、教学、班级布置等方面工作进行全面考核,对各方面表现优秀的教师进行表彰。

(三) 常规、卫生

1. 严格遵守幼儿园卫生制度。

2. 在日常生活中抓住安全、卫生教育契机,培养幼儿卫生习惯及生活自理能力落实各项常规(生活常规、上课常规等)。

3. 注重幼儿的情绪,冷热及时增添衣服,生病要立即送医院或通知家长。

4. 家长带药要求写清儿童姓名、药品名称、剂量、服药时间、次数。教师给儿童服药后要打钩。一定按时给幼儿服药。各班应准备存放儿童药品的专用药箱。

5. 每天记录幼儿的出勤情况,一月公布一次孩子的出勤率。并将考勤列入奖惩、评比条例中。

6. 饭前,保育员做好消毒桌面工作,教师带领幼儿饭前安静活动。

7. 培养孩子的个人卫生习惯,指导孩子正确的洗手方法,养成饭前、便后洗手的习惯。

8. 组织好幼儿吃饭,让幼儿安静愉快地就餐,教育幼儿不挑食,不掉饭粒,保育员应介绍菜名。

9. 教师值好班,保证每班有一名教师值午睡班,注重幼儿的午睡姿势,盖好被子,午睡时保持安静,保证时间,按时起床,指导和帮助幼儿穿好衣服。

10. 注意幼儿用眼卫生,保护幼儿视力,正常教学中不能看电视,中大班每天坚持做眼保健操。

11. 每周五将被褥摊开晾晒一次,保持清洁干净,有污染时要及时拆洗更换。

12. 室内经常通风换气,每周清理一次玩教具。

13. 夏季注意灭蚊蝇,扫帚、拖把、抹布、簸箕等清洁工具要保持清洁。

14. 班中物品需保管好,如有工作变动,必须交清,如有丢失或损坏,需及时报告,如隐瞒不报,造成不良后果,按失职处理。领取物品书刊等需有园长及本人签字,按时归还。

（四）安全

1. 严格遵守幼儿园安全制度,教师提高安全意识,并随机给幼儿灌输安全知识,提高幼儿的自我保护能力。带班时做到"人到、心到、手到"。

2. 教师要认真组织好幼儿一天的学习、生活。每天保证一小时户外活动时间,户外活动教师要组织户外游戏,大型玩具没有老师保护禁止幼儿玩耍,自由活动前教师必须提要求。

3. 注重幼儿安全,幼儿离园时要护送到安全地带,交给家长,不能让不熟悉的人把幼儿接走,如家长有事,委托别人来接必须用电话与家长联系好,情况属实,才能让他人接走。家长来接幼儿时,要简单介绍幼儿的当天情况。

4. 教师离园前应认真检查,关好门窗,切断电源,将物品放在指定地点,教室里整洁卫生,保证安全,才可下班。

（五）家长联系制度

1. 带新生的教师,入园前应进行家访;各班教师每学期可根据情况进行家访;对缺勤一周以上幼儿必须进行家访。

2. 教师平时通过家长联系本及时与家长沟通信息,双方共同配合,进行教育;期末与保健人员共同填写幼儿发展情况报告单,向家长报告幼儿在园各方面情况。

3. 在家长接送幼儿时,随时与家长联系,争取家长的了解、支持与配合。

4. 每学期召开全园家长会或班家长会一次。

5. 每学期各班可结合家长会向家长开放半日,使家长了解幼儿园工作及自己孩子各方面的表现。

6. 开办家长学校,向家长介绍科学育儿知识。

7. 建立家长园地,向家长宣传有关教育和卫生保健的知识。

8. 邀请家长代表参加园务委员会等。

第二节　树立爱心，提升素质

一、幼师生与幼儿家长交往的技巧

1. 分析心理反差，及时调整心理角色

有很多幼师生认为与幼儿相处比较容易，而与其家长相处时则常常感到有些为难。这是为什么呢？一般来说，幼师生与幼儿相处时有一种优势心理。幼儿的生理心理发育还十分不成熟，尚未形成稳定的人格特征，所以幼儿对幼师生表现出很大的依赖性和顺从性。幼儿比较单纯，他们还不太懂得如何与人相处，所以极易接受幼师生的影响。幼师生与幼儿是一种成年人与未成年人之间的关系，幼师生在相处过程中心理轻松，无负担，即使与幼儿发生矛盾，也容易调整和解决，幼师生容易控制与幼儿的关系，占有优势地位，幼师生便有一种优势心理。

而面对幼儿家长时，幼师生的这种优势心理没有了。因为家长是生理心理都比较成熟的成年人，而且具有丰富的人生经历和相当的社会经验，与幼儿相比家长就复杂多了。幼师生与家长相处完全是一种成人与成人之间的关系，这会使幼师生产生一定的心理压力。另外，作为家长，他们已经形成了较稳定的世界观和人格特征，具有很大的独立性，更重视与幼师生的平等相处，幼师生很难单独控制与家长相处的局面，因而当面对家长时，有很多幼师生并不那么自信。幼师生与家长相处和与幼儿相处是完全不同的，两者有很大差异。

对这种较大的心理反差，幼师生往往并没有明确地意识到，缺乏对这种心理反差的分析与认识，不能及时调整自己的心理角色，所以一到面对家长时就容易发憷，很紧张，常常"碰钉子"，会产生一些不适应的情况，甚至产生矛盾与冲突。

2. 掌握家庭教育的知识，提高自身的威信

教育是一项系统工程，要实现教育目标，幼师生不仅要了解幼儿园教育工作的理论，同时也要懂得相应的家庭教育知识。

（1）掌握家庭教育知识有助于提高家长对幼师生的尊重与信任。

幼师生具有家庭教育的知识，会更好地向家长汇报分析幼儿的成长发展与不足，回答家长对孩子问题的咨询，有针对性地宣传一些科学育儿的知识、方法，有的放矢地为家长在教育孩子过程中遇到的一些难题、疑惑，进行分析指点，出谋划策，提出建议，帮助家长解决具体困难,从而提高家长科学育儿的水平,也可以提高家长对幼师生的尊重与信任。

（2）主动沟通情况,正确对待并非合理的意见。

幼儿家长也并非处于完全理想状态,会有个别家长对幼师生不够尊重,对幼儿园工作有偏见,不了解幼师生的苦衷,有些批评不够符合事实,甚至会提出一些老师无法满足的自私无理的要求,对此,幼师生应该保持冷静的心态,换位思考,主动沟通情况,耐心地做好解释工作,坦诚交流看法,澄清事实,取得家长的理解。

3. 发挥主动作用,增强信任感

任何人际关系的相处都是互动的,是相互影响的,幼师生在与家长的交往过程中要发挥主动的作用,取得家长对幼师生的信任,这是做好家长工作至关重要的一环。

（1）主动介绍情况,搭建情感的桥梁。

幼师生与家长初次接触时,不可避免地会有生疏感,那么幼师生应自觉担负起建立彼此相互信任的责任,主动向家长介绍幼儿园的情况,幼儿在幼儿园各个方面的表现,诸如幼儿的健康、情绪、行为、人际关系等,以及幼儿园最近开展的活动及要求,包括幼师生为解决幼儿的问题而采取的一些措施等,都要告诉家长,从而使家长了解幼儿园,理解幼师生的意图和方法,赢得家长的信任,家长可以配合幼师生们的工作,取得更好的教育效果。

（2）主动消除顾虑,避免误会。

事实上很多家长是带着"顾虑"送孩子去幼儿园的,对幼师生心存很多"顾虑",还有不少家长怕得罪老师,有意见也不敢提,担心孩子还要继续由老师教,如果老师报复孩子,给孩子"小鞋穿"怎么办等。对此,幼师生要主动了解家长的顾虑,揣摩家长的心思,抓住需要沟通的问题,选择恰当的时机、方式,开诚布公地与家长交流看法,并以实际行动及时消除家长的顾虑,取得家长的信任,让家长放心。幼儿出现意外情况时要主动及时告诉家长,便于弥补不足,千万不能心存侥幸。如果家长发现问题再来询问,幼师生会很被动,且易发生误会,家长反而会斤斤计较,孩子身上无小事。

4. 讲究谈话的技巧方法,给家长以足够的尊重

在与家长交往的过程中幼师生往往要提出批评,这是经常遇到的一个棘手的问题。幼师生应如何对学生特别是对家长的某些不当之处提出批评呢? 又有哪些需要学习的批评的技巧呢?

（1）单独批评,避免伤害家长的感情。

幼师生向家长反映情况时,一般是在下午幼儿离园时,这时家长和幼儿很多,如果不注意,让其他的幼儿和家长听到,会影响批评的效果。不管幼师生的批评多么温和,如果当着其他人的面进行,那结果也许会很糟糕,可能伤害家长的感情,从而得罪家长,家长会以为你在出他的丑,因此产生不良的后果。有的家长可能因此迁怒于孩子,回家之后打骂孩子,有的可能造成双方情绪上的对立。

(2)先报喜,后报忧。

不管是"对中有错"还是"错中有对",幼儿的优点、点滴进步都要先告诉家长,不吝惜对幼儿应有的赞美与期望,不要懒得说,"喜"并不是简单地理解为是"应该做的",不用说,而是应该且必须说出来,要多表扬。报喜说明幼师生喜欢孩子,然后再耐心诚恳地指出问题所在。能提醒的就不要批评。

(3)用请教式的态度和口气提出看法。

批评是来自外部的,如何把来自外部的压力转化成内部的动力呢?不妨把责备变成"请教",采取请教式的批评。例如:"这个问题我不太清楚,您能讲讲吗?""您能和我谈谈孩子在家里的情况吗?"尽量采取请教、商量的态度,把找出问题的主动权让给家长,耐心地听取家长的意见,使家长产生伙伴般的亲切感,也向家长证明你是相信他的整个人格的,所以效果会更好。其实不仅是对家长,对所有人提出批评时,都应采取"请教"的方式。批评时不要以教育专家自居,不要用命令式的口吻,一副颐指气使的派头,或者说很多的术语,给人以高高在上的感觉。

(4)提建设性的批评意见。

在指出存在的问题时,把注意力集中在幼儿的具体行为和表现上,介绍幼儿情况时,最好是描述幼儿"做了什么",而不要概括"是什么样的"。批评时对问题就事论事,不概括化,批评行为本身,不能进行无视幼儿人格价值的指摘贬损,更不要一味地指责孩子。批评的目的是希望孩子获得进步和提高,重点是放在如何改,防止重犯上,幼师生要多分析原因,提出具体的改进方法。比如,为什么错,应该怎样做,为什么要这样做以及告诉处理类似事情的方法。

(5)尽量减少家长的防卫心理。

幼师生的批评要想奏效,必须尽量减少家长的防卫心理。家长如果意识到自己将要受到申斥,被人指责自己的错误,那么,他事先就会产生防御反应,具有这种精神准备的人,心里已筑起了一堵坚固的墙,阻挡你的道理进去,变得很固执,对于别人的意见往往采取拒绝的态度,容易引起不满,而不会很好地加以接受。即使你说的再有理,也不可能产生良好的效果。也就是说,对抱有某种目的而与己接近的人,人们的戒备心理尤为严重,会形成自我保护和防卫意识,本能地紧闭心扉,拒绝交流,更拒绝批评。但是,如果我们感觉到不太大的抵抗,就容易改变自己的想法。比如,在批评之前,幼师生先说:"或许是我错了",或者对家长及幼儿充分进行肯定和表扬,提高对方的自我评价,而后:"……不过,在……方面加以改进的话,就会更上一层楼"。这样家长往往容易接受幼师生的批评。

5. 遵守人际交往的道德规范,保持幼师生人格的高尚性

(1) 抵制社会不正之风的侵蚀,不利用地位向家长谋求私利。

有的家长出于对孩子教育的重视,有的是受社会不正之风的影响,或是随波逐流,会给老师"送礼";当然也有的是因老师对孩子真诚的爱感动了家长,家长主动给送东西。老师应该如何处理这些问题呢?这确实是值得每一个幼师生认真思考的问题。在市场经济条件下,幼师生要抵制社会不正之风的侵蚀,不利用地位向家长谋求私利,避免通过幼儿指挥家长,要遵守人际交往的道德规范,否则不但会降低幼师生在幼儿和家长心目中的威信,还会影响对幼儿问题的处理。幼师生要清醒地保持自己人格的高尚性,在与家长交往的过程中端正动机,不搞"权钱"交易,保持幼师生与家长关系的纯洁性,这是幼师生与家长进行交往的原则。

(2) 一视同仁,不因家长地位的高低而有亲疏之分。

幼师生与幼儿家长社会角色不同,特别是家长的社会角色是各有千秋的。一个教学班通常有几十名幼儿,幼儿家长的职业不同,身份不同。有的幼儿家长在学历、职业、收入、社会地位等方面都比幼师生高,也有的家长是普通的劳动者,甚至是下岗的工人。其实不管是普通的工人、农民,还是企业的经理、"老板"或政府机关的领导,在幼师生面前只有一种身份,都是幼儿家长,双方没有人格上的高低贵贱之分,只能在相互理解、彼此尊重的过程中进行交往,任何一方都不能采取凌驾于对方之上的态度。无论在何种情况下,幼师生对家长都应一视同仁,一样看待,一样尊重,要平等待人,不要"势利眼"、"看人下菜碟",不应因家长地位的高低而有亲疏之分,要做到平等待人,不卑不亢。

(3) 幼师生要尊重学生家长,平等协商。

幼师生要换位思考,体谅家长的爱子之心。幼师生因为是施教者,容易产生优越感,遇事爱坚持自己的观点,"好为人师",这其实很容易影响与家长的关系。幼师生要将心比心,真心理解家长对孩子的关爱,考虑家长的利益,不过分计较个人得失。幼师生还要处理好幼儿家长之间的矛盾。幼儿园的孩子之间发生矛盾、冲突是常有的事,常常是两个发生问题的孩子已经没事了,可家长之间却产生了矛盾。这时,幼师生要以一颗平常心对待每一位家长,以平等的态度对待每一位家长,在相互尊重的前提下,协助处理好家长之间的关系。

6. 幼师生要教育幼儿热爱和尊敬家长

(1) 幼师生要教育幼儿热爱和尊敬家长,帮助提高家长的威信。

幼师生教育幼儿尊重自己的家长,是使他们认识是非的一个重要方面。幼师生要帮助幼儿发现家长身上使他们感到自豪的品质,发挥家长在教育孩子中的作用。如果幼师生善于提高家长在自己孩子心目中的威信,也就提高了幼师生自己的威信,从而也就取得了家长对幼师生工作的真诚支持。

（2）幼师生可以适时适宜地通过幼儿这个媒介，向家长表达尊重之情。

在"三八"妇女节、母亲节、劳动节等节日时，幼师生有意识地让幼儿给家长送个贺卡、演个节目、唱支歌等，使家长在行为上切实感受到幼师生的敬意和尊重。

（3）幼师生不要当着学生的面议论家长的缺点，评判家长的对错。

幼师生与幼儿家长即使有不同的看法，也要注意采用适当的方法，与家长真诚交换意见，给予热心的指导，根据家长的特点，机智地帮助家长提高教育素养。避免当着幼儿的面与其他幼师生议论家长、评判家长，更要避免当着幼儿的面与家长争高低，发生争吵。

（4）针对个别有问题家长，幼师生要给幼儿以足够的指导。

当然，幼师生教育幼儿尊重家长，并不完全意味着要幼儿接受家长身上的某些不良影响。我国是一个教育欠发达的国家，国民的整体素质还有待逐步提高，幼儿辨别是非的能力还较弱，在这方面，幼师生要给幼儿以足够的指导。

☼ 二、幼师生对家长的文明用语

1. 您的孩子表现不错。

2. 您有特别需要我们帮助的事情吗？

3. 这孩子太可爱了，老师和小朋友都很喜欢他，继续加油。

4. 你的孩子今天情绪不太好，请好好和他谈谈。

5. 真对不起，由于我们的疏忽，您孩子的头上撞了一个包。

6. 请您放心，我们会照顾好您的孩子。

7. 请相信孩子的能力，他会做好的。

8. 您的孩子一直有进步，只是……还要继续努力。

9. 谢谢您对我们工作的支持。

10. 谢谢您的理解，这是我们应该做的。

11. 麻烦您协助我们填写……

12. 耽误您一点时间，我想和您交流一下孩子的情况。

13. 我们有做得不够好的地方请指正。

14. 请家长不要着急，孩子偶尔犯错是难免的，我们一起来慢慢引导他。

15. 孩子之间的问题可以让他们自己来解决，放心吧，他们会成为好朋友的。

16. 我们非常欣赏您这样直言不讳的家长，您的建议我们会考虑的。

17. 我们向您推荐好的育儿知识读物，您一定会有收获的，孩子也会受益。

18. 谢谢提醒！我查查看，了解清楚了再给您答复好吧。

19. 您的孩子最近经常迟到,我担心他会错过许多好的活动,我们一起来帮他好吗?

20. 您的孩子最近没有来园,老师和小朋友都很想他,真希望早点见到他。

21. 您有这样的心情我很理解,等我们冷静下来再谈好吗?

22. 您有什么想法,我们可以坐下来谈谈,都是为了孩子好。

23. 这件事是××负责,我可以帮您联系一下。

24. 近期我们要举行家长开放日活动,相信有您的参与支持,活动会更精彩。

三、幼师生对幼儿的文明用语

1. 请……好吗?

2. 你真棒。

3. 你真能干。

4. 你的手真巧。

5. 你真是个有礼貌的好孩子。

6. 这样做很好。

7. 这个想法不错。

8. 老师很喜欢你这样做。

9. 想想看,还能怎么样?

10. 你们商量一下怎么做。

11. 你们觉得怎样做会更好?

12. 今天的表现真不错。

13. 谢谢你帮了我。

14. 有什么事,可以告诉老师吗?

15. 我们交个朋友,好吗?

16. 做错了事不要紧,改正还是好孩子。

17. 你为什么会这么想呢?

18. 摔倒了,没关系,勇敢地爬起来。

19. 别哭,我来帮你,好吗?

20. 有什么事和老师说吧。

21. 你邀请老师一起玩,我太高兴了。

22. 你真爱动脑筋,老师真为你高兴。

23. 没关系,再仔细想想。

24. 请你来回答这个问题,请坐下。

25. 老师相信你一定行。

26. 老师相信你可以做得更好。

27. 不着急,咱们一起试试。

28. 你想一想这样做对不对?

29. 自己试着做一做。

30. 今天有点儿不开心,能跟我说说吗?

31. 你能笑眯眯地和我说话吗?

32. 对不起,是老师做错了。

33. 我没听懂,能再说一遍吗?

34. 请你帮我一下好吗? 谢谢。

35. 不错,比上次进步了。

36. 你又改正了一个小缺点,大家真为你高兴。

37. 让我们为某某小朋友的进步拍拍手。

38. 你一定很想跟他道歉,是吗?

39. 你能和朋友商量,画一幅漂亮的图画,真棒。

40. 他很伤心,你愿意去安慰他吗?

41. 你真行,我很想得到你的帮助。

42. 朋友有了困难,我想你一定会去帮助的。

43. 你一定很想跟他道歉,是吗?

44. 你能和小朋友友好地玩,老师很高兴。

45. 你能大胆、清楚地讲给大家听吗?

46. 朋友帮助了你,你一定会说"谢谢",对吗?

47. 某某小朋友也会举手发言了,大家都为你高兴。

48. 别担心,说错了也不要紧。

49. 你能和别人说得不一样吗?

50. 你愿意给花浇些水吗?

51. 你的衣服穿得很整洁,我真喜欢你。

52. 你能试着扣纽扣吗?

53. 你不光想到自己,还会想到别人,大家都很佩服你。

54. 老师知道,你会把新玩具给大家一起玩的,对吗?

55. 你和朋友一起补好了图书,大家很感激你。

第三节　活动设计

《我爱幼儿园》

一、主题的产生

从家庭来到幼儿园,是幼儿过集体生活的一大转折。他(她)们离开了温暖的家庭、自己的父母,来到完全陌生的环境。幼儿内心充满焦虑与不安,有的嚎啕大哭,有的暗自落泪,有的不睡觉,有的拒绝吃饭,等等。为了让幼儿尽快地稳定情绪,熟悉环境,实现从家庭到幼儿园的愉快过渡,于是,产生"我爱幼儿园"主题活动。

二、主题价值

1. 托班幼儿从每个家庭的个体,来到幼儿园参与集体生活,每个幼儿都有自己的个性,都有不同的方式表达自己的情感。幼儿和老师朝夕相处,师、幼彼此熟悉,产生良好的情感。并且,幼儿一些良好的独立生活习惯及探索兴趣、动作的发展等,都要在日常生活中由老师有条不紊地细心传授。

2. 活动中,幼儿在老师的引导下,充分地感受到老师无私的爱,由自信地动手、动口、动脑,发展到自己解决力所能及的问题(事)。有利于幼儿形成良好的个性品质,以及生活自理习惯、卫生习惯等。

3. 家园共育,家长与老师悉心合作,积极沟通。充分发挥师、幼、家三者的互动,共同为幼儿全面健康的发展,提供有价值的资料。

三、主题的总目标

1. 愉快地度过入园的每一天,体验幼儿园的快乐和老师的爱抚。消除紧张和焦虑情绪,高高兴兴地来幼儿园。

2. 熟悉幼儿园员环境、老师、小朋友,感受幼儿园的美,产生"幼儿园是我家"的意识和情感,提高各方面自我服务能力。

3. 培养幼儿喜爱幼儿园,喜爱同伴的感情,体验幼儿园的快乐,积极主动参与各项活动。

四、活动过程

活动一:入园

(一)活动目标

1. 愉快入园,体验幼儿园的快乐和老师的关爱。

2. 适应幼儿园的环境,喜欢幼儿园的集体生活,高高兴兴地来幼儿园。

（二）活动过程与实录

1. 尽快适应幼儿园生活，感受与同伴在一起的快乐。

2. 实施分组，因人而异分别引导的情感培养，使幼儿感到老师像妈妈一样爱她。

（1）新生入园，是幼儿步入幼儿园集体生活的转折，在这期间，部分幼儿适应得比较快，个别幼儿适应得比较慢，这与幼儿家庭培养以及幼儿的个性有很大的关系。在这种情况下，老师应根据每个幼儿的不同特点，帮助幼儿尽快适应幼儿园集体生活。这方面由于老师的努力，本学期幼儿适应得较快，哭闹现象明显少，时间短。但是，我班"贝贝"小朋友较特别，哭闹的时间很长，大约有两个多月，其中，在小班哭了一个月，托班又哭了 45 天。贝贝对幼儿园的不适应，给老师带来了很大的困难。

（2）贝贝的特点：①从来园哭到离园。②如厕时，鞋底沾水哭。③头发有汗哭。④不满足她的要求蹦、跳哭。⑤一切依赖老师帮助，即使老师帮助了还要找点事趴在地上哭。以上贝贝的表现，老师与家长交流过多次，家长的感叹是"愁，没有办法"。

（3）针对"没有办法"的感叹，教师进行了分析，根据幼儿的年龄特点，"一名幼儿哭，带动一群幼儿哭"。为此，对贝贝实施"分组式"指教，让她处处跟随老师，给予幼儿情感上的培养，活动中给予特殊的照顾，使贝贝感到老师可亲、可爱。

3. 表征（幼儿对比相片）。

（三）活动反思

1. 幼儿来到新的环境，不适应、哭是正常现象，但像贝贝哭的时间这样长还是很少，引起老师的注意。

2. 对贝贝哭的特点进行分析，对她要采取新、奇的方法，引起她的兴趣后，才能稳定情绪。

3. 老师对她的关爱、特别的照顾，使她感受到老师像妈妈一样的爱她、关心她，她从心理上感到有一种安全感，终于在活动中破涕而笑。

活动二：幼儿园是我家

（一）活动的目标

1. 给幼儿创设良好的环境，使幼儿感受到幼儿园像我家一样。

2. 认识自己的专用物品，做一些力所能及的小事，逐步养成良好的自我服务习惯。

（二）活动过程与实录

1. 学习儿歌《幼儿园像我家》。

A. 布置室内环境，给幼儿创设温馨像家一样的空间。墙面环境符合幼儿的年龄特点，布置得精巧而美观，幼儿喜欢，突出艺术性，渗透了教育意义。从而使幼儿产生了喜欢小动物的情感，喜欢以自己的方式与小动物捉迷藏。

B. 改变了区域活动空间,软化了地面,以一幅幼儿的"童语童梦"展示栏,突出了家的温馨。另外,可以给幼儿增添一些温馨的布制作品(很夸张的毛毛虫、小老鼠)。

一天,教师教了一首《猫和老鼠》的歌曲,这首歌曲激发了幼儿在活动区玩耍的兴趣。楠楠拉着老鼠跑,佳宁、子旋、浩浩扮演猫在后面追,老鼠的尾巴被一节一节地拉开,给幼儿增添了无穷的乐趣,欢声笑语在活动室内回荡。幼儿体验到幼儿园大家庭的快乐。

2. 幼儿在幼儿园家庭里学到了很多本领,自我服务能力有了很大提高。

(1)生活方面:幼儿入园时不会坐下来吃饭(在家养成边跑边喂的习惯),不会拿勺吃饭,挑食,撒饭粒等。针对幼儿存在的问题,老师耐心、细致地帮助、指导、激励,使幼儿逐步养成了良好的进餐习惯:自己搬小椅子、坐下来,一口米饭、一口菜,不挑食,喜欢吃各种蔬菜。保持桌面、地面干净,不讲话,养成了良好的生活习惯。从一份家长问卷获悉,大部分的幼儿在家可以自己吃饭。

(2)卫生方面:来园时,幼儿需要老师提醒、帮助才能如厕。大、小便撒在老师衣服上、手上是经常的事,如厕后衣服需要老师帮助提上等。经过老师细心的培养、指导,以"我长大了"、"我知道"、"自己来"等语言激励幼儿,幼儿从被动变主动,提高了自我服务能力,学会了自己整理衣裤。特别是男孩会站着小便(老师指导家长给幼儿前档处留一个小口)。幼儿都能做到饭前、便后使用肥皂洗手,主动关掉水龙头,培养了节水意识。在家长的帮助下,孩子们每天带手绢,会使用手绢擦鼻涕、擦手等。养成了良好的个人卫生习惯。

(3) 幼儿自理方面:幼儿认识了自己的口杯、手绢、衣帽橱的标记,并会正确使用。每天来园脱下的衣服,自己取放,自己穿、脱鞋袜等。

3. 表征(照片)。

(三)活动反思

1. 一首儿歌《幼儿园像我家》,激发幼儿爱幼儿园的情感,感受老师像妈妈一样关爱自己。体验到大家庭有老师、同伴在一起,是多么的快乐。

2. 幼儿的自我服务能力提高了,个别小的幼儿还需要老师的帮助,才能完成。

活动三:幼儿园里真好玩

(一)活动目标

1. 幼儿积极主动地参与集体活动,体验集体活动的快乐。

2. 能根据自己的兴趣选择材料,创造性地进行活动。

3. 在集体活动中知道遵守游戏规则。

(二)活动过程与实录

1. 家园互动,亲子活动。

幼儿初入园,家长对孩子在幼儿园做什么,参加哪些游戏活动不是很清楚,因此,开展了

"家园亲子游戏"活动,在活动中家长不仅看到老师是如何指导孩子游戏,而且可以发现孩子活动能力达到什么程度,需要在哪方面与老师互动,对提高孩子的能力,有了一个正确的认识。

2. 我们一起玩好吗?

幼儿刚入园时,都喜欢自己玩,几乎没有合作意识。自己拿到玩具后一个人玩,有时会因为得不到自己喜欢的玩具而放声大哭,或者干脆动手抢,招来同伴的不满。一次,一个叫子楠的幼儿在玩结构游戏时,拼插一座大楼需要一块积木,看到同伴手里有一块,顺手就抢过来,同伴与他吵起来。老师发现后,没有直接告诉幼儿该怎样做,而是用眼睛看着子楠,他知道自己错了,忙把积木还给同伴,并说:"对不起,你玩一会给我好吗?"在培养幼儿学会和同伴共享、合作方面,老师下了一番功夫,用眼神告诉幼儿应该怎么做。通过游戏《给我玩玩好吗?》,让幼儿与同伴间建立初步的交往、合作意识,知道向别人有礼貌地提出自己的要求,征得别人的同意后再取。日常生活中提醒幼儿注意有礼貌地和同伴交往。大声地、主动地提出自己的要求,积极和老师、小朋友进行交往。

3. 主动参与活动的积极性提高了。

(1) 主动参与自选活动(室内、户外),能根据自己的兴趣选择材料,在操作中能发现玩具的多种玩法,例如:小瓶子,开始只能压瓶盖玩,玩中发现压盖瓶能垒高,后来发现瓶子里装上采纸好看等。幼儿的动手能力有了很大的提高,增强了同伴间的合作意识,知道有了玩具大家共享,从家里带来的玩具与大家一起玩,感受到大家玩的快乐。

(2) 积极参加有组织的活动,活动中遵守游戏规则,会听口令。

①学会双脚向上跳。②大胆走平衡木。③手脚着地向前爬、钻洞。④伸手向上触物。⑤双手向前推球等。

(3) 美术活动中,幼儿从涂鸦发展到动手、动脑,学习粘贴,并会利用大自然中的树叶进行排列、分类等活动。幼儿在大自然中主动获取知识。

4. 表征(幼儿美术作品)。

(三) 活动反思

1. 活动中由于幼儿年龄小,注意力不集中,坚持时间短,往往发生别人玩什么,自己也需要什么的现象。所以,争抢同伴玩具的事情经常发生。

2. 幼儿的创造性在老师引导下,得到充分的发挥体现,幼儿进行动手、动脑、探索等不同形式创作,得到提高。

3. 幼儿的合作意识、参与意识在不断地提高,家长对幼儿园工作有了更深的了解、认识。

五、主题反思

1. 幼儿尽管适应了幼儿园的集体生活,偶尔还有个别幼儿入园哭闹的现象,不过时间短,几分钟后就愉快地参与到同伴活动中。

2. 幼儿园是个大家庭,幼儿在家里掌握了知识,学到了本领,表现得像个大孩子。在自己的家里却还是依赖父母,往往表现出家、园不一致。

3. 幼儿感受到同伴在一起游戏的快乐,学会了相互谦让,但是,由于幼儿的年龄特点,活动中偶尔出现争抢的现象,还需要老师多思考,寻找良好的指导方法。

《理解万岁——给孩子一双倾听的耳朵》

【教学目的】

孩子升入幼儿园后,生理和心理上都会发生明显的变化,本活动主要是帮助家长了解孩子的身心发展特点,熟悉幼儿容易出现的消极心理,正确把握父母的角色,更好地理解孩子,促进亲子良好沟通。

【教学策略】

活动体验,亲子互动,加固内化。

【教学重点难点】

1. 重点:帮助家长了解孩子身心发展的特点,透过日常表面现象,及时发现孩子的消极心境。

2. 难点:帮助家长把握好自己的角色,正确理解孩子,掌握与孩子有效沟通的方法。

【活动准备】

1. 材料:白纸若干,A4 纸若干、扑克牌(两副)。

2. 音乐曲目:钢琴曲《仙境》、《星空、从梦中醒来》、《相亲相爱一家人》、《风的气息》、《神秘园之歌》、《春野之行》,音响播放工具。

3. 分组:8 人一组(最好亲子在同一个小组)。

4. 活动目的:

(1) 问卷交流时,亲子互动。

(2) 在《心有千千结》的游戏中先 8 人组然后 16 人组完成。

(3) 最后《敞开心扉》时,亲子两人对坐手拉手,冥想。

【辅导过程】

活动流程

一、热身游戏导入(8分钟)

尊敬的各位家长、亲爱的小朋友们,你们好! 欢迎大家在百忙中走进我们的"牵手两代亲子课堂"! 现在每人手中都有一张扑克牌,扑克牌上的数字,就是您所在的小组,请各位迅速找到自己的位置。

(促进成员熟悉,活跃团体气氛,建立良好的人际氛围。)

现在请各小组起立,围成一个圆圈,我们来玩一个开心的小游戏《左抓右逃》。

游戏要求:所有成员围成一个大圈(可适当男孩女孩分开),每个人伸出左手和右手,用自己的左手顶住左边成员的右食指,自己的右食指顶在右边成员的左手中,然后听故事,当听到故事中出现"乌龟"时,左手抓右手逃。抓错的、被抓住的人罚做一个下蹲。好,现在请老师开始讲《乌龟和乌鸦》的故事:森林里住着乌鸦、乌贼、乌龟和巫婆,在一个乌云密布的日子,乌鸦来找乌贼一起去乌龟家玩,到了乌龟家,看见巫婆和乌龟在吵架。乌鸦问:你们为什么吵架? 巫婆说:它无理取闹。乌龟说:巫婆说我跑得慢。最后在乌鸦和乌贼的劝解下,乌龟和巫婆又和好了。之后,乌鸦、乌龟、巫婆和乌贼一起在乌龟家开心地吃晚饭。

教师:下面我们大家分享一下,游戏中您有哪些感悟?

教师:每个人都会有情绪紧张疲劳的时候,我们要学会放松,学会调整自己的心态,让自己以更好的状态去迎接每天的学习生活!

教师:今天我们家长课程的主题是:理解万岁!"理解"是人际交往中的一个永恒的主题。被人理解的时候,即使自己做错了,心情也是愉悦的;被人误解的时候,即使自己做对了,心情也是郁闷的、低落的。

二、心灵解密(10分钟)

导语:父母是给予我们生命的人,是我们成长的守护者。可有些幼儿在一些事情上对自己父母不满。大家看看你们的生活中是否也有类似的事情发生?【课件出示:背景音乐《风的气息》】

现象一:父母亲对我的要求太高,没达到的时候,就会严厉地批评,甚至打我。

现象二:父母亲总是限制我玩的时间,双休日还得做额外的事,如练琴。

现象三:父母亲给我买的玩具太少。

现象四:父母亲总是忙着工作,陪伴我的时间太少。

现象五:父母亲每天总是唠叨我。

现象六:父母亲很少听我说心里话。

现象七:父母亲总是拿我的缺点和其他孩子的优点作比较。

……

教师:哪位小朋友愿意大声地把这些现象说给大伙听?(指名读以上现象)其他小朋友认真听,你觉得哪个现象和你比较类似,就举手示意我,明白了吗?

教师(在幼儿中选取目标让其发表感言):你能告诉我,当你的父母批评,甚至打你的时候,你是怎么想的吗?

教师:我很高兴大家说了这么多你们的想法。不过,我不知道大家是否思考过一个问题,为什么我们每个人在和父母的相处中,总会出现那么多不和谐的音符呢?

【背景音乐钢琴曲《仙境》】

设计目的在于让家长与孩子在亲子体验中增进了解。

教师引导:看到问卷上的回答,父母可能在埋怨孩子不理解我们,孩子也在抱怨父母不懂他们的心。理解和沟通距离我们那么遥远,而人际关系中的相互理解,来自有效地沟通。家庭中和谐的亲子关系来自双方的相互支持、彼此珍惜。

三、雪花片片(8分钟)

教师:下面我们玩的游戏叫做《雪花片片》。【背景音乐《风的气息》】

教师:现在每人发一张白纸,请跟随我的指导,来完成您的作品。

(一)学习沟通与倾听

游戏规则:

1. 所有成员将眼睛闭上,每人发给一张白纸。

2. 依照教师指示来完成:

(1)先将白纸对折再对折,右上角撕下一个2 cm高的直角三角形。

(2)再对折一次,然后在右上角撕下一个边长2 cm的正方形。

(3)再将纸对折一次,在右上角撕下一个2 cm半径的圆弧扇形。

(4)过程中如有发问需给予响应。

3. 完成指示后睁开眼,摊开纸看看是否相同。

(二)游戏体验分享重点:

教师:你们是否觉得很奇怪,为什么我的指导语一样,而你们撕出来的图案却不一样呢?谁能说出原因?这个游戏给我们什么启发?

(如果没有人主动发言,可作如下引导)

教师:当我说对折的时候,你们是怎么理解的?有没有想过到底是先将长边与长边相对还是宽边与宽边相对呢?

中间有没有迟疑过?有没有想问问别人,到底先对折哪条边?

由于你们无法询问,我们之间又没有沟通,所以大家只好根据自己的猜测与理解各行其是,对吗?

当你遇到困惑,不理解别人而又无法沟通时,你有什么感受?

在整个游戏过程中,如果有人对我的指导语不够理解,而我能够给你们提问交流的机会,结果会是怎么样呢?

通过参与该游戏,让亲子意识到:一个小小的游戏尚且因为理解不同又无法沟通而出现了这么多不同的结果,在亲子关系中,如果缺乏理解和沟通,会造成亲子关系的紧张。

四、心有千千结(10分钟)

(一)游戏一规则

1. 8人一小组,各组成员手拉手围成一个圆圈,记住自己左手、右手跟谁相握。

2. 小组1、2报数,数1的人向里迈一步,然后外圈的人向右转,顺时针走六步,停止。

3. 各人找到自己的左右手抓紧。

4. 想办法解开手链,可以跨、钻、转等,就是不能放开手。

现在可以开始了。【背景音乐《相亲相爱一家人》】。

教师:在这个游戏中您与组员之间是怎样交流的? 您的感悟是什么?

(二)"听"和"聽"(5分钟)

【幻灯片展示】"听"与"聽"。

教师:大家请看,简体的"听"字与繁体的"聽"字有什么不一样的地方?

请大家讨论一下。

用心聆听,相互尊重,增进双方理解。

教师引导分析:

简体的"听"字,左边一个"口",就是用口来听。

繁体的"聽"字,左边一个"耳",就是一定要用耳朵来听;右上边一个横着的"目",就是说眼睛要关注到对方的表情,关注到对方的感觉;右边中间的"一",是说在听的时候要一心一意,不要三心二意,听的时候一定要专注;最后呢,就是"心",我们在听的时候要用心聆听,要用心来感悟,所以"听"要用"心"、用"耳"、用"眼",要"一心一意"地听。

教师:请父母和我们的孩子想想,平时我们在听对方说话的时候,用的是哪个听字呢?

(对家长在现场的孩子说)孩子们,普天下的父母都有一颗关爱、呵护我们的心;想想我们多久没有牵父母的手了? 走过去吧! 走到父母身边,牵牵手,相互地来一个轻轻的拥抱吧!【背景音乐《相亲相爱一家人》】

其实,一家人能够聚在一起,这是上天的恩赐,真的是难得。我们珍惜这种缘分,泪水就是更好的见证。这是情的滋润,这是爱的涌泉。我相信经过这次活动的体验,我们带着感恩的心,亲子之间一定会有更多的理解,更多的关爱!

引导倾诉积压于内心的想法(灵活安排,看时间而定。分享家的温暖)。

非常感谢大家参与今天的活动,希望以后我们多沟通、多联系。感谢您的参与,再见!

《我的地盘我做主》

一、目标

1. 训练幼儿与父母的反应能力,看看谁能在有限的时间里抢到报纸。

2. 培养孩子与父母间的相互合作关系,并能在规定的时间里用单脚站立10秒。

3. 让幼儿同父母一起游戏,增强父母与孩子间的交流,体验一起游戏所带来的快乐。

二、活动准备

1. 废旧报纸40份。

2. 音乐:母鸭带小鸭;节奏欢快的音乐一首;小手拍拍;敲咚咚。

3. 棒棒糖。

三、过程

(一) 引入活动

律动"小手拍拍"(请所有的孩子带上父母到教室中央围成大圆圈,家长和孩子面对面,老师带领一同活动)。

(二) 游戏《我的地盘我做主》

1. 第一轮:抢地盘。

教师:把四开的报纸对折后放在圆圈中间(数量少于孩子人数)。

规则:请三分之一的宝宝和父母上来,围成圆圈,小脚踩大脚(孩子的双脚踩到父母的脚上,家长的双手抱着孩子),随着音乐的节奏走动,待音乐停止时,家长和孩子同时抢到一份报纸后站上面,抢到后的家长带着孩子先下去休息下。没抢到的家长和剩下的家长再次游戏,直到都抢到属于自己的报纸为止(共三轮)。

2. 第二轮:我的地盘我做主。

教师:请所有的家长带上孩子及报纸到教室中央(家长两个,孩子一个)。

规则:随音乐学动物走路,待音乐停止后迅速站立到报纸上,要求:小脚不能踩到报纸外面,同时家长和孩子一起摆出不同的造型,并坚持10秒,教师巡视看有没有脚露在报纸外面的。

第一次游戏:家长和孩子共六只脚站立在四开的报纸上。

第二次游戏:报纸对折,家长和孩子共四只脚站立。

第三次游戏:再次对折报纸,家长和孩子共三只脚站立。

第四次游戏:再次对折报纸,家长和孩子共两只脚站立。

最后的胜利者,给予语言的鼓励。

(三) 亲子律动表演《敲咚咚》

教师:请宝宝带上自己的父母一同上来表演《敲咚咚》。

组织家长和孩子的队伍(排成五排,每排六对,孩子都在父母的左边)。

师幼一同表演,教师带领(提示:动作要夸张、搞笑,为幼儿提高兴趣度)。

(四) 奖品发放

教师:宝宝们今天的表现太棒了,特别是刚才在游戏中的表现,特积极! 爸爸妈妈、老师都很开心,为了表扬你们,有奖品送给你们哦……(发棒棒糖)

(五)结束

请家长待孩子吃完棒棒糖后带领幼儿如厕洗手。

附:区域活动中教师指导策略的实践研究

区域活动是近年来在我国幼教课程改革中兴起并迅速发展的一种活动形式。旨在通过有目的地为幼儿提供丰富的活动环境,让幼儿在其中自由选择、自主操作,幼儿可以自己决定玩什么,怎么玩? 并在与环境的相互作用中,获得活动经验,体验成功愉悦,是促进幼儿自主学习、自我建构的活动。

区域活动中教师的指导是幼儿是否能在活动中得到较好发展的关键,教师的指导策略更多的是非正式的、隐性的和机动灵活的。即教师从活动的前台走到后台,从一个主观意识浓的引领者转变成一个尊重幼儿自主意愿、积极促进幼儿按自己的步调发展的支持者和推动者。这种指导对教师的专业能力有较高的要求,需要教师基于幼儿兴趣、年龄段发展水平创设环境,在活动中对幼儿的兴趣、需要进行细致的观察,学会分析幼儿的活动表现,把握教师介入指导的时机,依据幼儿的兴趣需要,不断调整、优化环境,以满足不同能力水平幼儿的发展需要。

然而实际活动中,教师的指导往往显得比较盲目,把握不了指导的时机、策略:一是缺乏观察的敏感性、针对性,或清闲旁观,或忙碌参与;二是未能有效发挥环境的间接指导作用,其价值取向单一,缺乏对幼儿多元表达、自主探索等方面的支持。问题的根源在于教师对幼儿年龄段发展需要、个体建构特点缺少了解,对材料的目标价值不清晰;教师不会解读幼儿,不能适时地介入指导。

区域活动作为"自主学习"特色活动之一,近年来,在园区级课题"创设多元环境促进幼儿全面发展"研究统领下,很多幼儿园尝试开展了关于区域活动指导策略的实践研究,旨在通过研究,促进教师以有效的观察为前提,分析解读幼儿的当前需要和发展水平,优化环境创设,发挥环境的指导作用,同时,重视对游戏过程的指导,把握介入指导的时机、方法,最终优化教师区域活动中的指导策略,使幼儿在主动学习的过程中获得全面而富有个性的发展。

一、观察是实施指导的基础

区域活动是幼儿自主的活动,活动过程中,幼儿的行为表现具有很大的不确定性,孩子们爱玩什么? 爱在哪里玩? 是怎么玩的? 在活动中需要什么材料支持? 等等,观察是教育的先导,只有充分观察、了解幼儿,教师指导才能有更好的针对性,也才有可能真正适应、满足幼儿的发展需要。那么,教师如何捕捉这些幼儿活动的信息,真实地了解孩子的活动兴趣、活动水平?

为了让教师在活动中时刻留意观察每个孩子的活动情况,真实记录孩子的活动情况,帮助教师有针对性地观察记录,多元视角地解读幼儿,以便在接下来的活动中有的放矢地加以指导,某幼儿园"课程研修组"制定了区域活动的观察要点、观察指标,给教师的观察导向,使教师自觉地形成观察的意识。

案例:李老师　幼儿个体在娃娃家区域活动情况记录表

日期:××年××月××日

序号	观察要点	观察指标		
		A	B	C
1	是否能自我选择、计划?	主动计划会调整√	较主动不会调整	被动
2	幼儿的这个行为坚持了多久?	专注约50分钟	中途放弃	易分散
3	与材料互动中的行为指向	对结果重视	一般性√	不在意
4	能否使用替代物?	创造性替代√	同一物品多种替代 不同物品同一替代	没有
5	幼儿与材料互动中新经验的获得	自主探索	师生互动或模仿√	无提升
6	是否能运用一种或多种不同材料操作摆弄?	操作多样化又创新√	简单操作	模仿性操作
7	能尝试解决探索过程中遇到的难题	多次尝试解决	求助或能尝试解决√	不愿解决
8	幼儿有无合作行为	有两次	无	
9	合作对象	单人/多人√	固定/不固定√	指挥别人/跟从√
10	幼儿是如何与人合作的?	主动/被动√	语言√/动作/表情	成功√/失败
11	幼儿的操作习惯	主动整理物归原处√	在提示下能物归原处	不受约束
12	幼儿的情绪体验	积极愉快	一般显平淡√	不开心不乐意

实录背景:

　　李老师对于角色扮演比较喜欢,但在娃娃家这样一个大背景下,她的角色扮演是否自主? 和同伴的互动合作如何呢?

实录片断:	分析解读:
李老师来到娃娃家,选择了"妈妈"的角色,抱起小娃娃,放到"卫生间"的浴缸里,用"莲蓬头"给小娃娃洗起头来,洗洗冲冲很有条理,洗好以后又给小娃娃喷了点香水。之后又开始给小娃娃穿衣服,看看自然角……(情绪平淡) (30分钟内始终与娃娃一起活动,和其他孩子没有什么互动) 超市老板空缺,李老师主动去当老板,辉辉来买菜,选了菜问:"老板,多少钱?"李老师拿了秤称了一下:"5块钱。"辉辉给了一张钱,李老师收好钱之后继续等待下一个顾客。 超市生意不好,李老师一个人待了好长一会(在老师的鼓励之下),李老师开始整理货架,叫卖起来:"快来买菜呀,今天的菜很新鲜。"(显得很高兴)	在角色扮演中有一定的生活经验作为基础。 对于小班年龄段的幼儿来说,她对于"商店"的经验积累往往是很浅表的认识,可拓展的经验很少。 措施: 老师可以通过对家长资源进行利用,请家长带孩子一起去参观、感受,并让孩子亲身体验不同的购物形式。通过集体的交流分享,拓展孩子的经验。

通过表格的形式所呈现的信息让教师对薇薇有了较多的深入了解,教师将"观察指标"作为依据进行分析,了解到孩子们不去与人互动的真正原因:缺乏成功的经验。在实录片断中,教师可以明显感受到孩子情绪的变化。

同一区域内多名幼儿活动情况记录表

记录人:×××   日期:2008 年 10 月 23 日

总体情况记录	区域名称			科常区					
	幼儿姓名			钟诗琦	徐涛	程正杨	陆睿弘	赵言	赵奕倩
	材料名称			分饮料	分饮料	变色	变色	墙面操作	墙面操作
	活动情况简单描述			看着任务单的暗示操作	跟着同伴进行活动	喜欢滴不同的颜料	变色后能够进行记录	看着要求一步一步地做	商量着做
序号	观察要点	观察指标							
		A	B	C					
1	是否能自我选择?	主动计划会调整	较主动不会调整	被动	A	A	A	A	B	A
2	幼儿的这个行为坚持了多久?	专注约50分钟	中途放弃	易分散	A25	A25	A15	A20	A20	A25
3	与材料互动中的行为指向?	对结果重视	一般性	不在意	A	A	B	A	A	A
4	是否使用替代物?	创造性替代	同一物品多种替代	没有	A	A	B2	B2	C	C
			不同物品同一替代							
5	幼儿与材料互动中新经验的获得	自主探索	师生互动或模仿	无提升	A	B	B	A	A	B
6	选用一种或多种不同材料摆弄操作	操作多样化有创新	简单操作	模仿性操作	B	B	A	A	A	B
7	能尝试解决探索过程中遇到的难题	多次尝试解决	求助或能尝试解决	不愿解决	A	B	A	A	A	A
8	幼儿有无合作行为?	有两次	无		A3	A3	B	B	A3	A3
9	合作对象	单人/多人	固定/不固定	指挥别人/跟从	A1B1C1	A1B1C2	/	/	A1B1C1	A1B1C2
10	幼儿是如何与人合作的?	主动/被动	语言/动作/表情	成功/失败	A2B1C1	A1B1C1	/	/	A2B1C1	A1B1C1

续　表

总体情况记录	区域名称			科常区					
	幼儿姓名			钟诗琦	徐涛	程正杨	陆睿弘	赵言	赵奕倩
	材料名称			分饮料	分饮料	变色	变色	墙面操作	墙面操作
	活动情况简单描述			看着任务单的暗示操作	跟着同伴进行活动	喜欢滴不同的颜料	变色后能够进行记录	看着要求一步一步地做	商量着做
序号	观察要点	观察指标							
		A	B	C					
11	幼儿的操作习惯	主动整理物归原处	在提示下能物归原处	不受约束	A	A	A	A	A	A
12	幼儿的情绪体验	积极愉快	一般显平淡	不开心不乐意	A	A	A	A	A	A
分析解读	1. 孩子们在活动的过程中较多地出现了商量的方式,特别是同一种材料,孩子在操作的过程中,通过经验的分享、传递,形成了自己获得提升的一种途径。2. 对于变色、分饮料这样的活动,如何使记录会说话,为后面的孩子提供可参考的依据,让孩子也养成看别人的记录的习惯,是我们后续应进一步引导和鼓励孩子所做的事情。								

同一个区域内多个孩子的活动记录,可以帮助老师了解一个区域内孩子整体的活动情况,通过"观察指标"所呈现的这些数据,老师能够了解不同的孩子在同一时间段内所呈现的活动状态,以及他们之间的互动情况。这些信息的获得都是非常重要且有价值的,能够帮助老师多纬度地进行观察。

在以上案例中,我们不难看出,教师在每一次观察时的视角、重点,使她的观察增加了实效性,真正在观察中获得了有价值的信息。观察指标帮助教师很快地找到观察的切入口,帮助教师既整体关注幼儿活动情况,又从各区域不同目标价值出发,进行重点区域观察;同时进行个别观察,发现幼儿个性特点。

教师在活动中是以自然观察为主,自然观察可分为随机观察和有目的地观察。在有目的地观察时,需要将视角定格于一定的活动范围,注意做到静心、细心与耐心。静心是尽量不打搅幼儿自然的行为过程,细心是注意捕捉幼儿行为表现中的有意义信息和其发生的时间、背景等,作一定的记录;而耐心是不要怕多花时间,有时需要经过一定的时间后才能获得一些有价值的信息。

观察的内容主要有两个方面:一是活动环境是否能激发幼儿的学习兴趣,材料的投放是否适宜不同发展水平的幼儿,是否需要增加或减少层次等;二是重点观察幼儿的学习、探索情况,即幼儿当前的兴趣需要是哪些,他们是如何操作和使用这些材料的,幼儿在使用这些材料时遇到了什么困难或有哪些独创的做法,从而把握每个幼儿的认知水平、情感态度特点和个性差异等。

观察记录的方法主要采用轶事描述式。在自然状态中,教师翔实、客观地记录幼儿的活动表现:幼儿选了什么材料、和谁一起玩、幼儿说了什么、怎么做的等。其实质是帮助教师明确每一次活动的观察方向,准确地了解幼儿在活动中的表现,并以此为前提,逐步地调整环境,优化指导策略。

二、分析解读幼儿的当前兴趣需要、发展水平是实施指导的前提

了解孩子最好的方式莫过于观察,教师要用敏锐的眼光观察解读孩子。在活动的过程中,我们要不断地观察孩子与环境、材料互动的过程,关注孩子的学习兴趣、表达方式、能力水平,关注孩子关键经验的获得,从而发现孩子的兴趣和需要,依据孩子的年龄特点,不断调整环境支持和教师的指导行为,使孩子不断得到有效的发展。

案例:造船厂

背景:

在主题"交通工具——船"的活动中,孩子们收集了许多有关船的资料,并主动拿来幼儿园和同伴分享,有"纸折的船",有"用废旧物品做的船"以及"船"的图片……孩子们逐渐对船产生了浓厚的兴趣。

于是,我将美工表现区创设成"造船厂"的情境。整个区域都围绕"船"来展开,孩子们自由探索,运用多种方式探索表现泥塑船、积木船、纸船等,在此过程中发展幼儿空间建构、想象创造、动手等方面的能力。

片段一:

首先区角中投放了橡皮泥、彩泥、积木以及各种辅助材料:水粉颜色、色纸、压图器、小棒、吸管、绒线、彩带、彩色回形针、小毛笔等。孩子们可以塑造各种各样的船,并选择喜欢的材料进行装饰。

从孩子们的活动中我发现,他们对船的"造型"产生了最大的兴趣。但没过多久就产生了问题:由于橡皮泥容易干裂,不能长时间保留孩子们的作品,而彩泥呈现不出较强的立体效果,所以导致许多作品都没办法保留下来……

"泥"是低结构材料又容易造型,而且孩子们有玩泥的天性。我投其所好,利用农村的自然资源,投放了泥,别有一番野趣……

我把美工表现区域的"造船厂"拓展到了走廊的公共区域,新环境吸引住了孩子们的目光,时不时就有孩子过来围观,小嘴里还在喃喃自语。

茜茜:"这么多泥巴要做什么东西啊!"

果果:"这个锤子是用来做什么的呀?"

此时,一些性急的孩子还会主动来询问老师,孩子们你一句、我一句表达了很多想法。

孩子们开工啦!……做了没多久孩子又产生了新问题:

"侯老师,我的船粘不起来,它老是掉。""你看啊,我刚粘起来的又分开了。""我的手好疼,里面有小石头的……"

分析:在探索过程中,孩子们遇到了不少的问题:泥太干硬、泥中有杂质……导致孩子们无法塑造,因为泥土根本不粘在一起。反思问题的原因,是由于我在投放材料前,没有充分地了解和思考材料的特性,由此出现了低层次问题。

调整:将材料的调整作为契机,我和孩子们共同讨论解决的方法,我们把泥土中的杂质挑了出来,加适量的水进行搅拌,反复地揉、搓,调配到软硬适中、干湿正好。有的孩子还提议把泥放在塑料桶中,用保鲜膜遮盖好,这样泥就不会干掉了。在调整材料的过程中,孩子们都能主动参与,有的倒水,有的将泥土里的杂质挑出来,还有的搅拌泥土……

片段二:

经过一段时间的探索,孩子们可以塑造出一些简单的船形。但孩子们的泥船大多是由不同大小的泥块组合起来,有些作品还特别小。

分析:从孩子们的作品来看他们的表现还不够大胆,在船的造型上缺少变化,在船的塑造方法上大多采用组合的方式。原因是虽然孩子们收集了很多的资料,但大多是图片资料,孩子们对船缺少直观、深入的了解。由此,呈现出来的作品表现单一、缺乏想象和创造性。

调整:开展了一系列关于船的活动,例如:"讨论:各种各样的船"、"想象画:未来的船"等,为了能让幼儿更直观地亲近"船",我们请小雨爸爸为我们拍摄船厂的录像,请凡凡爸爸邀请我们去参观他家的采石船。通过观察,使孩子们对船的内部构造,特别是对船舱,有更直观的了解,积累提升关于船的相关经验。

与此同时,在"造船厂"的情境里,我和孩子们一起把之前收集的一些船的资料都展示了出来,还在走廊里创设了一条小河的情境,在河里投放了各种各样的模型船、玩具船,帮助幼儿表现出各种船的不同外形和内部构造,从而提升幼儿的想象、创造能力。

微微:"我的是小木船。"

昊昊:"我的是可以装很多很多糖果的糖果船。"……

经过一段时间的制作后,孩子们塑造的船越来越精彩,有小帆船、客轮、货轮……

分析:孩子们已经能够较熟练地运用各种工具制作各种泥船了,其想象力已经能够有所体现了。但只是表现出了船的粗略特征,一些细节方面的表现还比较欠缺,孩子们在辅助材料的运用上不会运用想象进行装饰,教师有必要提供相应的环境暗示和做出进一步的观察引导。

调整:针对孩子们出现的问题,我及时地在环境中投放了针对泥塑方法的布局暗示图、各种装饰材料的使用图,还亲手制作了一艘"大客船"投放在小河的情景,供幼儿欣赏、借鉴;还提供其他不同材料(积木、纸盒)的空间造型图。

片段三:

海鹏从教室里走出来,他像往常一样先把材料都放在桌子上(垫了报纸,取了适量的泥巴)。在取报纸的时候他发现了新增加的目标材料,出于好奇,他拿来放在了桌上……

不一会儿,一艘客轮就做好了,只见他朝图示看了看、想了想……就从篮子里拿了根吸管将其插在泥船的最上方。圆圆看到了问他:"你做的什么?"海鹏说:"吸管烟囱。我还要为我的大轮船涂上三种颜色呢。"

这时,果果看见了篮子里的压图纸,便把它拿了出来,很是仔细地一片一片地贴在船上,不一会儿,一艘漂亮的花船就做好了。在完成了作品后,果果还主动邀请我来参观她的作品,我及时地表扬了她。

这时,我又注意到边上的雨晨。

教师:"你造的是什么船啊?"

雨晨:"糖果船啊! 这是船舱,装糖果的。"

教师:"船舱这么小,能装多少糖啊?"

雨晨摸摸头,想了想对我说:"那好吧,我再挖的大一些。"只见孩子从材料篮里挑出一个挖孔工具,把船舱变成大大的。

分析:孩子们越来越善于利用各种材料进行装饰。在船的装饰方法上有了很大的进步,有的直接用其他材料替代为船身的某一部位,有的用辅料有规律地装饰船身等,体现出孩子多元的表达和丰富的想象。

总结以上案例:在材料投放之前,教师首先要立足于孩子的兴趣和发展水平,对材料做出价值分析:期望通过这个环境达成什么目标? 要达成期望目标孩子必须建立的关键经验(节点)? 提供哪些材料能达成目标? 活动过程中,教师通过细致观察孩子与材料的互动表现,发现孩子们对船的"造型"产生了最大的兴趣,以及彩泥不适合塑造船的立体造型,于是将之调整为用"泥土",做泥船的活动由此展开。在活动的过程中教师不断关注孩子们的表现,善于发现孩子的每一个发现、每一个行为,通过分析孩子们的作品、遇到的问题等,判断孩子当前的经验、需要,调整环境支持和教师的指导行为,让孩子们通过自己的努力能感受成功的喜悦。例如:从孩子们的作品中发现在船的造型、船的塑造方法上比较单一、缺乏想象,发现孩子们的经验得不到提升时,则通过参观采石船等途径,丰富孩子们对船的直观经验,通过提供船的造型、辅助材料使用等图示,暗示各种不同塑造的方法。最终孩子们从表现单一到表现出各种不同的船,体现出丰富的想象力和创造性,不断促进了孩子们空间构造、想象、创造等能力的发展。

由此,教师即时的价值判断是适宜指导的关键。教师要及时观察和了解幼儿在当前活动中的需要,及时调整和投放适宜的活动材料。透过幼儿的外在表现,剖析幼儿的发展水平、心理需要、存在的问题等,思考教师该如何提供支持,提供什么样的帮助,适时地满足他们的需要,确保孩子通过努力能获得成功,激发孩子自主探索、自主建构经验。其实质是先对幼儿行为的性质做出正确的判断,再确定自己的指导行为,有效推进幼儿的活动。

同时,要分析判断孩子发展的个体差异。孩子的发展有其规律性,但每个孩子的发展是存在差异的,如个人的能力、兴趣、学习方式等各不相同。教师应关注每个孩子不同于他人的学习特点和能力特征,采取适宜的方式,引导幼儿富有个性地健康发展。例如,幼儿的发展速度和发展水平是不同的,所以投放的材料要有不同层次,以满足不同幼儿的发展要求,使每个孩子都能获得发展。

三、把握时机,适时介入指导

幼儿的探索学习需要得到老师的支持、帮助,但这并不意味着教师可以不分情况地随意提供帮助。我们应该有这样的理念:只有当幼儿确实因其本身经验与能力的局限,致使探索活动难以继续的时候,才给予一定的支持。这就要求老师一定要具有敏锐的观察力和判断力。如果教师发现了孩子活动过程中的问题,需要介入活动时,须找好最佳的时机。

案例:我们来做好玩的棋

背景:

大班后期,孩子的自我意识在增强,同伴间的比赛、合作在增加,体现在更喜欢棋类等一些规则性游戏。在玩过了"飞行棋、五子棋、斗兽棋"之后,笑笑提出"我们自己来做好玩的棋"。正逢开展《我是中国人》的主题活动,孩子们对中国地图上的各个城市很感兴趣,他们经常会与同伴一起交流爸爸妈妈带自己去过什么地方玩了、想要到哪里玩,在地图上一起找想要去游玩的地方,几个伙伴们一起产生了设计旅游棋的想法。"制作旅游棋我们需要些什么材料呢?"我和孩子们共同收集准备材料:一些较硬的纸板、自制的城市字卡、中国地图、水彩笔等。"旅游棋"的设计活动由此开始了。

观察记录:

片段一:

活动开始了,笑笑和兰兰开始商量"去北京的线路",并选择了材料开始分工合作。

兰兰:"我来剪三角形,你来贴吧。"(剪了许多的三角形)

笑笑:"我们从哪里出发呢?"(玩棋游戏的经验得到了运用)

兰兰:"从上海出发吧。"两人从地图上开始找"上海"的方位。

"看,在最东面。"两人边指着上海的位置,边兴奋地看着对方说。

教师:"看看棋谱上这是什么?"

幼儿:"是起点,还有终点呢。"

教师:"起点和终点用什么来表示? 中间要经过哪些地方?"

(两位孩子在地图上先找从上海到北京有哪些地方要经过,边找边画路线图。)

在确定方位后,他们开始在棋谱上画上了从上海到北京的"路线",经过的地方写在三角形纸上,并歪歪扭扭地写上经过的地点。

片段二:

接连几次的活动,吸引了多位孩子来参加,上海到北京的"路线"设计了好几条。有上海出发的,也有从北京出发到上海的。

兰兰和笑笑更是乐此不疲,今天,两人相约继续完成他们的设计。

兰兰提出:"下棋还要有进和退呢。"

笑笑:"那我们来设计一些过关的地方,找旅游景点,答对的进一格,答错的退一格。

(可孩子们还不十分清楚有哪些景点啊。)

教师:"我们可以先去找一找资料,看上海有哪些有名的景点,北京有哪些你知道的景点。"两个人商量了一下,分别邀请朋友一起找,兰兰和心怡来到幼儿园的"贝贝书屋",笑笑和文杰则去了"小博士电脑房"。

过一会儿,孩子们在"贝贝书屋"找来了图书,在"小博士电脑房"杨老师的帮助下带回了几张从网上查找到的景点小图片。而我这时也为孩子们找来了相关图书、卡片和制作"过关卡"的小纸片。

只见孩子们将景点小图片贴在过关的地方,在边上分别画了表示进和退的箭头,刚才文杰和心怡则在制作"过关卡"……我建议他们在棋谱的一角设计"大擂台"的记录。

讲评时,孩子们将完成的棋盘展示给大家看,并向大家介绍玩法。其他孩子高兴地鼓掌,接下来的问题是怎么署名了,文杰和心怡也为他们出了力啊。笑笑提议:"写四个人的名字,我和兰兰的写得大一点。"大家一致通过!

就这样,在教室的棋类区里多了一个孩子们自制的"旅游棋"——从上海出发到北京旅游的棋,从北京出发到上海旅游的棋。

以上案例中我们可以看到:设计旅游棋的活动激发了孩子的探索兴趣,教师不断根据孩子活动的进展,通过适时的设疑、建议、增添材料的方法介入活动,使活动的准备与活动过程本身一起成为孩子自主活动的舞台,使孩子的兴趣更持久,活动的内容更丰富了,探索也更深入。当孩子提出"自己来设计好玩的棋"的想法后教师积极协助,通过设疑,推动孩子尝试设计旅游"路线",制定游戏规则、玩法等;为了使游戏增进孩子们的互动和具有挑战性,教师还建议增添"大擂台"……整个过程中,教师把握时机不断地给予支持、鼓励,促进孩子们相互协商、共同解决问题。

案例：排排乐

探索发现区域内，乐乐和天天两位孩子每人选了六张自己喜欢的图片（如飞机、汽车、花等），玩起了游戏：一人拿数字卡，另一人快速取出对应数量的物体图片，接着两人互换继续玩，非常投入。过了十分钟，我提出：将六张卡片排成一排可以怎么排？孩子们将卡片排成了一排，有横着排的，有竖着排的，约十分钟，孩子们对活动的兴趣有所下降。我在一旁将六张卡片排成了一圈，"呵呵，不也是一排吗？"孩子们眼睛一亮，乐乐"发明"了弧形，天天排成了S形，这时，在一边玩好了飞行棋的两位孩子也加入了进来。这时，我提出将之排成两排，哈哈，孩子们都排成了三三对等的两排，有上下两排的，也有左右两排的。我也和孩子们一起排：一排是两个，一排是四个。问："我排的是几排呀？"孩子们定睛一看，哦？也是两排呀！孩子们再排的时候就有了多种排法……

总结以上案例：教师在观察的基础上和孩子们一起玩起了数学游戏。例如，教师提出：将六张卡片排成一排可以怎么排？在孩子们发现不管怎么排还是六个时，教师又提出将之排成两排，当教师发现活动对孩子的能力缺乏挑战时，教师可通过提问的方式直接介入。同时，教师观察先行，后又以平行游戏的角色介入，例如：在发现孩子们排两排始终是三三对等时，教师在一旁排起了"一排是两个，一排是四个"，于是孩子们再排的时候就有了多种排法。通过教师适时的介入，激起了孩子们的活动热情，促进孩子的思维。孩子是其中主动游戏着的人，老师是其中主动思考着的人，揣摩着孩子的思维方式，把握时机直接介入，以自身灵活、变通的思维方式来感染幼儿，进行诱导，可取得好的效果。

由以上案例，我们认为，教师把握时机，适时介入指导主要有两方面：

1. 分析把握介入指导的有利时机

区域活动是幼儿的一种自主活动，教师首先应着眼于幼儿的独立，给予充分的信任，只有当幼儿确实因其本身经验与能力的局限，致使探索活动难以为继的时候，才给予一定的支持。这种适度的支持对获得活动的预期效果是十分必要的。经验表明，在幼儿需要指导时而没有获得，会使幼儿的探索愿望减少或者放弃探索。反过来，无原则地过多支持，也只会助长其被动依赖心理，压抑其独立自主能力的发展。因此，教师要关注了解幼儿的探索学习过程，了解其间幼儿面临的各种认知困难和问题，善于区分出其中哪些可以由幼儿自己独立解决，哪些需要得到教师的介入帮助，从而及时抓住把握介入的有利时机。

2. 适时介入指导的方法

如果教师发现了幼儿的问题，通常在以下情况下介入：当孩子遇到困难玩不下去的时候;当孩子出现纠纷与行为问题时;当孩子操作发生困难时;当游戏无法深入时;当幼儿发生创造性的行为时……教师要及时给予发现与鼓励。教师的介入要体现艺术性,即什么样的角色介入是最自然的,既能达到指导的效果,又不影响孩子的活动。当教师以伙伴的角色出现时,能激发孩子的探索兴趣,引导活动的进程。教师只有把握好教师帮助的时机、程度、方法,为他们提供探索、表达的机会和支持,才能促进幼儿真正意义上的主动学习、有意义建构。

四、思考与体会

1. 幼儿是一个需要指导的探索学习者

生性好动、喜欢探索是每个幼儿的天性,在这个意义上,幼儿是天生的探索学习家,但同时,他们又是各方面准备不充分的探索学习者。首先,探索的目的性不强。其次,幼儿的思维灵活性还没有发展起来。再次,幼儿探索学习的坚持性不够,幼儿遇到困难容易丧失信心而不再努力。因此,在幼儿探索学习活动中,如果缺乏教师的指导,幼儿就会得不到有效的发展。

2. 注重引导幼儿以发现和探索的方式学习

活动中的幼儿常常会遇到许多的困难,其中有些他们自己能独立应对解决,而有些却是需要借助外力的支持与帮助。在指导方法上,独立探究式是教师主要采用的方法,注重幼儿以发现和探索的方式学习;指导步骤上,教师通常采用的是自主发现式,活动开始时常常要创设一个实际问题情景,让幼儿通过自己的猜想和探索去寻求答案、解决问题,以幼儿自主活动为主。同时,要重视幼儿的操作过程和个别差异,不一味地满足于操作结果,可通过难度的逐层递进,鼓励幼儿进行积极的自我学习。

3. 最基本的指导方法以鼓励、肯定为主

有时为了调动幼儿积极性,不管成功与否都要给予积极的鼓励,幼儿之间存在着差异,只要幼儿是主动参与、积极思考的,不管结果如何,都要给予表扬与鼓励。否则能力弱的孩子总是失败,会使其产生畏惧情绪和自卑感,最后导致对整个活动失去兴趣。对于这种孩子,老师一方面对他进行个别指导,有进步就进行表扬,使他对自己的表现有信心。

总之,在区域活动中,教师要在了解幼儿已有经验、水平的基础上,引导幼儿共同参与活动环境的创设,为幼儿提供丰富的活动环境及均等的活动机会,让幼儿按自己的意愿自由选择游戏,以自己的方式进行游戏,在与环境和同伴的相互作用中,体验活动带来的快乐并获得经验。活动过程中,需要教师敏锐的洞察力和较高的教育智慧,教师是以观察、指导、记录、交流与聆听作为主要方式,促进孩子在活动中自主探索、多元表达表现,主动而快乐地发展!

第五单元
职场阶段的人际交往和礼仪

第一节 学会合作，有团队精神

与同事的交往是幼儿教师人际关系的重要组成部分。幼儿教师与同事的交往状况如何，不仅影响着幼儿园的园风，还影响着幼儿园的教育教学质量。团结协作是处理幼儿教师之间的关系、幼儿教师与集体关系的行为准则。作为一名幼儿教师，要深刻理解团结协作的意义，搞好团结协作。

一、团结协作的重要意义

所谓团结协作是指人们为了集中力量实现共同理想或任务而联合起来，相互支持、紧密合作。在教育中，幼儿教师之间能否做到团结协作对于做好教育工作极为重要，是为师从教不可缺少的重要品质。这主要是因为，幼儿教师自身团结协作作为一种道德品质，对幼儿这方面品格的培养具有直接的示范作用，并对他们整个道德观、人生观的形成、发展会产生深远的影响。同时，团结协作有利于形成良好的教育环境，增强各方面教育影响的一致性，增强教育影响的有效性，具体说来，有以下几个方面。

1. 团结协作有利于良好人际关系的建立

幼儿教师如何对待他人、集体和社会，这一切都耳濡目染地影响着幼儿。幼儿会有意无意、自觉不自觉地以幼儿教师为人处事的态度和方式去处理人际关系和利益关系。目前，我国的幼儿教师几乎都是独生子女，他们在智力、才能等方面有其得天独厚的优势，但由于核心家庭增多,家庭关系简单化,特别是城市住宅的"封闭性",邻里、同伴的交往欠缺,家庭生活空间及心理空间的狭小,在很大程度上促成他们的"自我专注",他们在家庭中往往不能经历较为全面的人际关系和道德关系,使得他们在家庭生活中感受的经验范围越来越狭隘,处理人际关系及利益关系的能力较差,合作意识不强。因此,幼儿教师是否善于团结协作,是否善于处理各种人际关系和利益关系,对于幼儿能否增强合作意识,提高适应社会的能力,具有独特的意义。

同时,这种导向也会反过来制约、调整幼儿教师的行为,使幼儿教师不断以社会的要求规范自己,更加自觉地做到团结协作。

2. 团结协作有利于形成良好的园风,增强教育效果

良好园风是办好幼儿园的巨大的精神力量,能对全园师生起到潜移默化的教育和熏陶作用,并能长久地影响幼儿教师和幼儿的工作、学习和生活。幼儿在这样的氛围中会积极进取,奋发向上,并逐渐形成良好的思想道德和个性品质。幼儿教师在这样的氛围中,更能发挥聪明才智,提高工作效率。

幼儿教师集体的风气是构成园风的主体,只有团结协作的幼儿教师集体才能形成良好的园风。因此,幼儿教师集体的团结协作,对幼儿的成长和幼儿教师的工作具有很强的增效功能。

3. 团结协作有利于形成良好的心理氛围

团结协作,形成良好人际关系的氛围,可以使幼儿教师轻松愉快,精力旺盛,进而使其保持稳定的情绪、愉快的心境、敏锐的智力,适应周围环境,与他人建立和保持良好的心理状态。研究表明:轻松愉快的情绪能激活大脑,使大脑皮层处于觉醒状态,引起和保持人的兴趣,产生超强记忆力,活跃创造思维,提高活动效率。相反,如果幼儿教师之间不团结,经常闹矛盾,势必影响幼儿教师的精力和情绪,这往往又会转嫁到幼儿身上,形成恶性循环。

二、团结协作的基本要求

1. 关心幼儿教师集体,维护集体荣誉

关心幼儿教师集体,维护集体荣誉是团结协作的基本要求,这要求幼儿教师做到如下几点。

第一,处理好个人和集体的关系,把个人和集体融合在一起。马克思指出:"只有在集体中,个人才能获得全面发展其才能的手段,也就是说,只有在集体中才能有个人的自由。"幼儿教师劳动在形式上虽然较多地表现为个体脑力劳动,但其实质是一种集体活动。

要办好一所幼儿园,培养一个幼儿,必须经过幼儿教师集体的共同努力。马卡连柯曾说:"假如一个幼儿园里有这样的幼儿教师集体,在这样集体中的每一个幼儿教师看来,全园的成功占第一位,而他班上的成功占第二位,至于幼儿教师个人的成功只放在第三位,那么,在这样的集体里才会有真正的教育工作。"

第二,热爱幼儿教师集体,维护集体利益。良好的幼儿教师集体,会使幼儿教师产生强大的内聚力和向心力,这是保证幼儿园完成教育任务的必要条件,也是幼儿教师充分发挥聪明才智的保证。幼儿教师的教育教学活动,离不开幼儿教师集体的支援和激励。同样起点的几位幼儿教师,在不同起点的幼儿教师集体里,几年后、十几年后他们的发展水平会相差很多。没有幼儿教师集体,就没有个人的教育成功。有了良好的集体,幼儿教师之间互相帮助,团结协作,就能有力促进每个幼儿教师业务能力的提高,有利于每个幼儿教师思想水平的长进,有益于身心健康。总之,良好的幼儿教师集体是每个幼儿教师智慧和力量的源泉。

第三,幼儿教师要维护集体的荣誉,并为集体创造荣誉。荣誉是一定社会对人们履行社会义务的道德行为的肯定和褒奖。只有忠实地履行自己对社会的义务,才能获得真正的荣誉。关心集体的荣誉,实际上就是关心社会对自己和集体工作的评价,关心自己对教育事业和社会建设的贡献。

集体荣誉是推动幼儿教师履行道德义务的巨大精神力量,也是培养幼儿的重要手段。马卡连柯曾说过,有很高的威信和值得敬爱的学校集体的舆论监督,能够锻炼学生的性格,培养学生的意志,能培养学生因为学校、自己是这个光荣集体的成员而自豪的精神。荣誉既然对学生有如此大的教育作用,那么每一个幼儿教师都应该维护集体的荣誉,并以自己的努力为集体创造荣誉。

第四,自觉维护集体的团结,正确对待集体中的矛盾。幼儿教师集体的团结,是完成教育教学任务的重要保证,每个幼儿教师都应为维护集体的团结贡献力量,集体内部一旦产生了矛盾,首先要从团结的愿望出发,互相谅解,消除误会和隔阂。幼儿教师之间要经常沟通信息,包括知识信息、教育信息、幼儿信息等,以形成统一的认识,达到团结的目的。

2. 克服文人相轻,相互学习配合

文人相轻是历史上出现的一种不良现象,是指知识分子之间相互看不起,彼此不尊重。这种不良风气至今在幼儿教师之间还有所表现,对团结协作共同育人风气的形成有很大的消极影响,它导致幼儿教师之间人际关系冷淡、封闭,甚至对垒,走向文人相倾(指倾轧)。当代幼儿教师不应再犯文人相轻的老病。克服或避免文人相轻,要求幼儿教师做到以下几点。

一要谦虚正直。谦虚正直是幼儿教师的美德。缺乏谦虚正直,是导致文人相轻的重要原因。所谓谦虚就是虚心,不自满,虚心接受正确的批评。幼儿教师为人师表,要养成谦虚的品格,虚心向别人学习。特别是在取得成就时,不能自满,不能孤芳自赏,目中无人,甚至尾巴翘到天上去。在教育教学实践中,每个幼儿教师都要保持谦虚谨慎、不骄不躁的作风,这样才能增进相互的团结协作。否则,既不能很好地与别人协作,也不会赢得别人的真诚合作,不利于搞好育人工作。正直就是办事公正,不偏不倚。富有正义感,实事求是,不徇私情,不谋私利,仗义执言,主持公道。为人处事正直,能赢得同事的信赖,乐于与之合作。谦虚正直的品德,对处理好幼儿教师之间的关系至关重要。

二要维护其他幼儿教师威信,做到互相帮助。幼儿教师之间要互相帮助,自觉维护其他幼儿教师的威信,特别是要维护其他幼儿教师在幼儿中的威信。不要在幼儿面前贬低别人抬高自己。事实上,幼儿教师维护他人的威信无形之中也会提高自己的威信,若贬低他人,无形之中也会贬低自己。我国南宋时期著名的教育家朱熹和陆九渊的治学态度就令人敬佩。他们的治学思想是对立的,曾在一次讲论会上唇枪舌剑,争得面红耳赤,十几天不见分晓。可是,他们并没有因此而互相瞧不起,结下不解之恨,而是友情如常,互拜为师。后来朱熹主持白鹿洞书院,特意邀请陆九渊到学院讲学。陆九渊接到请帖欣然前往,作了生动深刻的演讲,使学生深受教育,朱熹也连声称赞讲得好,事后还把陆九渊的话刻在石碑上,立于书院门口,与学生共勉。诸如此类的教师与教师之间的深情厚谊在今天也屡见不鲜,是值得学习和大力提倡的。

3. 尊重同事,相互学习,建立和谐的人际关系

教育集体中的人际关系包括同一学科幼儿教师之间,不同学科幼儿教师之间,园长与幼儿教师之间,新老幼儿教师之间,优秀幼儿教师与其他幼儿教师之间,幼儿教师与行政人员、教辅人员、后勤工作人员之间的关系等。在处理这些关系时,双方都应做到相互尊重,互相学习,团结共进。

(1)担任同一学科的幼儿教师要从教育好幼儿这一共同目的出发,互相学习,互相帮助,取人之长,补己之短。同一学科的幼儿教师可能毕业于不同的学校,教学时间有长短,教学方法及水平也会有所不同,但每位幼儿教师都各有自己的特点和长处。正如俗语所说,"尺有所短,寸有所长",因此就需要相互学习,共同提高。

(2)不同学科的幼儿教师,特别是教授同一班级的不同学科的幼儿教师,也要互相尊重,互相配合。每个幼儿教师都不应该过分抬高自己所教学科的意义和地位,或有意无意地贬低其他学科的重要性。正确的做法应该是幼儿教师努力提高自己的教学能力,在减轻幼儿负担的情况下,提高教学质量。

(3)新老幼儿教师之间要互相尊重,互相学习。一般来讲,老幼儿教师的教育教学经验较丰富,知识较渊博,青年幼儿教师思想敏锐,富有朝气和创造精神,保守思想较少,但

缺乏教学经验。因此,青年幼儿教师应该主动向老幼儿教师求教,使自己少走弯路,更快地成长起来,老幼儿教师也应热忱地爱护和关心青年幼儿教师的成长,并虚心学习他们富有创造性的思想和朝气蓬勃的精神,使自己"年轻化"。

(4)优秀幼儿教师与其他幼儿教师之间也要相互学习。优秀幼儿教师以他们献身教育事业的崇高精神和创造性的劳动,赢得了赞扬和尊重,这不仅是他们本人的荣誉,也是他们所在幼儿园全体幼儿教师的荣誉,他们的先进经验更是全体幼儿教师的宝贵财富。所以其他幼儿教师应关心爱护优秀幼儿教师,并且虚心向他们学习,防止产生嫉妒心理,或者求全倾向。优秀幼儿教师也应保持谦虚谨慎的态度,认识到荣誉来自党和人民的培养,荣誉来自集体,在自己的成绩中也渗透着其他幼儿教师的汗水,还要看到其他幼儿教师也有许多优点和长处值得自己学习,自己还有不足。同时,对于别人的不公正对待,要学会忍耐,沉得住气,受得起委屈,并以适当方式与之沟通,让别人更好理解自己,更要注意以宽阔的胸怀感化他人。

(5)正确处理幼儿教师与幼儿园领导之间的关系。幼儿教师与幼儿园领导的关系,一方面是具有相同工作目标和根本利益一致的同志关系;另一方面,幼儿园领导担负着对学校工作的领导责任,他们与幼儿教师的关系又是上下级关系,是领导与被领导的关系。由于各自在教育活动中所处的地位不同,强调的利益范围不同,观察处理问题的角度不同,也可能产生矛盾冲突。这就要求幼儿教师在处理与幼儿园领导关系时应做到如下三点。

第一,服从领导,忠于职守。幼儿教师首先要服从幼儿园领导分配的各项工作,保质保量及时完成各项任务,不敷衍塞责。如果幼儿教师不服从领导,自搞一套,各行其是,必然会打乱领导对幼儿园教育工作的整体部署,造成幼儿园工作的混乱。其次,幼儿教师必须严格遵章守纪。任何一位幼儿教师都应自觉遵守幼儿园的规章制度和纪律,这不仅为学生树立了榜样,而且有利于维护幼儿园的正常秩序。对于自己工作中遇到的困难,幼儿教师应主动争取学校领导的支持和帮助。

第二,协助领导,支持工作。幼儿园工作是一项纷繁的系统工程,要把这个工作做得高效有序,仅靠领导的力量是不够的。这就要求幼儿教师在干好本职工作的同时,还应尽可能协助幼儿园领导,建立和发展与幼儿园领导之间的平等互助、友好合作关系,使自己成为幼儿园领导的得力助手和良好合作者,支持幼儿园领导工作,共同完成教育教学工作。

第三,监督领导,关心幼儿园。幼儿教师是幼儿园的主人。他们服从和协助领导,绝不意味着对领导惟命是从,盲目顺从。幼儿教师要增强参与意识和主人翁责任感,充分发扬民主,积极参与幼儿园的监督和管理,敢于抵制各种不正之风,勇于和一切损害幼儿园利益的行为作斗争,善于对幼儿园领导工作进行批评监督。

（6）幼儿教师与教辅人员、后勤工作人员也应互相尊重，互相支持。教辅人员和后勤工作人员也是幼儿园集体中的重要成员，他们担负着大量的管理和服务工作，为全园师生的教学、科研、工作和生活创造了一个良好的外部环境，他们承担着间接育人的任务。幼儿教师应该看到教辅人员、后勤人员对教育教学的重要作用，尊重他们的劳动，争取他们的配合，以便为幼儿创造良好的学习生活环境。

总之，幼儿教师之间相互尊重，相互学习，建立和谐的人际关系，对于办好幼儿园，创建文明园风是十分重要的。

☀ 三、正确认识合作与竞争的关系

合作是指不同的个体为了共同的目标而协同活动，促使某种既有利于自己又有利于他人的结果得以实现的行为或意向。竞争指不同的个体为了同一个目标展开争夺，促使某种只有利于自己的结果获得实现的行为或意向。

幼儿教师既要具有合作意识、合作能力，也需要具有竞争意识、竞争能力。

幼儿教师劳动的目的在于为社会培养人才，教育目的的统一性要求幼儿教师之间必须合作。而且现代社会教育已成为伟大艰巨的集体协作的工程，教育的这种发展规律要求幼儿教师之间要合作。另外，幼儿教师之间的合作是幼儿教师自身素质的完善以及能力全面提高的有利条件。

我国当代的改革开放和市场经济体制的建立，使社会被赋予广泛的竞争机制，未来社会的发展要求教育培养出来的人不仅要具有协作精神，而且应具有竞争意识。同时，教育事业的发展，对幼儿教师的要求也会越来越高，客观上将出现或正在出现这种趋势：能够出色地完成教学工作、受到学生好评的幼儿教师，将受到重用；不能适应教学工作，甚至根本不适合当幼儿教师的人，将被淘汰。这从客观上要求幼儿教师要勇于进取，敢于攀登，在教学和科研中保持领先地位。幼儿教师之间、幼儿教师集体之间只有开展有益的竞争，才能促进幼儿教师水平的不断提高，进而提高整体教育水平。

幼儿教师要正确认识合作与竞争的关系。合作与竞争是社会发展中普通存在的两种基本的相互作用的形式。人类在发展中，合作与竞争是相互伴随的，各自体现出不同的社会功能。没有合作，社会就很难形成整体并得以有序发展；没有竞争，社会发展就不能获得更大的活力，难以有更大的超越。可见，合作与竞争是同一事物两个不同的方面，两者协调，才能使社会保持正常快速的发展。当然，合作与竞争有时往往发生矛盾。比如，竞争有时破坏合作，合作有时限制竞争。特别是那些不良的竞争，常常给合作和社会发展带来负面影响。因此，要保持合作与竞争的协调性，一是要有良好的目的来引导；二是要健全相应的规范法规,建立良好的竞争机制。只有开展合理的竞争,才能使竞争与合作协调发展。

竞争有正当合理的竞争和不正当的竞争。正当与不正当之分别在于采取什么手段去竞争,如果手段是道德的、合理合法的,那么,这种竞争是正当的竞争;如果手段是不道德的、不合情理的,甚至是违法的,那么这种竞争则是不正当的竞争,如弄虚作假、以造谣污蔑来贬低别人,抬高自己的做法。不正当的竞争往往给他人、集体和社会造成很坏的影响。由于幼儿教师劳动的特殊性,幼儿教师道德对正在成长中的幼儿的影响具有深刻性、持久性和全面性,因此,对教育过程中的竞争必须加以限制和引导,尽可能消除其负面影响,提倡正当有益的竞争,反对不正当的竞争。

在充满竞争又需要合作的社会,教育内部幼儿教师之间的竞争与合作,应当是在合作中竞争,在竞争中合作,开展正当的竞争,进行友好的合作。做到这一点,从幼儿教师来说,要克服消极无为、安于现状、墨守成规、故步自封的思想,积极参与竞争,树立在合作中正当竞争的意识,敢于迎接挑战,在竞争中全面提高自身素质,在竞争中自觉与他人合作,以诚相见,相互支持。在合作中竞争要保持它的公平性和平等性,要光明磊落。为了自己竞争获胜而要求别人与己合作,而自己不真心实意与别人合作,虚意合作,暗中拆台,都不是光明磊落、公平竞争的表现。

第二节　责任重泰山,人格魅力高

幼儿教师与家长的关系如何,直接影响着幼儿园与家庭能否形成教育合力,直接关系着教育培养质量。为此,幼儿教师应主动与幼儿家长交流,尊重幼儿家长,充分调动他们的积极性,发挥家庭教育的作用。

一、尊重幼儿家长对搞好教育工作的重要意义

家庭是社会的细胞,是人类个体发展的第一个重要环境,父母是儿童的第一位和永久的教师,他们在幼儿的成长中具有举足轻重、不可代替的作用。尊重幼儿家长,对于搞好教育工作十分重要。

1. 尊重家长有利于幼儿园教育与家庭教育的相互配合

幼儿园和家庭是幼儿活动、学习和生活的主要场所,虽然幼儿园是专门承担对青少年教育的社会专业部门,在青少年的身心发展中起主导作用,但幼儿园教育也有它的局限

性,比如在内容上还不能很好满足幼儿多方面成长的需要,在时间和空间上不够灵活等。所以,要使幼儿得到更好的成长,就必须要重视家庭教育对幼儿的影响,一是要使幼儿园和家庭对幼儿的影响能够一致,二是要发挥家庭教育作用来弥补幼儿园教育的局限性。因为在当代社会,社会物质生产能力的提高和社会物质财富的丰富,使每个家庭的物质生活条件、文化生活条件都比以往有了极大的改善,家庭所拥有的现代化信息传媒手段大大增强了人们对现实社会各方面的了解,家庭对幼儿的影响无论从内容到形式都有幼儿园教育所不可相比的优势。不仅如此,由于家长与子女的天然亲缘关系,家长对子女的成长有着很深、很广的影响力。家庭教育是幼儿园教育不可缺少的重要补充形式。作为幼儿教师必须重视家庭教育,与家长建立经常广泛的联系,以便能经常通过家长,了解幼儿的思想、言行和学习状况,并争取家长的配合,共同教育好幼儿。总之,家庭教育与幼儿园教育是各具独立形态和独立特点的教育,但各自又都有一定的局限性,只有两者结合、协调一致,才能在总体上更好地促进幼儿的发展。而要实现这一点,就不能忽视家长的作用,尊重家长,才能建立良好的教育联系,真正实现幼儿园教育与家庭教育的有机结合。

2. 尊重家长是幼儿教师搞好教育工作的需要

幼儿教师是连接幼儿园教育和家庭教育的桥梁和纽带,是协调幼儿园教育和家庭教育的主要力量,幼儿园教育与家庭教育的统一方向、一致要求和相互配合,主要通过幼儿教师来实现。而且,在幼儿教师和家长的关系中,幼儿教师从总体上看处于主动地位,起着主导作用。但是,如果幼儿教师不尊重家长,不能广泛争取家长的有力配合,也就谈不到起主导作用。

从人际交往的角度看,幼儿教师尊重家长有三方面意义。

一,有利于信息沟通。只有幼儿教师尊重家长,双方才能进行必要而充分的联系,才能沟通信息。只有通过这种信息的交换,才能真正、全面地了解一个幼儿,才能对一个幼儿做出客观的评价并施以科学的教育。

二,优化环境。一个人的成长受家庭、幼儿园、社会三种因素的影响。其中,社会是大气候,家庭和幼儿园是小气候,是具体环境。因此,家庭、幼儿园是十分重要的环境,同时也是可塑的环境。只有尊重家长,幼儿教师与家长才能达成共识,共同优化育人的环境。

三,互助互补。一般来说,幼儿教师和家长在经历、经验、思想水平、知识能力上存在着客观的差异,也正因为存在着这种客观差异,决定了幼儿教师与家长的交往具有互补的可能性和必要性。这种经验、思想和知识的互补,恰恰是双方自我提高的有利因素。事实上,很多幼儿教师能够从家长身上得到社会的大量信息,也从家长的愿望中激起从事教育事业的崇高感和责任心。很多家长又能从幼儿教师身上吸取教育的知识和技能并被幼儿教师的精神所感动。只有互相尊重,才能互相理解,彼此促进,达到互补互助。

二、尊重家长的基本要求

为了协调幼儿园教育与家庭教育,形成教育合力,幼儿教师和家长双方都应做出必要的努力。从幼儿教师这方面来说,在处理与幼儿家长关系时要遵循以下的要求。

1. 主动与幼儿家长联系,寻求共同一致的教育立场

幼儿教师与幼儿家长的关系如果处于"鸡犬之声相闻,老死不相往来"的状况是严重违背幼儿教育规律的。幼儿教师主动与幼儿家长联系,沟通感情,互相理解,谋求一致,从而采取协调的步骤,那么许多问题都好解决了。苏联教育家苏霍姆林斯基十分重视处理幼儿教师与家长的关系。他所领导的帕夫雷什中学,在多方面取得了卓越的成就。他认为:"这些成就来源于我们和家庭的共同工作。这种工作起了极其重要的作用……问题恰恰在于,我们和家庭作为并肩工作的两个雕塑家,有着相同的理想观念,并朝着一个方面行动。要知道,在创造人的工作上,两个雕塑家没有相互对立的立场是极其重要的。"换言之,处理好幼儿教师与幼儿家长的关系,最重要的就是谋求在教育过程中有共同一致的立场。

2. 认真听取家长的意见和建议,取得家长的支持和配合

任何幼儿教师,无论他具有多么丰富的实践经验和深厚的理论修养,都不可能把复杂的教育工作做得十全十美、不出差错。而且随着整个民族素质的提高,家长的水平也在不断提高,他们的许多见解值得幼儿教师学习和借鉴。加之"旁观者清",有时家长比幼儿教师更容易发现教育过程中的问题。因此,幼儿教师要放下"教育权威"的架子,经常向家长征求意见,虚心听取他们的批评和建议,以改进自己的工作。这样做,也会使家长觉得幼儿教师可亲可信,从而诚心诚意地支持和配合幼儿教师的工作,维护幼儿教师的威信。

3. 尊重幼儿家长的人格,不训斥,不指责

尽管在幼儿教师与家长的关系中,幼儿教师起主导作用,但两者在人格上是完全平等的,不存在尊卑、高低之别。因此,幼儿教师必须尊重幼儿家长的人格,特别是要尊重所谓"差生"和"不听话"孩子家长的人格。对教育过程中出现的问题,首先要从自己身上找原因,还要客观地分析问题的症结所在,公正地评价幼儿的表现和家长的家庭教育工作,与家长共同研究解决问题的方法。

幼儿教师不要动辄就向家长"告状",不要当众责备他们的子女。上海育才中学名誉校长段力佩曾说:如果家长从幼儿教师的回答中听到的全是他孩子不好的方面,那他就会下意识地产生反感,怀疑幼儿教师对孩子有成见,因而采取与幼儿教师不合作的态度。作为幼儿教师,更不能训斥、指责家长,不说侮辱幼儿家长人格的话,不做侮辱幼儿家长人格

的事。否则会造成幼儿教师与家长之间的隔阂甚至对立，还可能引起幼儿对家长或幼儿教师的不满，损害幼儿教师的形象，降低教育效果。尊重别人是自尊的表现，也是得到别人尊重的前提，正如常言所说："敬人者，人恒敬之"。

4. 教育幼儿尊重家长

一个好幼儿教师，不仅要自己身体力行地尊重幼儿家长，而且要教育幼儿尊重自己的父母，特别是那些社会地位和文化水平都不高的父母。有教养的幼儿教师绝不当着幼儿的面讲有损于他们家长威信的话。

事实证明，幼儿教师教育幼儿尊重家长，不但可以提高家长的威信和作用，增强家庭教育的力量，而且当家长看到自己的孩子在幼儿教师教育下健康成长，对自己又是那样尊敬时，就会衷心地感谢幼儿教师，更加信任幼儿教师。因而，幼儿教师和家长就会在互相尊重的基础上，产生共同语言，统一对幼儿的教育。

三、发挥家长教育作用的基本途径

发挥家长教育作用的基本途径有两大方面：一是帮助和指导幼儿家长提高教育修养，促进家庭教育科学化；二是引导家长了解、参与、监督幼儿园教育活动，促进幼儿园教育质量的提高。其最终目的是形成幼儿园教育与家庭教育的合力，增强教育实效。主要有以下几方面的要求。

1. 与家长保持密切的联系和沟通

幼儿教师与幼儿家长的联系和沟通必须成为一项经常性工作，要通过多种形式建立经常的联系，成为幼儿家长的朋友，把家长看成自己教育工作的力量，而不是当幼儿出了问题时才去告急或告状。许多家长之所以把幼儿教师的联系和来访看做"不祥之兆"，重要的原因就在于这种联系的偶然性和突发性。苏联教育家契尔那葛卓娃和契尔那葛卓夫在《教师道德》一书中写了这样一件事：有一个幼儿园的幼儿出色地完成了一项社会工作，受到幼儿教师的赞赏，校长为了嘉奖家长教子有方，决定邀请他父亲来幼儿园。但他父亲没有来校，第二天却打电话抱歉地说："我有一项紧急工作在身。但是你们放心，我已经揍了他……"类似这样发人深省的事在我们周围也不少见。

幼儿教师工作比较忙，一个班级有几十位幼儿的家长，要与每一位幼儿家长保持联系确实不容易，这除了依靠幼儿教师高度的责任心和事业心之外，还要注意运用和创造多种方式与家长保持联系和沟通。

2. 采取多种形式调动幼儿家长对幼儿园教育的参与

家长对幼儿园教育的了解、参与与监督，可以促进幼儿园各项工作的开展，提高教育质量。在学期开始时,幼儿教师把幼儿园的有关要求,班级及每一学科的计划、目标及活动安排等,印发介绍给家长,征求家长的意见,这样既可使计划不断完善,又可使家长做到心中有数,以便更好地协助和监督幼儿园的教育工作。

计划的执行过程也要引导家长参与,可以举办家长开放日,邀请家长参加孩子的活动,如班会、队会、校会、运动会、文艺演出、节日庆祝活动等,也可以定期让家长听课,通过此类活动不仅可以使家长进一步了解自己的孩子,还可以从中学到教育儿童的科学方法。有一些兴趣小组之类的活动,可以请有专长的家长当幼儿教师。在期末,请家长来评价一学期的幼儿园工作,以利于下学期更好地改进。

3. 帮助幼儿家长形成正确的育人观念和思想

从实际情况来看,作为一个幼儿教师,要做好教育工作,应注意指导家庭教育,这是因为:广大家长具有这方面的需求。改革开放以来,我国进入经济迅速发展的时期,广大家长从社会发展趋势中看到,社会对人的要求越来越高,自己的子女如果没有丰富的文化科学知识,没有德智体各方面的较好素质,是不能适应社会需要的,特别是社会主义市场经济的发展,"物竞天择"、"优胜劣汰"将成为普通的社会现象,人才竞争日趋激烈,如果没有较高的素质和竞争能力,是很难立足于社会的。做父母的都十分关心子女的成长和前途。因此,家长们在重视子女接受幼儿园教育的同时,也越来越重视家庭教育,希望能发挥家长的作用。要求给予家庭教育以具体的指导,已成为广大家长的共同心愿。指导家庭教育也有其社会要求,在长期的教育实践过程中,社会各界越来越认识到,青少年幼儿能不能健康成长,家庭教育关系极大。特别是在行为习惯和道德品质的形成中,家庭教育甚至可以说是起着"型塑"的作用。从整个教育体系看,家庭教育、幼儿园教育和社会教育是一个不可分割的整体,都不容忽视。忽视任何一个环节,都有可能影响教育工作的整体效应,甚至造成不可挽回的损失。从目前我国的实际情况看,家庭教育是一个薄弱环节。如果不加强家庭教育的指导,就不能形成幼儿园、家庭、社会"三位一体"的教育体系,会严重影响整个教育体系作用的发挥。加强对家庭教育的指导,使之与幼儿园教育和社会教育统一步调,提高整个教育体系的教育效益,是社会各界共同的愿望;从家庭教育的实际情况来看,有的家长虽然很关心孩子的成长,很注重对孩子的教育,但因没有正确的教育观念和方法,简单粗暴,违反幼儿身心发展规律,教育效果很差,要使他们有效地对孩子进行教育,也需要给予指导。

指导家庭教育,重点是帮助家长更新教育思想和观念,掌握科学的方法。

第一,指导家长建立民主、平等的父母子女关系。家庭教育是在父母子女之间进行的,家长与子女是一种什么样的关系,本身就是一种教育。在几千年漫长的历史发展中,我国家长封建的思想意识根深蒂固,至今仍有表现。在许多家庭里,家长不能平等地对待

人际沟通与礼仪指南

子女,没有什么民主可言。家长不尊重子女的个性和人格,强迫子女按家长的意志行事,子女如不遵从,动辄打骂体罚。

随着改革开放的深入,社会生活的民主化,市场经济的发展,社会生活需要新一代人具有民主、平等、自主、自立、自强的意识。在社会生活的影响下,儿童青少年也追求民主、平等、自主、自立、自强,追求自身价值的实现和个性的充分发展。这是一股不可逆转的历史潮流。如果家长的思想观念不更新,不主动调整父母子女关系,建立新型的民主、平等的父母子女关系,势必造成父母子女关系的紧张,势必使"代沟"日益加深,家长就会丧失教育子女的主动权。因此,幼儿教师应帮助幼儿家长,破除封建家长制思想,与子女建立平等、民主的新型关系。

第二,指导家长建立开放的家庭教育模式。家庭教育作为家庭生活的重要内容和家庭的基本职能之一,长期以来恪守家的范围,基本是在一种封闭的状态下进行的。封闭的家庭教育模式,必然造就思想僵化保守、心理闭锁和性格拘谨的人。这样的人很难适应现代社会的要求,因此,要改善封闭的家庭教育模式为开放的家庭教育。

家庭教育要开放,并不是说家长对子女撒手不管,放任自流。而是要把家庭教育搞活,使家庭教育始终保持内外的信息交流与沟通。对外,要与社会生活保持密切联系;对内,教育者与受教育者要相互配合,充分调动和发挥教育者和受教育者两个方面的主观能动性,使家庭教育生动、活泼、主动地进行。总之,幼儿教师要指导家长建立开放的家庭教育模式,使家庭教育适应这个日益开放的社会。

第三,指导家长形成全面发展的教育观念。改革开放以来,我国重视知识,重视人才,正成为普遍的社会舆论。在这种形势下,广大家长感到未来社会人才竞争的激烈,普遍重视子女的早期智力开发和文化科学知识的学习,除了设法让子女有一所好幼儿园读书以外,还自觉地发挥家庭教育的作用,重视家庭智育,聘请家庭幼儿教师或亲自辅导,送孩子参加各种专业知识和技能的培训班,不惜花费时间、精力和重金进行智力投资。这一切,对于提高儿童的文化素质,无疑大有好处。

但在家庭教育中,也出现了一些片面性。比如,只重视智力开发和文化学习,而忽视思想品德教育和行为习惯的培养;只抓文化科学知识的学习,而不注重生活能力的培训;只重书本知识的学习,而忽视社会生活的学习;只重智力因素的培养,忽视非智力因素的培养。除此之外,在抓子女智力开发和文化基础知识学习上,还存在任意加重负担、态度粗暴、实行体罚、盲目投资等问题。这些都需要幼儿教师加以指导,使家长们实行科学的家庭教育,克服片面性和不科学性,全面关心子女,使子女在德智体诸方面得到全面协调的发展。

第四,指导家长理智而科学地教育独生子女。20 世纪 80 年代以来,我国家庭中出现了大批独生子女,独生子女在儿童、青少年中的比例与日俱增。家里只有一个孩子,负担减轻,物质生活条件相应地变得优越,为子女的教育提供了较为充足的物质基础,家长也把期望全部寄托在唯一的孩子身上,期望高,教育的迫切性强,也更有效。这是独生子女教育固有的优势。

与此同时,独生子女的大量出现,也给教育工作带来了一些新困难。中国的家庭过去一向子女数量较多,现在一下子把生育孩子的数量控制到了最低限度,这一巨大变化,使人们一时难以适应,家长心理上产生了一种失落感。加之,中国的家庭缺乏教育独生子女的传统和经验,因此把独生子女视为珍宝,娇惯溺爱的现象普遍严重,许多家庭是"有爱无教",把孩子摆得地位过高,成为家庭中的"特等公民"。只享有权利,没有一点义务,一切都由着孩子,一切都属于孩子,一切都服从孩子。这种特殊的地位,必然会滋长特殊化的思想意识和行为习惯。

独生子女在家里得到的爱强烈而集中,这种强烈的爱,会使孩子心情舒畅,精神振奋,思想活跃,个性得到充分的发展。独生子女所享受的父母之爱是多子女所不及的,这是他们身心健康发育得天独厚的精神环境。然而,这种强烈而集中的爱,如果掌握不好分寸,就很可能变为溺爱,而溺爱会使孩子养成许多不良习惯,甚至会促使孩子走上邪路,中外这方面的例子都不少见。因此,幼儿教师必须指导家长理智而科学地教育独生子女,使他们成为合格的人才。

第三节 活动设计

家长公开日(一)

活动由来	幼儿每天都在与几何图形的物体打交道,如小朋友睡觉的床,写字用的桌子,吃饭用的碗,家里的衣柜、空调、洗衣机、电视机……还有车子的轮胎、窗户,它们都有不同的颜色,也发挥着不同的作用,如此丰富多彩的图形世界,为幼儿传递着多少领域的知识和信息,让我们带着孩子进入这个多姿多彩的图形王国,去探索其中的奥秘。			
时间与内容	活动目标	活动准备与场地安排	活动组织	活动说明
7:50—8:20 幼儿入园 拼图	熟悉各种图形的特征,发展幼儿的想象能力。	活动场地:教室 活动准备:各种几何图形若干	1. 热情接待入园的幼儿。 2. 幼儿自主选择,用各种几何图形拼画。 3. 活动过程中教育幼儿不要将图形放进嘴巴里,或者损坏。	

时间与内容	活动目标	活动准备与场地安排	活动组织	活动说明
8:30—9:00 分享早餐 看图书		活动场地:教室 活动准备:各种图书	1. 请吃完早餐的幼儿有序地坐好。 2. 教育幼儿看书的时候要注意安全,不要把皮肤划伤了。 3. 引导幼儿正确地看图书。 4. 组织幼儿有序地放书。	
9:00—9:30 1. 主题探究科学活动 2. 小小服装设计师	1. 复习几种几何图形(圆形、半圆形、梯形、三角形、长方形)。 2. 学习将服装进行分类。 3. 能按规律进行排序。 培养想象力和动手能力,激发创作灵感。	活动场地:教室 活动准备:各种几何卡片(圆形、半圆形、梯形、三角形、长方形)、胶水、棉签、白纸每人一份	一、故事导入,激发兴趣 教师讲述故事《图形宝宝来聚会》,并提问: 1. 圆形宝宝变成了什么?(太阳、圆盘、车轮、饼干……) 2. 半圆形宝宝们变成了什么?(蝴蝶、小刺猬、小汽车、小乌龟、小玩偶……) 3. 梯形宝宝们变成了什么?(书柜、梯子、花盆、桌子……) 4. 三角形宝宝变成了什么?(房子、晾衣架、金字塔、三轮车、流动红旗……) 5. 长方形宝宝又变成了什么?(衣柜、黑板、桌子、床……) 二、寻找规律,进行排序 1. 教师出示图形,如一个三角形,两个圆形……幼儿说出自己的发现、规律。 2. 幼儿操作,用图形卡片排出有规律性的毛巾、花边、领带…… 三、想象探究,设计服装 1. 请幼儿和家长一起用各种图形宝宝拼衣服,看看谁的衣服设计得漂亮(提供的材料应该丰富,如四季服装材料)。 2. 幼儿边思考边动手操作(可以小组合作,可以请教家长)。 3. 服装展览会。将幼儿设计的衣服展示出来。 4. 请幼儿把自己的设计的衣服按照男孩、女孩的衣服或季节进行分类。	家长参与到孩子的活动中,增进亲子关系。
9:30—10:30 运动与健康 1. 抛接纸球 2. 螃蟹运球	1. 加强手臂肌肉力量及提高协调能力,动作灵活。 2. 培养合作游戏的能力。	活动场地:走廊外面 活动准备: 1. 纸球若干,框子5个 2. 皮球4个,活动场地有起点与终点的记号	游戏一玩法: 1. 家长和幼儿面对面站立,幼儿与家长相距3米。 2. 每3组家庭进行比赛,听到口令后,幼儿开始抛纸球(每人5个纸球),家长手持小筐接球,在规定时间内接纸球数量多的家庭获胜。	

时间与内容	活动目标	活动准备与场地安排	活动组织	活动说明
			规则:幼儿与家长必须站在线外不能过线,家长必须用小筐接球,否则为犯规,不记成绩。 游戏二玩法: 1. 所有家庭分为4组纵队站好进行比赛。 2. 游戏开始时,家长与孩子十指相扣、手心向上,将一个球放在上面,身体侧向迅速前进,绕过终点的记号,再将球运回来交给下一组家庭,用的时间最短的那一队为胜。 规则:家长和幼儿运球时身体必须侧向前进;两人必须都回到起点后,再交给下一组继续运球。	

10:40—11:10
英语教学
Five Candys &
Six Boys
	1. 进一步培养幼儿用英语数物体个数的兴趣。
	2. 学会数数1~6,并能根据图片上物体个数说出相对应英文数字。
	3. 幼儿能用英语从one到six数物体个数,能够与伙伴们一起协作做游戏。
		活动准备:
		数字教学卡片、糖果若干、魔法袋
		活动场地:教室
			1. Warming up(热身)
			  教师和幼儿一起做游戏,让幼儿体验英语游戏的快乐。
			2. Revision(复习)
			  通过唱歌和游戏来复习和巩固幼儿已经学过的知识。
			3. New words(生词)
			  利用教学卡片导入新的知识,学习数字5和6的英语发音。
			4. Guess game(猜谜游戏)
			  老师出示魔法袋玩猜谜游戏,幼儿在猜谜游戏中进一步练习发音和巩固所学的知识,培养幼儿参与英语游戏的积极性。
			5. Who's NO 1?(谁是第一?)
			  教师把幼儿分成两组,利用数字教学卡片进行比赛活动。在活动中让幼儿练习发音,并乐于开口表达。
			6. 寻找"five&six"
			  教师带领幼儿在教室中寻找与five、six有关的物体。通过这个活动巩固和扩展今天学习的知识,并将知识运用到生活中。
			7. 总结
			  总结幼儿表现,并给予鼓励,结束本次活动。	

活动评价				

家长公开日（二）

一、设计意图

通过开展家长日的开放活动，让家长了解教师的教育教学活动，知道孩子在幼儿园一日活动的情况，通过活动开展让家长亲眼看见孩子在幼儿园的具体表现，对教师的教育能有进一步的了解，拉近家园之间的距离，为家园共育架起了一座桥梁。

二、活动主题：春天的小动物

1. 语言活动：儿歌《小柳树钓鱼》。

2. 美术活动：《小蝌蚪》。

三、教师向家长交待事项

各位家长，你们好！

感谢你们在百忙之中抽空来参加这次的公开日活动，为了能使教学活动顺利地进行，向各位家长提出一点要求。希望家长将手机调成振动，安静地进行观摩。教师教学和孩子双边互动学习，在活动过程中家长不要靠近自己的孩子说话，或做什么事情，更不要打断教师讲课，以便影响孩子上课的注意力和情绪。有什么事情、问题请在活动结束后与教师交流。谢谢配合。

下面教师交待半日活动具体安排：

（一）8:00—8:10，入园及晨间活动：看书、玩桌面玩具

要求：

1. 教师热情接待幼儿，师生、同伴相互问好、早（最好使用英语）。

2. 检查幼儿服装，特别是鞋带是否系好。

3. 教育幼儿友好玩玩具、相互谦让。看图书时要一页一页翻着看，并边看边讲。

（二）8:10—8:50，早餐

要求：

1. 餐前组织幼儿洗干净小手。

2. 教育幼儿安静进餐，帮助吃饭慢的小朋友动作快一点儿。

3. 爱惜粮食，保持桌面干净，掉的饭粒放入盘中。

4. 将碗、筷轻轻放入篮子里，擦干净嘴。

（三）9:00—9:20，早操活动

要求：

1. 在教师的带领下认真做好两套操，动作尽量正确。

2. 两个人一队走好队伍，不相互碰撞，注意安全。

(四)9:25—9:50,语言活动:儿歌《小柳树钓鱼》

1. 活动目标:

(1) 理解儿歌内容,感受儿歌的趣味性。

(2) 大胆朗诵儿歌,能用动作、表情表现对儿歌的理解。

(3) 感受柳树与鱼儿有趣的关系。

2. 活动重点:

(1) 理解儿歌内容,能用普通话完整朗诵儿歌。

(2) 活动难点:能用动作、表情等表现对儿歌的理解。

3. 活动准备:

(1) 经验准备:观赏柳树,了解柳树树条的形状、颜色。

(2) 教具准备:黑板上画上柳树的简笔画。

4. 活动过程:

(1) 谈话活动:

① 猜谜语引入,教师说一个柳树的谜语,让幼儿猜想。

② 教师引导幼儿说说对柳树的认识。

提问:你看到的柳树是什么样子的? 形状及颜色。

(2) 观察简笔画,理解儿歌内容:

① 看图画,提问:你们看图上的柳树像在做什么?

你怎么看出来像在钓鱼呢?

② 讨论:它能钓到鱼儿吗? 为什么?

③ 小结。

(3) 幼儿学习儿歌:

① 教师朗诵儿歌,幼儿欣赏。

② 幼儿跟着教师一起念儿歌。

(4) 表演朗诵儿歌:

① 引导幼儿尝试用自己的动作表演儿歌。

② 请个别幼儿表演。

③ 小结:表扬做得好的幼儿。

(五)9:55—10:15,吃点心、喝豆浆

要求:

1. 安静吃点心,保持桌面干净。

2. 提醒幼儿注意不把豆浆弄洒了。

3. 将杯子、盘子轻轻放入篮子里。

（六）10:15—10:45,艺术活动

（七）10:50—11:15,体育游戏:《给小兔送青菜》

1. 活动目的:

(1) 练习孩子手的精细动作,发展手眼协调能力。

(2) 发展平衡能力,培养孩子的勇敢精神。

2. 活动准备: 绿色皱纹纸、小篓子每人一份。场地上画一条宽 20cm 左右长 1 米左右的平衡线做平衡森木。

3. 活动过程:

(1) 教师示范摘菜,向家长介绍游戏的目的和要求:鼓励、指导孩子自己动手把纸撕成长条,让孩子自由自主地撕纸,训练宝宝撕的动作,发展手眼协调能力和手部小肌肉的灵活性。

(2) 清洗青菜。

(3) 给小兔送青菜:幼儿分成四组,自己走过平衡木把青菜送给小兔。

(4) 教师对能干的孩子进行表扬和鼓励。

4. 亲子活动《袋鼠接力》。

玩法:幼儿面对家长,双手抱住家长的脖子,双腿勾住家长的腰。家长双手不能碰幼儿,快速跑到对面把接力棒传给后一位家长。哪组最先传递完即为胜利队。

(如天气下雨将游戏改为室内音乐游戏《找小猫》)

（八）11:15—11:30,如厕、洗手、餐前准备

要求:

1. 提醒幼儿不在厕所打闹嬉戏,男孩子解小便不要解到小便池外面。

2. 检查幼儿的裤子是否穿好。

3. 教育幼儿认真洗手,不玩水,不把衣服弄湿。

4. 指导幼儿洗手擦肥皂,手心手背搓干净,并用毛巾擦干净手。

5. 餐前带领做音乐律动。

（九）11:30—12:00,午餐

要求:

1. 安静、愉快进餐,要求幼儿吃饭不讲话,不挑食,不掉饭菜。

2. 告诉幼儿饭后擦干净嘴,并把自己的椅子端放两边,培养幼儿热爱劳动的好习惯。

附：英文活动

活动名称 Name of Activities	Go shopping
幼儿先备经验 Student Experience	1. Shopping Experience 2. Know some English name of store
教学目标 Teaching Goals	1. Learn new words：Story book\Eggplant\Video game 2. Learn the sentence "What do you want?" "I want a ..." 3. let children to be interested in English
教学准备 Teaching Materials	1. The cards of Book store、Supermarket and Department store 2. 20 cards of new words、20 pieces of paper money 3. CD、儿歌 "Shopping Time"
教学过程 Teaching Presentation	一、暖身活动 warm up（2～3 minutes） 1. Greeting：Say "Good Morning" to everybody，and then self-introduction， 2. Warm up："Up and Down" Stand up，sit down. Hands up，hands down. Toes up，toes down. Stand up，turn around，sit down！ 二、教学呈现 presentation（3～4 minutes） 1. What's the name of these store?（Toy store、Book store、Supermarket and Department store） 2. Learn new words：what do you see in the store? Pronunciation：Teddy bear\Story book\Carrot\Video game 三、教学活动 Activity（10～15 minutes） Game 1：Speak loudly and lightly Game 2：Pass cards one by one How to get it？Please learn with me "what do you want? I want a ..." Game 3：Host and customer 　　First, all the boys ask me with "what do you want?" as hosts, then all the girls ask me with "what do you want?" as hosts. I will act as a customer. At last, I would be a host, and all the kids will be the customers. Game 4：Shopping by yourself 　　Some kids act as host，and orther kids act as customer. They could buy if they want and speak out. 四、复习及延伸 1. All the kids speak out what they have bought（review words）. 2. All the children stand up and listen the song "Shopping Time"：Let's go on shopping. The song：shopping, shopping, go shopping! Busy, busy, and funny! Toy store，toy store，is a fun place.
活动反思 Self-Examination	
活动延伸 Extension	

家长公开日活动家长意见反馈表

1. 您听了第一堂课,认为老师的课上得怎么样:(　　　)

    A. 很好　　　　B. 较好　　　　C. 一般　　　　D. 不太好　　　E. 差

原因:＿＿＿＿＿＿＿＿＿＿＿＿＿＿＿＿＿＿＿＿＿＿＿＿＿＿＿＿＿＿＿＿＿＿

2. 您听了第二堂课,认为老师的课上得怎么样:(　　　)

    A. 很好　　　　B. 较好　　　　C. 一般　　　　D. 不太好　　　E. 差

原因:＿＿＿＿＿＿＿＿＿＿＿＿＿＿＿＿＿＿＿＿＿＿＿＿＿＿＿＿＿＿＿＿＿＿

3. 您对本次家长开放日活动的满意度:(　　　)

    A. 很满意　　　B. 较满意　　　C. 一般　　　　D. 不满意　　　E. 很不满意

原因:＿＿＿＿＿＿＿＿＿＿＿＿＿＿＿＿＿＿＿＿＿＿＿＿＿＿＿＿＿＿＿＿＿＿

4. 您希望家长开放日的内容为:

＿＿＿＿＿＿＿＿＿＿＿＿＿＿＿＿＿＿＿＿＿＿＿＿＿＿＿＿＿＿＿＿＿＿＿＿＿＿

5. 您对学校的总体印象:(　　　)

    A. 很好　　　　B. 较好　　　　C. 一般　　　　D. 不好　　　　E. 差

6. 您想对老师说的是:

＿＿＿＿＿＿＿＿＿＿＿＿＿＿＿＿＿＿＿＿＿＿＿＿＿＿＿＿＿＿＿＿＿＿＿＿＿＿

7. 您对学校的意见或建议是:

＿＿＿＿＿＿＿＿＿＿＿＿＿＿＿＿＿＿＿＿＿＿＿＿＿＿＿＿＿＿＿＿＿＿＿＿＿＿

开放日意见反馈表

来宾姓名		所属单位	
对本次活动的意见			
对所听课程的意见或建议			

感谢您参与此次活动,多谢对我园工作的支持!

第六单元
学前教育法规政策及贯彻指导

※ 一、法规政策

1.《幼儿园管理条例》

第一章 总 则

第一条 为了加强幼儿园的管理,促进幼儿教育事业的发展,制定本条例。

第二条 本条例适用于招收三周岁以上学龄前幼儿,对其进行保育和教育的幼儿园。

第三条 幼儿园的保育和教育工作应当促进幼儿在体、智、德、美诸方面和谐发展。

第四条 地方各级人民政府应当根据本地区社会经济发展状况,制订幼儿园的发展规划。幼儿园的设置应当与当地居民人口相适应。

乡、镇、市辖区和不设区的市的幼儿园的发展规划,应当包括幼儿园设置的布局方案。

第五条 地方各级人民政府可以依据本条例举办幼儿园,并鼓励和支持企业事业单位、社会团体、居民委员会、村民委员会和公民举办幼儿园或捐资助园。

第六条 幼儿园的管理实行地方负责、分级管理和各有关部门分工负责的原则。

国家教育委员会主管全国的幼儿园管理工作;地方各级人民政府的教育行政部门,主管本行政辖区内的幼儿园管理工作。

第二章 举办幼儿园的基本条件和审批程序

第七条 举办幼儿园必须将幼儿园设置在安全区域内。严禁在污染区和危险区内设置幼儿园。

第八条　举办幼儿园必须具有与保育、教育的要求相适应的园舍和设施。幼儿园的园舍和设施必须符合国家的卫生标准和安全标准。

第九条　举办幼儿园应当具有符合下列条件的保育、幼儿教育、医务和其他工作人员：

（一）幼儿园园长、教师应当具有幼儿师范学校（包括职业学校幼儿教育专业）毕业程度，或者经教育行政部门考核合格。

（二）医师应当具有医学院校毕业程度，医士和护士应当具有中等卫生学校毕业程度，或者取得卫生行政部门的资格认可。

（三）保健员应当具有高中毕业程度，并受过幼儿保健培训。

（四）保育员应当具有初中毕业程度，并受过幼儿保育职业培训。

慢性传染病、精神病患者，不得在幼儿园工作。

第十条　举办幼儿园的单位或者个人必须具有进行保育、教育以及维修或扩建、改建幼儿园的园舍与设施的经费来源。

第十一条　国家实行幼儿园登记注册制度，未经登记注册，任何单位和个人不得举办幼儿园。

第十二条　城市幼儿园的举办、停办，由所在区、不设区的市的人民政府教育行政部门登记注册。

农村幼儿园的举办、停办，由所在乡、镇人民政府登记注册，并报县人民政府教育行政部门备案。

第三章　幼儿园的保育和教育工作

第十三条　幼儿园应当贯彻保育与教育相结合的原则，创设与幼儿的教育和发展相适应的和谐环境，引导幼儿个性的健康发展。

幼儿园应当保障幼儿的身体健康，培养幼儿的良好生活、卫生习惯；促进幼儿的智力发展；培养幼儿热爱祖国的情感以及良好的品德行为。

第十四条　幼儿园的招生、编班应当符合教育行政部门的规定。

第十五条　幼儿园应当使用全国通用的普通话。招收少数民族为主的幼儿园，可以使用本民族通用的语言。

第十六条　幼儿园应当以游戏为基本活动形式。

幼儿园可以根据本园的实际，安排和选择教育内容与方法，但不得进行违背幼儿教育规律，有损于幼儿身心健康的活动。

第十七条　严禁体罚和变相体罚幼儿。

第十八条 幼儿园应当建立卫生保健制度,防止发生食物中毒和传染病的流行。

第十九条 幼儿园应当建立安全防护制度,严禁在幼儿园内设置威胁幼儿安全的危险建筑物和设施,严禁使用有毒、有害物质制作教具、玩具。

第二十条 幼儿园发生食物中毒、传染病流行时,举办幼儿园的单位或者个人应当立即采取紧急救护措施,并及时报告当地教育行政部门或卫生行政部门。

第二十一条 幼儿园的园舍和设施有可能发生危险时,举办幼儿园的单位或个人应当采取措施,排除险情,防止事故发生。

第四章 幼儿园的行政事务

第二十二条 各级教育行政部门应当负责监督、评估和指导幼儿园的保育、教育工作,组织培训幼儿园的师资,审定、考核幼儿园教师的资格,并协助卫生行政部门检查和指导幼儿园的卫生保健工作,会同建设行政部门制定幼儿园园舍、设施的标准。

第二十三条 幼儿园园长负责幼儿园的工作。

幼儿园园长由举办幼儿园的单位或个人聘任,并向幼儿园的登记注册机关备案。

幼儿园的教师、医师、保健员、保育员和其他工作人员,由幼儿园园长聘任,也可由举办幼儿园的单位或个人聘任。

第二十四条 幼儿园可以依据本省、自治区、直辖市人民政府制定的收费标准,向幼儿家长收取保育费、教育费。

幼儿园应当加强财务管理,合理使用各项经费,任何单位和个人不得克扣、挪用幼儿园经费。

第二十五条 任何单位和个人,不得侵占和破坏幼儿园园舍和设施,不得在幼儿园周围设置有危险、有污染或影响幼儿园采光的建筑和设施,不得干扰幼儿园正常的工作秩序。

第五章 奖励与处罚

第二十六条 凡具备下列条件之一的单位或者个人,由教育行政部门和有关部门予以奖励:

(一)改善幼儿园的办园条件成绩显著的;

(二)保育、教育工作成绩显著的;

(三)幼儿园管理工作成绩显著的。

第二十七条 违反本条例,具有下列情形之一的幼儿园,由教育行政部门视情节轻重,给予限期整顿、停止招生、停止办园的行政处罚。

（一）未经登记注册，擅自招收幼儿的；

（二）园舍、设施不符合国家卫生标准、安全标准，妨害幼儿身体健康或者威胁幼儿生命安全的；

（三）教育内容和方法违背幼儿教育规律，损害幼儿身心健康的。

第二十八条 违反本条例，具有下列情形之一的单位或者个人，由教育行政部门对直接责任人员给予警告、罚款的行政处罚，或者由教育行政部门建议有关部门对责任人员给予行政处分：

（一）体罚或变相体罚幼儿的；

（二）使用有毒、有害物质制作教具、玩具的；

（三）克扣、挪用幼儿园经费的；

（四）侵占、破坏幼儿园园舍、设备的；

（五）干扰幼儿园正常工作秩序的；

（六）在幼儿园周围设置有危险、有污染或者影响幼儿园采光的建设和设施的。

前款所列情形，情节严重，构成犯罪的，由司法机关依法追究刑事责任。

第二十九条 当事人对行政处罚不服的，可以在接到处罚通知之日起十五日内，向做出处罚决定的机关的上一级机关申请复议，对复议决定不服的，可在接到复议决定之日起十五日内，向人民法院提起诉讼。当事人逾期不申请复议或者不向人民法院提起诉讼又不履行处罚决定的，由作出处罚决定的机关申请人民法院强制执行。

第六章 附 则

第三十条 省、自治区、直辖市人民政府可根据本条例制定实施办法。

第三十一条 本条例由国家教育委员会解释。

第三十二条 本条例自一九九〇年二月一日起施行。

2.《幼儿园教育指导纲要(试行)》

第一部分 总 则

一、《幼儿园教育指导纲要》以《中华人民共和国教育法》和《幼儿园管理条例》、《幼儿园工作规程》为依据制定。

二、幼儿教育是基础教育的组成部分，是学校教育和终身教育的起始阶段。幼儿教育应为幼儿的近期和终身发展奠定良好的素质基础。

三、幼儿园应与家庭、社会密切配合,共同为幼儿创造一个良好的成长环境。

四、幼儿园应为幼儿提供健康、丰富的生活和活动环境,满足他们多方面发展的需要,使他们度过快乐而有意义的童年。

五、幼儿园教育应尊重幼儿身心发展的规律和学习特点,充分关注幼儿的经验,引导幼儿在生活和活动中生动、活泼、主动地学习。

六、幼儿园教育应重视幼儿的个别差异,为每一个幼儿提供发挥潜能,并在已有水平上得到进一步发展的机会和条件。

第二部分　教育目标与内容要求

一、幼儿园教育应当贯彻国家的教育方针,坚持保育与教育相结合的原则,对幼儿实施体、智、德、美诸方面全面发展的教育,全面落实《幼儿园工作规程》所提出的保育教育目标。

二、幼儿园教育的内容是广泛的、启蒙性的,可按照幼儿学习活动的范畴相对划分为健康、社会、科学、语言、艺术五个方面,还可按其他方式作不同的划分。各方面的内容都应发展幼儿的知识、技能、能力、情感等。

三、幼儿的学习是综合的、整体的。在教育过程中应依据幼儿已有经验和学习的兴趣与特点,灵活、综合地组织和安排各方面的教育内容,使幼儿获得相对完整的经验。

一、健康

——增强幼儿体质,培养健康生活的态度和行为习惯

(一)目标

1. 适应幼儿园的生活,情绪稳定;

2. 生活、卫生习惯良好,有基本的生活自理能力;

3. 有初步的安全和健康知识,知道关心和保护自己;

4. 喜欢参加体育活动。

(二)教育要求

1. 建立良好的师生、同伴关系,让幼儿体验到幼儿园生活的愉快,形成安全感、信赖感;

2. 帮助幼儿养成良好的饮食、睡眠、盥洗、排泄等个人生活卫生习惯和爱护公共卫生的习惯;

3. 指导幼儿学习自我服务技能,培养基本的生活自理能力;

4. 开展多种有趣的体育活动,特别是户外的、大自然的活动,培养幼儿积极参加体育锻炼的积极性,并提高其对环境的适应能力;

5. 密切结合幼儿的生活和活动进行安全、保健等方面的教育,以提高幼儿的自我保护能力;

6. 在走、跑、跳、钻、爬、攀等各种体育活动中,发展幼儿动作的协调性、灵活性。

(三)指导要点

1. 教师应该把保护幼儿的生命和促进幼儿的健康放在教育工作的首要位置。

2. 身体的健康和心理的健康是密切相关的,要高度重视良好人际环境对幼儿身心健康的重要性。

3. 幼儿不是被动的"被保护者"。教师要尊重幼儿不断增长的独立需要,在保育幼儿的同时,帮助他们学习生活自理技能,锻炼自我保护能力。

4. 体育活动要尊重幼儿身体生长发育的规律和年龄特征,不进行不适合幼儿的体育活动项目训练。

二、科学

——激发幼儿的好奇心和探究欲望,发展认识能力

(一)目标

1. 有好奇心,能发现周围环境中有趣的事情;

2. 喜欢观察,乐于动手动脑、发现和解决问题;

3. 理解生活中的简单数学关系,能用简单的分类、比较、推理等探索事物;

4. 愿意与同伴共同探究,能用适应的方式表达各自的发现,并相互交流;

5. 喜爱动植物,亲近大自然,关心周围的生活环境。

(二)教育要求

1. 引导幼儿接触自然环境,使之感受自然界的美与奥妙,激发幼儿的好奇心和认识兴趣;

2. 结合和利用生活经验,帮助幼儿认识自然环境,初步了解自然与自己生活的关系;

3. 引导幼儿注意身边常见的科学现象,感受科学技术给生活带来的便利,萌发对科学的兴趣;

4. 引导幼儿利用身边的物品和材料开展活动,发现物品和材料的多种特性和功能;

5. 为幼儿提供观察、操作、试验的机会,支持、鼓励幼儿动手动脑大胆探索;

6. 引导幼儿关注周围环境中的数、量、形、时间、空间关系,发现生活中的数学;

7. 在解决问题的过程中帮助幼儿理解基本的数学概念,发展思维能力;

8. 鼓励幼儿用多种方式来表现自己的探索过程和结果,表达发现的愉快并与他人交流、分享。

(三)指导要点

1. 幼儿的科学教育是科学启蒙教育,重在激发幼儿的认识兴趣、探究欲望,帮助幼儿

学习运用观察、比较、分析、推论等方法进行探索活动。

2. 学习科学的过程应该是幼儿主动探索的过程。教师要让幼儿运用感官、亲自动手、动脑去发现问题、解决问题。鼓励幼儿之间的合作,并积极参与幼儿的探索活动。

3. 幼儿的科学活动应密切联系幼儿的实际生活,教师应充分利用幼儿身边的事物与现象作为科学探索的对象。

三、社会

——增强幼儿的自尊、自信,培养幼儿关心、友好的态度和行为,促进幼儿个性健康发展

(一)目标

1. 喜欢参加游戏和各种有益的活动,活动中快乐、自信;

2. 乐意与人交往,礼貌、大方,对人友好;

3. 知道对错,能按基本的社会行为规则行动;

4. 乐于接受任务,努力做好力所能及的事;

5. 爱父母、爱老师、爱同伴、爱家乡、爱祖国。

(二)教育要求

1. 引导幼儿参加游戏和其他各种活动,体验和同伴共处的乐趣;

2. 加强师生之间、同伴之间的交往,培养幼儿对人亲近、友爱的态度,教给必要的交往技能,学会和睦相处;

3. 为每个幼儿提供表现自己的长处和获得成功感的机会,增强自尊心和自信心;

4. 提供自由活动的机会,支持幼儿自主地选择和计划活动,并鼓励他们认真努力地完成任务;

5. 在共同的生活和活动中,帮助幼儿理解行为规则的必要性,学习遵守规则;

6. 教育幼儿爱护玩具和其他物品,用完收拾;

7. 引导幼儿接触和认识与自己生活关系密切的不同职业的成人,培养幼儿尊重不同职业人们的劳动;

8. 扩展幼儿对社会生活环境的认识,激发爱家乡、爱祖国的情感。

(三)指导要点

1. “社会”是一个综合的学习领域。社会学习往往融合在各种学习活动中,并渗透于幼儿一日生活的各个环节。

2. 社会学习具有潜移默化的特点,尤其是社会态度和社会情感的学习,往往不是教师直接“教”的结果。幼儿主要是通过在实际生活和活动中积累有关的经验和体验而学习的。教师要注意通过环境影响、感染幼儿。

3. 教师和家长是幼儿社会学习的重要影响源。模仿是幼儿社会学习的重要方式,教师和家长的言行举止直接、间接地影响幼儿,构成他们学习的"榜样"。因此成人要注意自己的言行,为儿童提供良好的榜样。

4. 幼儿的社会性培养需要家、园、社会保持一致、密切配合。

四、语言

——提高幼儿语言交往的积极性、发展语言能力

（一）目标

1. 喜欢与人谈话、交流；

2. 注意倾听并能理解对方的话；

3. 能清楚地说出自己想说的事；

4. 喜欢听故事、看图书。

（二）教育要求

1. 创造一个自由、宽松的语言交往环境,支持、鼓励、吸引幼儿与教师、同伴交谈,体验语言交流的乐趣；

2. 养成幼儿注意倾听的习惯,发展语言理解能力；

3. 鼓励幼儿用清晰的语言表达自己的思想和感受,发展语言表达能力；

4. 教育幼儿使用礼貌语言与人交往,养成文明交往的习惯；

5. 引导幼儿接触优秀的儿童文学作品,使之感受语言的丰富和优美；

6. 培养幼儿对生活中常见的简单标记和文字符号的兴趣；

7. 利用图书和绘画,引发幼儿对阅读和书写的兴趣,培养前阅读和前书写技能；

8. 提供普通话的语言环境,帮助幼儿熟悉、听懂并学说普通话。少数民族地区还应帮助幼儿学习本民族语言。

（三）指导要点

1. 幼儿的语言是通过在生活中积极主动地运用而发展起来的,单靠教师直接地"教"是难以掌握的。教师应充分利用各种机会,引导幼儿积极运用语言进行交往。

2. 语言学习具有个别化的特点,教师应重视与幼儿的个别交流和幼儿之间的自由交谈。

3. 语言能力是一种综合能力,幼儿语言的发展与其情感、思维、社会参与水平、交流技能、知识经验等方面的发展是不可分割地联系在一起的,语言教育应当渗透在所有的活动中。

五、艺术

——丰富幼儿的情感,培养初步的感受美、表现美的情趣和能力

（一）目标

1. 能初步感受环境、生活和艺术中的美；

2. 喜欢艺术活动，能用自己喜欢的方式大胆地表现自己的感受与体验；

3. 乐于与同伴一起娱乐、表演、创作。

（二）教育要求

1. 引导幼儿接触生活中美好的事物和感人事件，丰富幼儿的感性经验和情感体验；

2. 引导幼儿欣赏艺术作品，培养幼儿表现美和创造美的情趣；

3. 提供自由表现的机会，鼓励幼儿大胆地想象，运用不同的艺术形式表达自己的感受和体验；

4. 指导幼儿利用身边的物品和废旧材料制作各种玩具、工艺装饰品，体验创造的乐趣；

5. 为幼儿创造展示自己作品的条件，引导幼儿相互交流、相互理解和相互欣赏。

（三）指导要点

1. 艺术是幼儿的另一种表达认识和情感的"语言"。幼儿艺术教育应引导幼儿接触生活中的各种美好事物与现象，丰富幼儿的感性经验和情感体验。

2. 艺术活动是一种情感和创造性活动。幼儿在艺术活动过程应有愉悦感和个性化的表现。教师要理解并积极鼓励幼儿与众不同的表现方式，注意不要把艺术教育变成机械的技能训练。

第三部分　教育活动的组织与实施

一、幼儿园的教育活动，是有目的、有计划引导幼儿生动、活泼、主动活动的，多种形式的教育过程。

二、教育活动的组织与实施过程是教师创造性地开展工作的过程。教师要根据《幼儿园教育指导纲要》和本班幼儿的实际情况，制定切实可行、富有弹性的工作计划，并灵活地执行。

三、教育活动目标的确定要以对本班幼儿的发展水平和原有经验的了解为基础，逐步落实《幼儿园工作规程》和本纲要所提出的保育教育目标。

四、教育活动内容的选择应遵照本纲要第二部分的有关条款进行，同时体现以下的原则：

（一）既符合幼儿的兴趣和现有经验，又有助于形成符合教育目标的新经验；

（二）既贴近幼儿的生活，又有助于拓展幼儿的经验；

（三）既体现内容的丰富性、时代性，又注重幼儿学习的必要性、妥当性以及与小学教育的衔接。

五、教育活动内容的组织应充分考虑幼儿的学习方式和特点,注重综合性、趣味性,寓教育于生活、游戏之中。

六、教育活动的组织形式应根据需要合理安排,以便为幼儿提供多样化的学习机会和条件,提高教育效益:

(一)因时、因地、因内容和幼儿的学习特点,灵活运用集体、小组、个别等活动形式;

(二)注意保持教师直接指导的活动和非直接指导的活动的适当比例,保证幼儿每天有充足的时间自主地进行活动。

七、环境是重要的教育资源,应通过创设并有效地利用环境促进幼儿的发展。

(一)幼儿园的空间、设施、活动材料和常规要求应有利于引发幼儿的主动探索和幼儿间的交往;

(二)教师的态度和管理方式应有助于形成安全、温馨的心理环境;言行举止应成为幼儿学习的良好榜样;

(三)充分利用社区的教育资源,引导幼儿适当参与社会生活,丰富生活经验,发展社会性。

八、科学、合理地安排和组织一日生活。

(一)时间安排应有相对的稳定性与灵活性,既有利于形成秩序感,又能满足活动的需要;

(二)尽量减少不必要的集体行动和过渡环节,减少和消除消极等待等浪费时间的现象,提高活动效率;

(三)教师直接指导的集体活动要能满足绝大多数幼儿的需要;

(四)建立良好的常规,减少不必要的管理行为,逐步培养幼儿的自律。

九、执行教育计划的过程是教师的再创造过程。教师在教育过程中应成为幼儿学习活动的支持者、合作者、引导者。

(一)以关怀、接纳、尊重的态度与幼儿交往。耐心倾听,努力理解幼儿的想法与感受,支持、鼓励幼儿大胆探索与表达;

(二)关注并敏感地察觉幼儿在活动中的反应。当按计划进行的活动或提供的材料不能引起所期望的反应时,教师应主动反思,寻找原因,及时调整活动计划或教育行为,使之适合于幼儿的学习;

(三)善于发现幼儿感兴趣的事物和偶发事件中所隐含的教育价值,把握教育的时机,提供适当的引导;

(四)尊重幼儿在发展水平、已有经验、学习方式等方面的个体差异,用适当的方式给予帮助和指导,使每一个幼儿都能感受到安全、愉快和成功。

十、家长是幼儿园教师的重要合作伙伴。应本着尊重、平等的原则,吸引家长主动参与幼儿园的教育工作。

(一)向家长介绍幼儿园的保育教育工作,争取家长的理解、支持和参与;

(二)了解幼儿的特点和家庭的需要,有针对性地开展教育工作;

(三)家园配合,使幼儿在园获得的学习经验能够在家庭中得到延续、巩固和发展;同时,使幼儿在家庭获得的经验能够在幼儿园的学习活动中得到应用。

第四部分　教育活动评价

一、教育评价是幼儿园教育的重要组成部分。教师应自觉地运用评价手段,了解教育活动对幼儿发展的适宜性和有效性,以利调整、改进工作,提高教育质量。

二、教育活动评价的过程,是教师运用幼儿发展知识、学前教育原理等专业知识于教育实践,分析问题、解决问题的过程,也是教师自我成长的重要途径。

三、教育活动评价应以教师自评为主,同时发挥教师群体的智慧和合作精神,共同研究、共同提高。

四、教育活动评价应结合教师的实际工作,自然地伴随着整个教育过程进行。

五、幼儿的行为反应和发展变化是对教育工作最客观、直率、真实的评价,教师要关注幼儿的反应和变化,把它看作重要的评价信息和改进工作的重要依据。

六、教育活动评价宜重点考察以下方面:

(一)教育活动是否建立在对本班幼儿的实际了解的基础上;

(二)教育活动的目标、内容、组织与实施方式以及环境能否向幼儿提供有益的学习经验,有效地促进其符合目的地发展;

(三)教育内容、方式、环境条件是否能调动起幼儿学习的积极性,有利于他们主动学习;

(四)活动内容、方式是否能兼顾群体需要和个性差异,使每个幼儿都有进步和成功的体验;

(五)教师的指导是否有利于幼儿进一步探索与思考,有利于扩展、整理和幼儿的经验。

七、评价教育活动时,凡涉及对幼儿发展状况的评估,应该注意:

(一)全面了解幼儿的发展状况,防止片面性,尤其要避免只重知识技能的掌握,忽略情感、社会性和实际能力的倾向;

(二)应在日常活动与教育教学过程中,通过对幼儿的观察、谈话、幼儿作品分析,以及与其他工作人员和家长的交流等方式了解幼儿的发展和需要；

（三）应承认和关注幼儿在经验、能力、兴趣、学习特点等方面的个体差异，避免用划一的标准评价不同的幼儿；

（四）应以发展的眼光看待幼儿，既要了解幼儿的现有水平，更要关注其最近发展区。

3.《国务院关于当前发展学前教育的若干意见》

（国发〔2010〕41号）

各省、自治区、直辖市人民政府，国务院各部委、各直属机构：

为贯彻落实党的十七届五中全会、全国教育工作会议精神和《国家中长期教育改革和发展规划纲要（2010—2020年）》，积极发展学前教育，着力解决当前存在的"入园难"问题，满足适龄儿童入园需求，促进学前教育事业科学发展，现提出如下意见。

一、把发展学前教育摆在更加重要的位置。学前教育是终身学习的开端，是国民教育体系的重要组成部分，是重要的社会公益事业。改革开放特别是新世纪以来，我国学前教育取得长足发展，普及程度逐步提高。但总体上看，学前教育仍是各级各类教育中的薄弱环节，主要表现为教育资源短缺、投入不足，师资队伍不健全，体制机制不完善，城乡区域发展不平衡，一些地方"入园难"问题突出。办好学前教育，关系亿万儿童的健康成长，关系千家万户的切身利益，关系国家和民族的未来。

发展学前教育，必须坚持公益性和普惠性，努力构建覆盖城乡、布局合理的学前教育公共服务体系，保障适龄儿童接受基本的、有质量的学前教育；必须坚持政府主导，社会参与，公办民办并举，落实各级政府责任，充分调动各方面积极性；必须坚持改革创新，着力破除制约学前教育科学发展的体制机制障碍；必须坚持因地制宜，从实际出发，为幼儿和家长提供方便就近、灵活多样、多种层次的学前教育服务；必须坚持科学育儿，遵循幼儿身心发展规律，促进幼儿健康快乐成长。

各级政府要充分认识发展学前教育的重要性和紧迫性，将大力发展学前教育作为贯彻落实教育规划纲要的突破口，作为推动教育事业科学发展的重要任务，作为建设社会主义和谐社会的重大民生工程，纳入政府工作重要议事日程，切实抓紧抓好。

二、多种形式扩大学前教育资源。大力发展公办幼儿园，提供"广覆盖、保基本"的学前教育公共服务。加大政府投入，新建、改建、扩建一批安全、适用的幼儿园。不得用政府投入建设超标准、高收费的幼儿园。中小学布局调整后的富余教育资源和其他富余公共资源，优先改建成幼儿园。鼓励优质公办幼儿园举办分园或合作办园。制定优惠政策，支持街道、农村集体举办幼儿园。

鼓励社会力量以多种形式举办幼儿园。通过保证合理用地、减免税费等方式,支持社会力量办园。积极扶持民办幼儿园特别是面向大众、收费较低的普惠性民办幼儿园发展。采取政府购买服务、减免租金、以奖代补、派驻公办教师等方式,引导和支持民办幼儿园提供普惠性服务。民办幼儿园在审批登记、分类定级、评估指导、教师培训、职称评定、资格认定、表彰奖励等方面与公办幼儿园具有同等地位。

城镇小区没有配套幼儿园的,应根据居住区规划和居住人口规模,按照国家有关规定配套建设幼儿园。新建小区配套幼儿园要与小区同步规划、同步建设、同步交付使用。建设用地按国家有关规定予以保障。未按规定安排配套幼儿园建设的小区规划不予审批。城镇小区配套幼儿园作为公共教育资源由当地政府统筹安排,举办公办幼儿园或委托办成普惠性民办幼儿园。城镇幼儿园建设要充分考虑进城务工人员随迁子女接受学前教育的需求。

努力扩大农村学前教育资源。各地要把发展学前教育作为社会主义新农村建设的重要内容,将幼儿园作为新农村公共服务设施统一规划,优先建设,加快发展。各级政府要加大对农村学前教育的投入,从今年开始,国家实施推进农村学前教育项目,重点支持中西部地区;地方各级政府要安排专门资金,重点建设农村幼儿园。乡镇和大村独立建园,小村设分园或联合办园,人口分散地区举办流动幼儿园、季节班等,配备专职巡回指导教师,逐步完善县、乡、村学前教育网络。改善农村幼儿园保教条件,配备基本的保教设施、玩教具、幼儿读物等。创造更多条件,着力保障留守儿童入园。发展农村学前教育要充分考虑农村人口分布和流动趋势,合理布局,有效使用资源。

三、多种途径加强幼儿教师队伍建设。加快建设一支师德高尚、热爱儿童、业务精良、结构合理的幼儿教师队伍。各地根据国家要求,结合本地实际,合理确定生师比,核定公办幼儿园教职工编制,逐步配齐幼儿园教职工。健全幼儿教师资格准入制度,严把入口关。2010年国家颁布幼儿教师专业标准。公开招聘具备条件的毕业生充实幼儿教师队伍。中小学富余教师经培训合格后可转入学前教育。

依法落实幼儿教师地位和待遇。切实维护幼儿教师权益,完善落实幼儿园教职工工资保障办法、专业技术职称(职务)评聘机制和社会保障政策。对长期在农村基层和艰苦边远地区工作的公办幼儿教师,按国家规定实行工资倾斜政策。对优秀幼儿园园长、教师进行表彰。

完善学前教育师资培养培训体系。办好中等幼儿师范学校。办好高等师范院校学前教育专业。建设一批幼儿师范专科学校。加大面向农村的幼儿教师培养力度,扩大免费师范生学前教育专业招生规模。积极探索初中毕业起点五年制学前教育专科学历教师培养模式。重视对幼儿特教师资的培养。建立幼儿园园长和教师培训体系,满足幼儿教师

多样化的学习和发展需求。创新培训模式,为有志于从事学前教育的非师范专业毕业生提供培训。三年内对一万名幼儿园园长和骨干教师进行国家级培训。各地五年内对幼儿园园长和教师进行一轮全员专业培训。

四、多种渠道加大学前教育投入。各级政府要将学前教育经费列入财政预算。新增教育经费要向学前教育倾斜。财政性学前教育经费在同级财政性教育经费中要占合理比例,未来三年要有明显提高。各地根据实际研究制定公办幼儿园生均经费标准和生均财政拨款标准。制定优惠政策,鼓励社会力量办园和捐资助园。家庭合理分担学前教育成本。建立学前教育资助制度,资助家庭经济困难儿童、孤儿和残疾儿童接受普惠性学前教育。发展残疾儿童学前康复教育。中央财政设立专项经费,支持中西部农村地区、少数民族地区和边疆地区发展学前教育和学前双语教育。地方政府要加大投入,重点支持边远贫困地区和少数民族地区发展学前教育。规范学前教育经费的使用和管理。

五、加强幼儿园准入管理。完善法律法规,规范学前教育管理。严格执行幼儿园准入制度。各地根据国家基本标准和社会对幼儿保教的不同需求,制定各种类型幼儿园的办园标准,实行分类管理、分类指导。县级教育行政部门负责审批各类幼儿园,建立幼儿园信息管理系统,对幼儿园实行动态监管。完善和落实幼儿园年检制度。未取得办园许可证和未办理登记注册手续,任何单位和个人不得举办幼儿园。对社会各类幼儿培训机构和早期教育指导机构,审批主管部门要加强监督管理。

分类治理、妥善解决无证办园问题。各地要对目前存在的无证办园进行全面排查,加强指导,督促整改。整改期间,要保证幼儿正常接受学前教育。经整改达到相应标准的,颁发办园许可证。整改后仍未达到保障幼儿安全、健康等基本要求的,当地政府要依法予以取缔,妥善分流和安置幼儿。

六、强化幼儿园安全监管。各地要高度重视幼儿园安全保障工作,加强安全设施建设,配备保安人员,健全各项安全管理制度和安全责任制,落实各项措施,严防事故发生。相关部门按职能分工,建立全覆盖的幼儿园安全防护体系,切实加大工作力度,加强监督指导。幼儿园要提高安全防范意识,加强内部安全管理。幼儿园所在街道、社区和村民委员会要共同做好幼儿园安全管理工作。

七、规范幼儿园收费管理。国家有关部门2011年出台幼儿园收费管理办法。省级有关部门根据城乡经济社会发展水平、办园成本和群众承受能力,按照非义务教育阶段家庭合理分担教育成本的原则,制定公办幼儿园收费标准。加强民办幼儿园收费管理,完善备案程序,加强分类指导。幼儿园实行收费公示制度,接受社会监督。加强收费监管,坚决查处乱收费。

八、坚持科学保教,促进幼儿身心健康发展。加强对幼儿园保教工作的指导,2010年国家颁布幼儿学习与发展指南。遵循幼儿身心发展规律,面向全体幼儿,关注个体差异,坚持以游戏为基本活动,保教结合,寓教于乐,促进幼儿健康成长。加强对幼儿园玩教具、幼儿图书的配备与指导,为儿童创设丰富多彩的教育环境,防止和纠正幼儿园教育"小学化"倾向。研究制定幼儿园教师指导用书审定办法。建立幼儿园保教质量评估监管体系。健全学前教育教研指导网络。要把幼儿园教育和家庭教育紧密结合,共同为幼儿的健康成长创造良好环境。

九、完善工作机制,加强组织领导。各级政府要加强对学前教育的统筹协调,健全教育部门主管、有关部门分工负责的工作机制,形成推动学前教育发展的合力。教育部门要完善政策,制定标准,充实管理、教研力量,加强学前教育的监督管理和科学指导。机构编制部门要结合实际合理确定公办幼儿园教职工编制。发展改革部门要把学前教育纳入当地经济社会发展规划,支持幼儿园建设发展。财政部门要加大投入,制定支持学前教育的优惠政策。城乡建设和国土资源部门要落实城镇小区和新农村配套幼儿园的规划、用地。人力资源和社会保障部门要制定幼儿园教职工的人事(劳动)、工资待遇、社会保障和技术职称(职务)评聘政策。价格、财政、教育部门要根据职责分工,加强幼儿园收费管理。综治、公安部门要加强对幼儿园安全保卫工作的监督指导,整治、净化周边环境。卫生部门要监督指导幼儿园卫生保健工作。民政、工商、质检、安全生产监管、食品药品监管等部门要根据职能分工,加强对幼儿园的指导和管理。妇联、残联等单位要积极开展对家庭教育、残疾儿童早期教育的宣传指导。充分发挥城市社区居委会和农村村民自治组织的作用,建立社区和家长参与幼儿园管理和监督的机制。

十、统筹规划,实施学前教育三年行动计划。各省(区、市)政府要深入调查,准确掌握当地学前教育基本状况和存在的突出问题,结合本区域经济社会发展状况和适龄人口分布、变化趋势,科学测算入园需求和供需缺口,确定发展目标,分解年度任务,落实经费,以县为单位编制学前教育三年行动计划,有效缓解"入园难"。2011年3月底前,各省(区、市)行动计划报国家教育体制改革领导小组办公室备案。

地方政府是发展学前教育、解决"入园难"问题的责任主体。各省(区、市)要建立督促检查、考核奖惩和问责机制,确保大力发展学前教育的各项举措落到实处,取得实效。各级教育督导部门要把学前教育作为督导重点,加强对政府责任落实、教师队伍建设、经费投入、安全管理等方面的督导检查,并将结果向社会公示。教育部会同有关部门对各地学前教育三年行动计划进展情况进行专项督查,组织宣传和推广先进经验,对发展学前教育成绩突出的地区予以表彰奖励,营造全社会关心支持学前教育的良好氛围。

国务院

二〇一〇年十一月二十一日

☀ 二、贯彻指导

1. 在主题背景下幼儿艺术活动中教师指导策略研究与实践
严琼、钱双、王义萍

【理论思考】

一、对于幼儿艺术教育的思考

江泽民总书记曾指出："创新是一个民族的灵魂,是国家兴旺发达的不竭动力。"因此,创新教育必须从小开始,从幼儿开始,而艺术教育则是培养幼儿创造性的重要途径,当孩子还不能用语言表达内在情感时,却能借助艺术的"语言"抒发自己的情感。那么"幼儿艺术教育是什么呢?"幼儿艺术教育是以音乐、美术和文学为手段和内容的教育。它涉及的范畴是很广泛的,幼儿美术、音乐、歌舞、幼儿表演(包括乐器演奏)、幼儿文学、幼儿影视等都是它涉及的教育领域;它既是幼儿教育的组成部分,又是艺术教育的启蒙阶段;它的目的是体、智、德、美全面育人;它是具有特殊性的教育,偏重于艺术活动,表现为"以艺术启真、以艺术储善、以艺术促美"。

然而,在幼儿园艺术教育实践中,对于"幼儿艺术教育是什么"的认识误区和主要偏差还是存在以下几点:

(1) 对于幼儿艺术教育是一项长期、艰巨、涉及幼儿园整体和全体师生的深刻感知—尝试—体验—获得,缺乏足够的认识。

(2) 对于幼儿园艺术教育存在的问题过于简单的反思,尤其受到家长、社会的影响,过于注重技能的强化,使得孩子在艺术活动中的主体地位偏向被动状态。

(3) 对于幼儿艺术教育理解过于局部化,从它推进策略的角度看,主要是通过园行政贯彻、自上而下的方式,造成了教师实践中缺乏主动性和创造性,缺乏课题研究的主体意识和能力。

幼儿园要具体地开展以提高幼儿艺术素养为目标的教育活动,是一个从"灵魂"到"实体",从"单一"到"多元",从"一般"到"特殊",从"抽象"到"具体",从"规定"到"创造"的艰难转变的过程。所以,我们应该抛弃艺术教育单一的操作模式,充分重视幼儿园自身教育状态、承担的任务和现有的环境资源的差异,通过广大教育实践和理论工作者的创造来实现艺术教育作为一种教育的目标。

我园在重新认识幼儿艺术教育之后,又不断连续认真学习了《上海学前教育课程指南》，更加深刻领悟其中对幼儿审美情感领域的阐述："初步接触多元文化；能发现和感受生活中的美，萌发审美情趣；积极地尝试运用语言及其他非语言方式表达和表现生活，具有一定的想象力和创造性。"艺术教育的确具有"以美感人，以情动人"的特点，通过影响孩子的情感，进而影响到孩子的心理活动的其他方面，产生潜移默化、影响久远的效果；艺术教育能够给孩子以愉快与欢乐。古代儒家的课程为礼、乐、射、御、书、数，即六艺中体现了重视艺术教育在人的发展中的独立地位的教育观念；古希腊的思想大师们也特别重视艺术教育，认为艺术可以净化人的灵魂。毕达哥拉斯曾指出，借助于艺术可以使人们心里有害的激情得到净化，有利于疾病的治疗。

从古今中外的先哲与经典到我们幼儿园孩子们个性的和谐发展均表明，受到良好的艺术教育是健全、和谐、全面的个性形成的必须，塑造完美个性的人、追求人的全面发展是艺术教育的根本功能；是影响幼儿终身发展的基础；更能体现"文以立品、艺以载德、美以启智"的理念——就如美国著名教育学家罗恩菲尔德曾说过的："艺术教育能和谐地统整儿童成长的一切，造就身心健全的人。"也就是说，"文化与环境的教育是儿童心智成长不可缺少的营养。通过艺术人文的传递、艺术环境的创设、艺术氛围的熏陶，能让孩子感知粗浅的做人、立身的道理，陶冶孩子的情操、开启幼儿的智能，并在潜移默化中完善孩子的人格，提升孩子的审美情趣，使其体验到生活中的真、善、美"。

二、对于教师指导策略的意义思考

指导策略是实现艺术教育目标的有利保证。在每一个活动中，教师的指导策略都是围绕活动目标的完成、幼儿已有经验而生成相应的有效策略，它既要突出该次活动的重要目标、重点要求，又要重视将活动的潜力最大限度地发挥出来，如注意知、情、意、行的相互结合，"四育"的相互渗透，促进幼儿的整体发展等，以完美的完成各方面的目标。在查阅广大资料后也发现：在各国幼儿教育的实践研究中，大家都意识到通过指导策略研究能在幼儿教育理论与实践中架起一座桥梁，更好地使现代化的教育理论促进实践活动的指导水平。

1. 由反思而产生问题，激发课题研究动力

在新课程下的幼儿艺术教育中，教师是艺术性课程的开发者，是孩子学习的引导者，是教学过程的分享者。但是我们在上一个课题研究中发现不少教师在实际操作时，教师的角色定位常常出现偏差，尤其是教师在艺术活动中对孩子的指导还存在教师指导目标不明，各环节的指导缺乏策略，指导方式单一，指导力度不当等问题以及一些困惑：如何把二期课改新理念运用于艺术活动中？如何在主题背景下，把艺术活动与幼儿日常活动有机结合，相互渗透？

加德纳提出了个性化教育的设想，是一种十分重视个别差异的教育方式。也就是说，

教师应去了解每一个孩子的背景、兴趣爱好、学习强项等,从而确定最有利于孩子学习的教育方式。结合上述的问题,引出了我们要研究的课题"在主题背景下幼儿艺术活动中教师指导策略的研究与实践"。它是前一轮市级心理课题"在艺术活动中构建幼儿愉悦情趣体验的对策研究"的延续和深化。我们假设通过对本次课题的研究,能够进一步更深地转变教师的角色观念,通过对已有活动案例的反思与分析,研究优质艺术活动中教师指导的思路与操作策略,提高幼儿艺术教育的指导水平。

2. 由学习而产生探究,增强教师主体意识

随着教改不断深入,我们教师也在不断学习《上海学前教育指南解读》,并结合自己的实践研究,不断更新着许多传统的教学方式,尝试用主题活动形式将艺术与学科整合,设计艺术活动考虑更多的是如何把孩子置于主体位置,尽可能给他们更多层次的环境刺激,更多表现表达的机会,更大的表现空间;更关注孩子的艺术语言、行为,从中捕捉他们思维的脉络,顺应着不同个体的不同反应,或自然地以一种肯定态度给予动态、启发性的引导,或以一种赞许进一步给予更多发散性的思考,或以一种欣赏给予再思考的快乐和灵感;孩子们体验艺术快乐的需求成了我们教师关心、思考的焦点;从而也增强了我们教师自身研究的主体意识。例如在学习《指南》的培养目标一部分,明确了要让幼儿"能初步感受并喜欢环境、生活和艺术中的美;喜欢参加艺术活动,并能大胆地表现自己的情感和体验"。"能用自己喜欢的方式进行艺术表现活动",清楚知道这样的目标定位已经淡化了对知识技能的传授,而是在强调艺术与生活的联系,从而理解了幼儿在艺术活动中的主体地位,也促使我们的教师在预设艺术活动指导策略时要关注幼儿的感受、体验和情感表达方式。因为教师是最了解孩子的,所以教师才是课题研究的主体。

3. 由观察而产生培训,促进教师专业化成长

在一个人的童年期说、唱、舞、画、欣赏等艺术活动都是有机成一体的,它们的自然融合是艺术学习的最佳环境,它使艺术学习更自然、更容易,活泼多样。在教师实践活动中我们发现许多教师都想灵活整合多种艺术手段提高艺术活动水平,来拓展孩子的艺术表现方式,由此我们也感到教师自身艺术素养的自培是迫在眉睫的事情:经过大家的商讨,我们开展各层各类艺术自培活动,有的引进专家指导,有的集体进行,有的小组进行,也有的个别辅导,如定期有专业艺术教师来园给教师集体培训(像双周二中午是我们与外校专业国画教师一起探索国画等),双周二中午还是另一批教师的声乐培训活动;每周的一、三、五下班后一小时是青年教师舞蹈、钢琴、绘画等小组或个别培训活动;每月一次新教师培训和艺术指导策略科研培训……通过这一切培训活动,我们不断努力营造着文学、音乐、美术教育相互支持和相互补充的艺术学习环境。

(1)营造整合诗歌的听觉欣赏环境:例如在"可爱的秋天"主题中,我们教师结伴商讨

运用优美的诗歌,采用诗歌中"红灿灿"、"金金黄"、"五彩缤纷"、"绚丽多姿"、"如蝴蝶般飞舞的落叶"等语言加深幼儿对秋天的感受。让孩子欣赏我们教师自己创作的绘画作品中金灿灿的稻田和硕果累累的果园,运用欢快的音乐、奔放的舞蹈感受秋天丰收的喜悦。随后我们再来进行"秋天的故事"创作画活动,孩子眼中、心中、画中的秋天都呈现的那样多姿多彩。教师自培的内容在他们实践活动中有所体现,也促进了教师的专业化发展。

(2)营造整合名画的视觉观赏环境:例如,在《美丽的家乡》这一主题活动中,我们教师积极与绘画大师的作品互动,相互挖掘大师绘画作品中的亮点,通过自己的理解,再将大师作品与幼儿互动,其中莫奈的名画《日出印象》和《睡莲》给幼儿留下了深刻印象,视觉冲击力很强,也促进了孩子大胆的创作,同时提升了教师欣赏名画的水平。

(3)营造整合多媒体介入环境:例如:主题活动"神奇的海洋世界",我们教师根据主题寻找适合孩子欣赏的旋律和课件,如优美的《梦幻曲》旋律和动画课件,让孩子听、观、想、演,激发了孩子大胆的想象,这也为孩子在后来《海洋里的怪鱼》想象画创作中,大胆打破原有表现鱼的固定模式,尽情地奇思妙想做了铺垫。让孩子们感受到画面从平凡到精彩的真实的美的变化。当然这也需要提高自身的电脑运用水平和音乐鉴赏能力。

4. 由分享而产生推广,开拓艺术教育道路

(1)家长资源的愉悦分享,丰富孩子的艺术欣赏途径。当我们的大班孩子在《中国娃》主题活动中,出现了京剧热潮时,我们的教师尽力为孩子创设探索京剧的情感环境:大一班喜欢拉二胡的孩子多,教师就请来了青少年活动中心的二胡专业教师,让他用京胡为我们的孩子来一段京剧片断,这不仅让孩子真实体验到京剧的韵味,而且可以让拉二胡的孩子自己拉二胡与之比较其中的不同,感知各自艺术情趣;大三班喜欢京剧唱腔的孩子,他们和教师一起挖掘爷爷奶奶中的资源,请来了几位京剧爱好的奶奶爷爷们,和我们的孩子一起感受京剧的不同唱腔,从而又和我们孩子平时唱歌来做比较,体验各自的艺术情趣等。

(2)园内资源的相互分享,提高孩子的艺术活动兴趣。当我们小班孩子在"好听的声音"主题活动中,孩子们找到了许多生活中的优美声音,教师又提供了很多辅助材料以及各种器乐,激发孩子想象运用什么也能使得这些材料发出好听声音? 由于平日里受到哥哥姐姐的熏陶,有的孩子模仿哥哥样子用手拿着竹棒敲扬琴,"扬琴唱歌真好听";有的孩子用嘴吹笛子,"好像鸟儿在叫妈妈";有的孩子用脚踩着爵士鼓,发出"咚咚"声音,"大象来了"……在孩子们自主感受着不同器乐的声音,有了分辨能力时候,教师再在区角里投放不同种类琴的卡片和琴声的录音,让孩子自主寻找匹配,感受其中的乐趣。

(3)艺术经验的姐妹分享,拓展幼儿艺术教育的新思路。我园坚持教科研合一原则,以点带面,逐步形成了富有特色的幼儿艺术课程园本化的初步框架,不仅得到这次市一级

园验收的上海专家教师们赞赏与激励,而且被松江区托幼办认可与表扬;不少教师主动参与了区级刊物《雁阵奋飞》的投稿活动,录用的有八篇左右,主要都是艺术特色的经验文章,而一篇较为规范且富有时代气息的艺术性保健研讨方案是其中稀罕的品种;多次区级展示交流活动(如 2005 年的全区新教师展示活动、2006 年末的全区复验展示与区角展示活动等),我们的艺术化的环境、艺术化的活动、艺术化的专用活动室、艺术化的人文氛围均使人过目不忘,熏陶有佳,赞赏不断,同时也使我们获得不少有价值的建议,将不断勇往直前!

(4)经验要分享,经验要借鉴,经验要推广。我园在筹备复验的过程中,与环境设计的教授、专家多次互动,同时也积极向姐妹园学习,最终将自己艺术园的理念、思想、设计构思、实践过程、色彩变化、标志代表等一一完成在一本富有艺术气息的设计版本中,它将永远伴着我园不断创新、不断提升;同时我们将这些构思制成滚动荧屏呈现在大厅内,多次向区姐妹园展示,让家长、幼儿、领导和同行姐妹一起分享,一起感受艺术,一起创新艺术,并得到上海市复验专家、区领导和大家的认可。

三、对于指导策略设计与实施原则的思考

1. 适切性原则

也就是指在开展主题背景下艺术活动的过程中,要依据孩子的年龄特点来关注孩子的可接受性,活动内容要适合各阶段不同层次、强中弱孩子发展的需要,尽可能把握好他们艺术活动、生活、游戏等方面的最近发展区,故应贯彻适切性原则来选择有效的指导策略。

2. 综合性原则

分两点来说明:(1)在活动内容的选择上,要关注新教材与生成教材的搭配组合;(2)在指导方法和组织形式上,既要做到简单实用,又要多样化:有唱、跳、说、画等手段的有机整合,有动静交替、室内外、集体小组个别的有机整合等,以利于提高孩子的学习兴趣。如在小班新教材"苹果与生梨"中生成的"送颜色"活动,是根据小班孩子的发展目标"了解周围生活中各类不同物品的大小、形状、颜色、数量,能尝试比较,发现其明显的差异;以及用普通话交流,能用短句表达自己的意思",来充分利用现代多媒体手段和技术,使孩子直观、形象地掌握色彩与身边熟悉的实物的关联,提高孩子迁移已有经验的能力和表达的兴趣。

3. 互动性原则

俗话说"弟子不必不如师,师不必贤于弟子",人在接受信息、获取知识和技能的渠道极其广泛,所以"教"与"学"中强调师生互动、生生互动、人人互动(也就是积极与周围各类人互动),不仅可以提高孩子学习的效率,而且教师在孩子所传递出的丰富知识信息中也

能得到相应的启迪,师生互动可以实现师生共同的提高。因此,我们在提炼有效的适合不同能力水平幼儿或不同年龄层次幼儿的指导策略中,都离不开这个原则。

4. 成效性原则

是指开展艺术活动不仅要注重过程也要追求效果,需要家园社资源的整合、推广;对孩子成长过程不断观察、选择有效策略给予支持和帮助,使艺术活动有利于孩子艺术素质的提高,有利于幼儿园艺术教育工作的推进。遵循成效性原则要求我们教师和领导首先要树立质量意识、效果意识;其次要行使观察、引导、支持、管理的职能,加强对艺术活动的指导与管理,促使幼儿艺术教育活动产生实效,促动孩子积极参与艺术活动,提升教师的艺术专业水平。

5. 循序渐进性原则

是幼儿园为教师提供实质的支持,包括教师的培训和其他支持措施,教师在自有的优势(包括教师对先进教育理念的领悟程度)上,因应班级条件、幼儿年龄特点与现有的经验来决定自身的指导策略的运用。

6. 累积经验性原则

通过教科研组试行新的教学指导策略以及检视现有的经验,凝聚集体的力量,从课题研究实践中汲取、累积经验,并推广运用。

7. 群策群力性原则

透过行政班组、教科研组、艺术工作室和新教师培训组的通力合作,达成共识,推进艺术教育指导策略的深入研究。

四、对于课题研究核心概念的界定

2005 年我们课题组成员就开始对幼儿艺术教育情报收集,确定了课题研究从"教师指导策略"切入和创新的研究思路。

★ **课题名称:**主题背景下幼儿班级艺术活动中教师指导策略的研究与实践

★ **关键词界定:**艺术活动、幼儿艺术活动、主题背景下幼儿艺术活动、指导策略。

艺术活动:是以特有的艺术语言体系为媒介、以创造形象或意境为旨归的人类的精神文化活动,它凝结为审美的意识形态。

幼儿艺术活动:以 3~6 岁幼儿为对象开展的艺术活动,教师根据 3~6 岁幼儿年龄特点、艺术现有经验与最近发展区预设和生成的艺术活动,以二期课改的理念实施活动,提高幼儿"跳一跳"获得基本的艺术表达表现能力。

主题背景下幼儿艺术活动:从幼儿年龄特点出发,根据幼儿的兴趣需要以及对周围现象的关注而确立的且有一定主题的艺术活动。在这样的艺术活动中,活动内容并不是由一个个单一的艺术活动来完成,而是给幼儿充分感知、自主探索、自由讨论的时间与空间,

通过一系列的诸如欣赏、参观、收集、讨论的活动,刺激幼儿的表达与创造欲望。

指导策略:"指导"是指在实践活动开展过程中教师对孩子选择内容、联想操作、欣赏交流等环节的指导;按指导内容可分为选题指导、活动实施指导和活动评价指导;按形式可分为集中指导、分散指导;按时机可分为预设指导、随机指导。"指导策略"是指教师指导中的思维策略及行为策略。思维策略体现指导内容的产生途径及着力点,行为策略体现指导方式。教师指导策略具体应包括:围绕什么进行指导、怎样指导、指导至什么程度等。

【实践探索】

美国哈佛大学心理学家霍华德·加德纳认为,人的智能是多元的,除了语言和逻辑—数理智力外,还有视觉—空间智力、音乐—节奏智力、身体—运动智力、人际—交往智力、自我反省智力、自然观察者智力以及存在智力。这就是所谓的"多元智能理论"。因此,作为艺术园教师,在主题背景下指导幼儿艺术活动,更应运用多元智力理论为指导,发展孩子的艺术潜能、培养孩子创新精神和实践能力有着极其重要的意义。下面进行具体阐述。

一、在主题背景下大班艺术活动中教师指导策略的探究

我们在研究中发现:根据大班孩子的年龄特点:"爱学、好问,有极强的求知欲望;自我评价能力逐步的提高,从依从性评价向独立性评价发展,从个别性评价向多面性评价发展;合作意识逐渐增强,会选择自己喜欢的玩伴,也能与三五个小朋友一起开展合作性游戏;规则意识逐步形成,开始学习控制自己的行为,遵守集体的一些共同规则;阅读兴趣显著提高,能较长时间专心地看书,而且对内容的理解能力也较强,开始对文字产生兴趣,认字的积极性也很高,记忆力也增强了;创造欲望更是强烈,越来越喜欢那些能满足想象和创造欲望的玩具和各种多变性的玩具,以及对创编儿歌发生浓厚兴趣,喜欢为自己的画、自己的手工作品配上儿歌等",促使我们教师认真观察、寻找孩子的最近发展区,实践探究出了一些特色策略,促进大班孩子积极主动参与主题背景下的艺术活动,颇有成效。

（一）多元欣赏策略

即创设一个听视觉化的感受情境,以音乐、戏剧、舞蹈、创意动作、艺术游戏、亲近社会与自然等不同手段,从开放性、多元化的角度,对幼儿进行美感熏陶,全面增强幼儿对美的感受力、判断力、想象力和理解力的一种教学指导方式,来激发幼儿的兴趣。

1. 具体方法

（1）挖掘艺术法:根据幼儿的年龄特点和兴趣以及幼儿已有的知识经验选择艺术化的教材。

例如《小燕子》音乐活动既抒情又活泼,两段形成鲜明的对比,首尾呼应,加之孩子们

熟悉燕子、喜欢燕子、好模仿小燕子飞翔与捉虫的情境,使得幼儿更能明确地理解音乐所表达的意境,在一定程度上能够感染幼儿对音乐的兴趣。

又如美术欣赏活动《金山农民画"菜篮子"》活动,教师是因为金山农民画线条清晰明了,反映生活中的小事,菜篮子更是家家户户(包括孩子)都能接触到的;金山农民画的笔触简洁,完全不按常规的空间透视作画,金山农民画的作者没有学过焦点透视和散点透视,因而,只能把一切立体的物象处理成平面。同时他们又不是凭直接视觉作画,而是依据自己对各个物体特征的理解,依据物体之间相互关系所得到的整体概念和特殊印象作画,因而随着他们表现生活的需要,把许多不同时间、不同空间、不同视向和各种物体的特征概念,交错在一起,往往在一幅画中出现仰视、平视、俯视、侧视、反视等现象。构成了金山农民画特殊的构图形式。他们处理物体间的空间关系时,不是通过明暗、虚实、大小来表现的,而是通过平面距离来表现空间概念。这种打破常规,以拙胜巧的作画方式,又和幼儿的作画方式很相像,所以这种作品很适合大班孩子欣赏及尝试创作。

(2) 营造艺术法:创设良好的艺术情境,提高幼儿对艺术作品欣赏的乐趣。

例如,在音乐教学中创设一定的情景,如图片的展示、情景的布置、游戏的开展等,对激发幼儿音乐兴趣有一定的帮助。在《春天来了》歌曲活动中,该班级正在开展春天的主题活动,到社区、幼儿园以及家附近都寻找过春天,实地欣赏,为活动室增添了不少春天美丽的情景,有小蜜蜂、小蝴蝶等飞来飞去,在这些春天意味盎然的环境下,孩子们学得更加投入,激起了对于美的作品欣赏的乐趣。

(3) 感受艺术法:运用多种手段、方法参与和渗透到幼儿艺术欣赏中,增强孩子欣赏感受的欲望。

例如在音乐欣赏中,可以通过多媒体、现场钢琴曲(教师资源)等让幼儿多元欣赏,可以通过对比音乐来了解音乐的不同特点和性质。如摇篮曲与舞曲或进行曲的比较,他们可以感受出摇篮曲是柔柔的,进行曲则是很坚定的。"老人走路"与"蹦跳的小孩子"的节奏比较,他们可以感受到老人的脚步是慢慢的,而小孩子的脚步是跳跳的。幼儿通过视觉、听觉、动觉等多种器官的参与与比较,对音乐作品理解得更深刻。

(4) 体验艺术法:信任孩子、支持孩子联想、想象、创造,提高幼儿的审美能力,促进幼儿全面发展。

例如《野蜂飞舞》音乐欣赏活动,在欣赏音乐过程中,教师留给孩子想象的空间,而没有将音乐中的故事内容告诉幼儿,让孩子结合音乐以语言、动作、神情等想象音乐中发生了什么事情?再以听听、唱唱、跳跳、演演多种手段启迪孩子大胆表达或表现出许许多多自己想到的故事,这不仅激发了他们的想象力,还帮助他们提高语言表达能力,而且更加增强了孩子感受音乐的能力。

2. 成效

欣赏是美育的一种重要手段。根据幼儿的身心与思维发展特征,我们大胆将视、听、说三觉有机结合起来,多应用形象化、直观化、生动的、愉悦的教学方法让孩子欣赏,充分运用听、想、看、说、动等教学手段启迪孩子,有效地调动幼儿欣赏的主动性、积极性,引导幼儿积极参与,我们的艺术活动就上得既"活"又"实",让幼儿充分在玩中学,在学中乐,提高了幼儿感知欣赏能力,在区角公开展示活动中,我们孩子在娃娃舞台上的出色表演,引起了同行们的关注和掌声。

(二)互动交流策略

"互动"是指主体与主体之间的相互作用,相互影响的交往形式;"互动交流策略"是根据活动的内容与发现的问题,通过搜集资料,设计并操作材料,调查和观察、讨论等活动,积累了自己对周围世界探索的经验后,师生之间、生生之间相互交流沟通,相互启发补充,分享彼此的思考、经验、知识及情感、求得新的发现,从而达成共识、共享、共进的一种教学指导方式。

1. 具体方法

在幼儿园科学地理解交流的基本内涵、把握交流的精神实质、有效地实施互动交流显得尤为重要。交流能让幼儿摆脱被动学习,发挥潜能,养成积极主动的学习习惯,也能使幼儿间的经验、师生间的经验互相影响、迁移、认同,从而成为共同的经验。艺术活动是幼儿喜欢的活动,是孩子间互动交流的有效载体。

(1)师生互动法:幼儿与教师平等的相互交流探讨热点问题。

西方美学家罗恩菲尔德说过:"艺术对儿童来说与成年人太不一样,它对儿童来说纯粹是表现自己的手段。由于儿童的思维不同于成人的思维,他的表现就与成人不同。由于成年人同儿童在趣味方面和表达方式方面的不一致,就造成艺术教育中的困难和干扰……"既然已意识到成人与儿童间的差异,我们只有让教师走进儿童世界。

第一:情感的亲近。教师在情感上亲近幼儿,增进师生亲密感,缩短彼此间的距离。当教师一个鼓励的眼神、一个可爱的微笑、一句赞赏的话语都是与幼儿之间的一种最好的交流与互动。尤其是大班幼儿,他们已经具有一定的思维、主见和判断力,当他在自己的活动中能得到教师的这些鼓励和支持同样会增强信心的。

第二:优点的挖掘。教师不断尝试站在幼儿的视角看孩子的世界,不断尝试以儿童的眼光去考察事物和衡量评价幼儿的表现,结果发现了不同幼儿作品中的闪光点,促进幼儿纵向的发展。

第三:言语的融合。教师向幼儿学习,学习他们诠释事物的语言,并用这些儿童化的语言来设计活动,指导幼儿,演示作品。这样可以使幼儿更感亲切,易于理解产生"共同语言"。

（2）生生互动法：幼儿之间通过观看、倾听、问答等方法来探究新事物。

一个幼儿的点滴创新就会使其他幼儿点燃创造的火花,使得创造的火花不断地闪烁。生生之间的交流不仅对幼儿活动起到了一种支持的作用,并且还可促进幼儿社会性的发展,因此我们十分注重为幼儿提供更大的自主学习空间,使幼儿在相互交流中学会解决问题、获得知识经验,有益于幼儿的自我成长。

例如在《动物宝宝迎新年》活动中,孩子们根据自己的兴趣、自由组合,选音乐、设计动作,排练节目到最后设计制作演出服、演出海报等一系列生生互动活动中,始终处于主角,通过这样的活动孩子们之间相互解决问题的能力进一步提高,也增强了一定的自信心,《动物宝宝迎新年》活动最后收到专家、领导、同行们的赞扬,孩子们的体验是愉悦、真实的。

（3）人人互动法：幼儿敢于请教或帮助周围的任何人,来解决所遇的问题。

我们主要研究的是孩子与家长之间的交流,《课程指南》中提出:要注重发挥家长的作用。任何一个主题活动的开展和实施,都离不开资料的收集和信息的积累,这单靠教师一方来完成是很有限的,这就需要我们充分发挥幼儿家长的作用,为我们的主题探索提供相关的信息和资料,以满足幼儿的探索需要。

例如在大班美术研究实践活动"狗年快乐"活动中,为了能获得更多的狗的资料,了解各种狗的外形、个性、功能、生活习性等内容,在这次资料收集过程中,我们充分运用了家长这一有效资源。在和幼儿的共同学习中,许多家长是在用心配合孩子,他们和孩子不仅把资料整理后做成书,还在资料旁边用孩子的语言写上注解,重要的地方划上红线,有的地方还用自己的话进行概括;孩子们也在用心学,在和爸爸妈妈一起查找答案过程中,逐步养成了良好的学习习惯(探究、阅读等)。每次带来资料时,孩子们都会兴奋地叫着"这是我和爸爸共同上网收集的狗的种类的图片","这是我和妈妈收集的狗的资料","这是在家里的图书中找到的","这是我和爷爷一起写的,旁边的小狗是我画上去的"。孩子们体验着作为"小主人"的成功、喜悦。在孩子与家长的互动交流中,家长与孩子的距离是越来越近了。

2. 成效

在以上多种互动中,一个个问题的出现,一个个问题的解答,进一步促使孩子主动地选择自己喜欢的方式去收集资料,查询资料;在任何活动中都会看到孩子或翻看图书,或在墙面前自由交流信息,或以绘画、歌舞、器乐等艺术性方式相互表达表现,求知欲望越来越强。从而促使孩子在自己生动形象的动态作品中,提升了自己的相关经验,获得了意想不到的审美效果。

（三）环境挑战策略

是指活动过程中，教师根据幼儿的心理特点，在活动环境关于物质材料的设计、观察与引导、介入的时机、活动后调整等方面，促进幼儿的艺术表现，积极主动发展的方法。

1. 实施要点

随着教育观念的更新，教育环境的创设及充分发挥环境的教育作用已越来越为教师和家长所关注。环境、材料的创设意义不仅因为它是影响幼儿发展的条件，更是因为环境创设的过程中，通过幼儿的积极参与而产生互动的效应。通过研究发现大班孩子喜欢具有挑战性的材料和环境，更能促进孩子的全面发展。

（1）创设符合大班孩子年龄特征的环境。适龄环境的创新，有助于激发大班幼儿合作意识、规则意识等诸多能力的发展，促进他们不断保持学习的兴趣。

我们在日常生活中要根据孩子的实际水平，多给幼儿创设表现的舞台，把每一个角落都还给孩子，让孩子们能够尽情地表现。例如在"春夏秋冬"主题背景下的美术活动中，我们的教师用四种颜色将墙面布置成四个季节，暗示并且挑战孩子来表现不同季节的特征——有的孩子用绘画的方式表现，水墨画秋天的菊花等；有的用废旧物品进行创作，真实蟹壳的秋天蟹；有的则和爸爸妈妈一起合作用多种材料进行创新的四季图，等有创新的环境不再只是出自教师之手，而更多的是来自孩子和家长的联想世界。孩子们看到活动室和走廊里自己的杰作，从孩子脸上我们看到了孩子既体验到了成功的快乐，也促进了孩子间的相互学习的乐趣。

（2）创设随主题发展而发展的典型的艺术动态型环境，促进幼儿大胆探索的欲望。我们常说在主题背景下，师幼共建的环境最有"味"，它是同伴间交流信息的平台，牵着手共同成长的平台，吸取知识的平台，对教师而言，多了一个了解孩子的特殊"窗口"，是一个超越"活动主题本身意义"而更具有促进幼儿主动发展的活动环境。

例如大班《中国娃》主题艺术活动中，各班根据孩子的特长，将松江的美挑战性地一一呈现在自己班级的墙面上，并且相互交流，相互学习，相互成长。大三班的孩子好绘画，在一次参观热闹的街头活动中发现了华亭老街的房子很特别，屋顶都有弯弯角，于是生成了"美丽的松江"小画展活动，孩子们一起找找松江的一些独特的建筑，松江的一些特产，画画老房子、新建筑，设计未来的松江……一幅一幅独特的富有民族色彩的松江悠久历史美被孩子们搬上了墙面。大五班的孩子小手可灵巧了，他们被我们中国特有的民俗文化所吸引：有的孩子们收集来各种中国的宝贝——中国的青花瓷器、中国结、中国的传统手工制作等，展示在教室的一角；有的孩子们和爸爸妈妈一起收集的各种少数民族的资料，用废旧材料制作的民族娃娃形成了一道风景线；还有的孩子运用自己的手中画笔创作出独特的京剧脸谱……环境成了主题活动中教师"教"与孩子"学"的桥梁，诱发孩子的想象，支持孩子的发展。

（3）创设具有挑战性情境性的环境，激发孩子的大胆创新和支持孩子愉快学习。多种具有挑战性（如让孩子跳一跳，就能摘到果子的程度）、情景性的活动环境，都是促进幼儿主动发展的有效途径。

创设真实的活动情境，能够激发幼儿的表现情趣。例如在欣赏活动《挪威舞曲》中，教师创设了一个动物过圣诞的舞会场景，激励孩子们置身于"森林舞会"中，大胆跟随音乐展现自己的舞姿。

创设有趣的游戏情境，能够提升幼儿活动的乐趣。例如在美术活动《捡落叶》中，师生通过玩一起捡落叶的游戏，并且运用照相机随意拍摄下不同捡落叶的动态，分析观察后再自己体验人物的动态变化美，从而感知劳动的美。

创设精彩的故事情境，激发幼儿乐于表达、敢于表达的情感。例如在欣赏故事《黄叶儿》中，师生将活动室布置成秋天的森林，边听故事边启迪幼儿创作故事中的喜欢的动物形象，这样孩子们既大胆地表达自己的情感，又参与了环境的布置。

创设多媒体课件导入情境，引发幼儿积极思维，促进幼儿在信息多样化的氛围中主动发展。例如美术活动《秋天的树林》中，教师自始至终让幼儿沉浸在欣赏多媒体课件中，从画面的动态美感受秋天的色彩的多变，从抒情的音乐中感受秋天的诗意美境，从而促进孩子在自己的画面上大胆创想色彩搭配，大胆表现出自己心中多彩的秋天树林，孩子各异的作品给予我们成人一种心旷神怡的感受。

2. 成效

每个孩子的发展是不同的，我们在尊重每个幼儿不同差异的基础上，尽量创设适合不同幼儿的材料，给幼儿留下多一点想象与创作的空间。孩子在多种的辅助材料（毛线、贴纸、丝带、即时贴、废旧材料等）中，在教师各种方法引导下，孩子们都能够大胆地想象，大胆地制作，获得各自的成功。例如大班《稻草人》活动中，不少观摩该活动的教师和同行，都看到了孩子的自信大胆的表现，每一个孩子都有自己的成就，孩子是愉快的。

孩子的表现方式也是不一样的，我们又时刻注意为孩子提供各异的情境丰富他们的表现手段。例如在欣赏活动《金蛇狂舞》中，教师在感受、欣赏后，请幼儿讲讲听了这段音乐你想做什么，有的孩子想要跳舞，有的孩子想要唱歌，有的说要用乐器演奏，教师就创设了PK赛活动，让幼儿自由组合，展示自己的风采，有的小组孩子用乐器进行伴奏，有的用节奏儿歌配唱，有的跳舞等，孩子们的表现手法都不一样，环境的熏陶促进了幼儿表现的丰富性。

（四）愉悦评价策略

以"多元智能"理论为依据，在宽松温馨的环境里，强调评价方式的多元化、评价参与

者的多元化和评价内容的多元化,真实地评价孩子的各自潜能、主动活动情况,以提供教学改进的信息,是以鼓励为主的一种教学指导方式,可促进孩子的全面和谐发展。

1. 实施要点

"艺术源于生活而又高于生活",艺术一旦脱离幼儿生活,幼儿很难在艺术活动中真正地感受、体验和表现。因此,对幼儿进行艺术情趣的评价亦不能离开幼儿的一日生活。

(1)在幼儿真实而熟悉的生活情境中进行评价,不会造成孩子的紧张与慌乱,才能反映孩子真实的发展水平,促进孩子的纵向发展。

例如下表所示——

大班幼儿的文学艺术评价表				
幼儿:杨雅翔		年龄:6 岁		
观察内容:日常对话		班级:大三班		
观察者:宋燕丽		日期:12 月 21 日		
内容	元素	评价(★)	总体评价	
探索水平的评价	倾听	★★	杨雅翔的语言总体评价为"强"。表现为: 一、词汇较丰富,出现形容词"丰富"、"各种各样"等,连词"还有"、介词"反正"等。 二、句子结构较完整。 例如:出现了复合句"昨天晚上圣诞夜,我去吃圣诞大餐了,可丰盛了!" 三、情绪饱满,语气感染人。 "可丰盛了"、"反正那里什么都有"等加强了语言的感染力。	
	言语理解	★★		
	图文理解			
	态度	★★		
表现水平的评价	主题	★★★		
	词汇	★★★		
	句子结构	★★		
	连贯性	★★		
	情绪	★★★		
	语气	★★★		
	想象	★		
观察实录或录音整理: 杨:昨天晚上圣诞夜,我去吃圣诞大餐了,可丰盛了! 王:真的啊! 杨:真的! 还有××姐姐,××姐姐,××姐姐,还有他们的爸爸妈妈。那里有许多好吃的东西,水果各种各样的,蛋糕也各种各样的,反正那里什么都有…… 我还看见圣诞老爷爷了,他在跳舞,发礼物,是一个人扮的。				

(2)在不干扰孩子活动的情境下展开观察分析,更加了解孩子的优点、发扬孩子的亮点,促进孩子的快乐成长。

第一,在自然状态下观察。由于幼儿的年纪小,注意力比较容易分散,情绪情感容易受到外界的影响,而且幼儿很纯真,他的外显行为常常真实地表达了他的内心活动,运用自然观察记录法可以观察到真实的情况。例如:语言领域的观察"日常对话"就是运用自然观察法。

第二,在各种情境里观察。教师故意安排一定的有趣情境,如音乐领域评价时,教师在区角活动中创设了一个小舞台,孩子们自然就会在这里唱歌、跳舞表演节目,教师就能很容易地观察到孩子的自然表现了。

第三,在孩子作品中分析。通过孩子们的作品,分析孩子的发展水平。此方法特别适合在视觉艺术领域内运用。我们为每个孩子建立了一个艺术夹,用以收藏孩子的作品,通过这些作品,可以反映出孩子的颜色、线条、画面的布局上的发展水平,还准确地反映出孩子的进步轨迹。例如下表所示:

大班幼儿的视觉艺术评价表			
幼儿:郁文啸 年龄:6 岁			
观察内容:水彩画 班级:大三班			
观察者:宋燕丽 日期:12 月 14 日			
内容	元素	评价(★)	总体评价
探索水平的评价	颜色	★★	该幼儿的总体评价为"强",特别表现在以下三个方面。 一、幼儿大胆运用轮廓线创作。 郁文啸的菊花瓣都是运用轮廓线组合而成,显得十分生动、流畅。 二、能够探索多种工具、材料,体验不同方法所产生的不同作品效果。 朝各种不同方向开放的菊花用细细的水笔勾勒出来,再用水彩渲染,使菊花富有层次感。 菊花的叶子与花瓶使用水粉画成,将水彩、水粉的长处发挥得很好。 三、能够注意作品颜色的主次整体效果,使得画面有立体感。 幼儿将主要的菊花与次要的叶子、花瓶安排得较好。
	布局	★★★	
	材料	★★★	
表现水平的评价	线条	★★★	
	颜色	★★	
	动态	★★★	
体验水平的评价	表现力	★★★	
	饱满感	★★	
	美感	★★★	
作品照片或者观察实录: 这幅作品是在"有用的植物"的主题下的《菊花想着大家笑》活动后,大班孩子的作品,画中的菊花能够向着各个方向微笑。 这样的作品是在幼儿充分观察了解菊花,并且欣赏了梵高的名画《向日葵》的基础上展开的。			

(3) 建立科学的幼儿评价指标,有利于教师更科学地对孩子的评估,了解孩子的实际发展水平,更好地运用适合每一个孩子的指导策略,促进孩子的全面发展。

在查阅了大量的资料基础上,根据"规程"的发展目标和幼儿的年龄特点初步形成了我园音乐、视觉艺术(美术)、文学三个艺术领域的评价指标体系。比如:在视觉艺术评价

中,大班年龄段对颜色的指标如下——

第一学期:

强(★★★)	中(★★)	弱(★)
初步尝试两种颜色进行渐变接色,喜欢玩渐变色。	初步体会色彩变化的规律,尝试表现原色与间色的变化。	能有目的地选择颜色,开始对配色产生兴趣。

第二学期:

强(★★★)	中(★★)	弱(★)
注意作品颜色的主次整体效果,尝试各种配色方法。	创造性地运用颜色的变化表示明暗关系。	探索两种以上颜色的渐变规律,大胆尝试渐变接色。

指标细化后,教师对其小步递进目标更加清晰了,更有利于教师评价幼儿的每一阶段的发展,指标体系也更具实用性与科学性了。

2. 成效

通过对收集到的评价信息的分析处理,我们教师更加能获得幼儿的发展评价结果。这评价结果不是用来给孩子"贴标签"的,而是让我们教师发现孩子的现有水平,为下一阶段的工作计划制订提供依据。

我们教师可以在了解幼儿的基础上,根据幼儿的兴趣爱好、发展情况等提出不同的要求(符合孩子的最近发展区),让每一个孩子都能体验到成功的喜悦;教师肯定幼儿,让每一个孩子在原有基础上得到提高;真正帮助教师了解每一位孩子的发展水平,真正地做到因材施教。

二、在主题背景下中班艺术活动中教师指导策略的探究

幼儿园中班是幼儿三年学前教育中承上启下的阶段,也是幼儿身心发展的重要时期,有他特有的年龄特点:4~5岁儿童在集体中行为的有意性增加了,注意力集中了;他们的行为受情绪支配的比例在逐渐下降,开始学着控制自己的情绪了;在表现出自信的同时也有规则意识的萌芽,但此时儿童的是非观念仍很模糊;喜欢和同伴一起玩,在活动中他们逐渐学会了交往,会与同伴共同分享快乐,还获得了领导同伴和服从同伴的经验;动作发展更加完善,体力明显增强,随着身心的发展,他们对周围的生活更熟悉了,总是不停地看、听、摸、动,见到了新奇的东西,会积极地运用感官去探索;思维具体形象,根据事物的表面属性概括分类,对事物的理解能力逐渐增强,能独立表述生活中的各种事物;游戏中表征水平提高,具有丰富、生动的想象力;时常通过手、口、动作、表情等进行表现、表达与创造。依据这些特点,我们教师经过三年认真观察、实践探究,得出了一些适合中班孩子的指导策略,促进中班孩子积极主动参与主题背景下的艺术活动,颇有成效。

（一）现场感知策略

主要让幼儿通过感知现场的演出、教师的钢琴、多媒体动画等艺术作品的美感,获得各种体验,从而激发幼儿大胆表达表现,积极探索的过程。幼儿不仅通过艺术活动来认识和感受世界,也把艺术活动当作表现自己思想情感的工具。

1. 具体方法

（1）情境激趣法:充分以色彩、自然材料、图文并茂的标志及根据节日和主题美化的空间,为孩子创设有情境的丰富有趣的墙饰美境,创设融规则与环境中的游戏情境,激发孩子大胆感知身边熟悉的事物,激起孩子表达表现的兴趣的一种方法。

例如,在主题《红彤彤的年》活动中,师生一起以"红色"布置了"红红的祝福"展示墙,用收集的各种红色的新年饰品来布置,采用图案交错变化造型,整个红色色调统一、明快、感染力强,富有浓郁的民间艺术特色,让孩子们感受到新年的喜悦。又如,在走廊、活动室的顶上,师生通过悬挂教育性和装饰性的物品来美化（有春节的灯笼、窗花；元宵节的各种自制灯；端午节的粽子、香袋等）,让孩子置身于美的环境中,参与节日环境的布置,促进了孩子积极地参与,大胆地体验身边的自然美和生成美。

（2）欣赏体验法:精心选择孩子喜欢的适合孩子欣赏感受的作品内容,激发孩子根据自己不同的欣赏角度来表达内心的想法,把对美的理解用自己认为最贴切的语言和动作来表现的方法。

第一,大师作品来欣赏,艺术体验长见识。根据各种艺术理论的提示,结合儿童的年龄特点、知识、结构和认识水平,我们感到选择一些大师的作品让幼儿欣赏,不仅促进了幼儿创造性思维的发展,同时也增强了幼儿对艺术作品的喜好。例如:美术欣赏中有莫奈的《日出印象》、《向日葵》等作品；音乐欣赏中有《彼得和狼》、《狮王进行曲》、《小狗圆舞曲》等作品；文学欣赏中有《龟兔赛跑》、《丑小鸭》、《灰姑娘》等,这些作品既有一定的形象可以识别,有深刻的寓意可以领略,又在色彩、线条或者形态等绘画语言方面都有突出的特点,很适合中班孩子的欣赏。

第二,生活题材多感受,真实体验乐趣多。现实生活是艺术教育取之不尽的源泉,要运用启发、引导的方式刺激孩子的表现,让幼儿在活生生的环境中感受美、认识美,想方设法提高幼儿学习艺术的兴趣,从而使幼儿产生一种表现美,创造美的愿望。例如在美术活动《蔬菜汤》前,我们先组织幼儿参观农贸市场,引导他们买菜、拣菜、洗菜、切菜等,幼儿的创作激情都很高,在创作各种特色蔬菜汤中都是按自己的菜单精心制作,四十个小朋友四十种蔬菜汤,还饶有兴致地介绍起自己的作品来。幼儿的好奇心、表现欲得到了极大的满

足,真所谓"见多识广"。

2. 成效

多次的研究实践活动和向同行公开的艺术活动中,大家都看到了我们的孩子艺术素养提升了,孩子对身边的熟悉的事物都有一种不断去感受、去发现美的欲望,特别是能够迁移到每日的"小舞台"游戏中。丰富的生活经验不仅使幼儿增长了知识,在音乐、绘画、文学活动中表现出无比的热情,还促进了幼儿对周围事物的观察能力的发展,激发了思维的主动性和灵活性。

(二)主动探究策略

"探究"一词的本质特点在于对现有知识理论的开放态度和创新的意识。"主动探究策略"是按照科学探索的一般规律,为孩子创设"有所发展"的活动情景,在教师的启发诱导下,孩子自主、独立地发现问题,通过搜集资料,设计并操作材料,调查和观察、讨论等活动进行探索周围世界,并通过个人、小组、集体等多种解难释疑尝试活动,启发孩子将所学知识应用于解决实际问题的一种教学指导方式。

1. 具体方法

以"有趣的动物"主题下的美术活动《蜗牛和苹果》为例,介绍几个典型方法。

(1)问题情境法:根据幼儿理解水平提供相应的情境,主要以投放的图片材料为依托,支持幼儿通过自己观察图片,理解图片中的内涵,进而理解故事中的内容,以幼儿互相提问的方式来展开整个活动,从而从真正意义上做到了幼儿自主学习、自主探索。例如,如何让幼儿比较直观地看出图片上所要表达的是一只正在腐烂的苹果,而不是一只有毒的苹果或是其他,教师对图片进行多次修改,把苹果画大,更方便幼儿的观察,颜色调得更逼真,最后运用拟人画的手法,以苹果悲伤的表情暗示幼儿,引发出各种问题,支持孩子的探索。

(2)分层启迪法:根据不同能力的孩子呈现各异的问题情境,以语言、手势、行为等暗示,促进幼儿自主探究的方式。例如教师根据幼儿已有经验和季节的变化,最后投放了许多配对实物材料——各类种子与其对应的果实,针对不同层次幼儿进行引导匹配,其中有从故事中获得的苹果种子和苹果,是幼儿很熟悉的材料;有从园内发现的广玉兰种子和果实;还有挑战性的材料:平时吃过的南瓜种子和果实等。通过相互学习、介绍各种种子与果实的关系,幼儿有了比较直观的感知与经验。

(3)问题设疑法:教师或幼儿根据情境提出相应问题,相互回忆、再现一些知识,从而梳理、提升孩子的经验。通过回忆、讨论、判断、选择等途径,激起幼儿的探索,孩子在问题中进行探索寻找解决的答案。例如通过几张图片,在教师引导下,孩子们围绕图片的变化提出了各种有趣的问题"蜗牛为什么哭?""蜗牛找医生来干什么?""苹果苗苗哪里来的?"……孩子们把从图片中发现的秘密通过考考同伴的方式提出来,通过孩子之间问答的方式推进了故事的理解。幼儿在有趣、活泼的氛围中感受故事,打破传统的老师问,孩子答的方法,孩子在整个活动中是主体,教师则是孩子们活动的支持者、协助者,从而让每一个孩子都能够体验到活动的乐趣。

2. 成效

认知学家皮亚杰曾提出:"幼儿的知识建构必须由幼儿通过自身的操作活动来完成。"我们教师在为孩子创设的艺术性活动环境、操作活动时都能够重视趣味性、实践性、探究性、发现性等特点,为孩子主动探索、积累经验,创造了良好的机会和条件,并在活动中充分体现幼儿的主体性以及促进幼儿与材料、幼儿与幼儿之间、幼儿与教师之间的相互作用,极大地激发了孩子的探求欲望,也提高了教师设计活动和创设环境的能力。例如我们中班的李燕教师在上海学前教育网上的"主题活动方案大赛"中获得了区角环境创设与指导的三等奖,她就十分注重运用各种独特指导方法来激发孩子的探索兴趣和探索能力。

(三) 环境支持策略

是指活动过程中,教师根据幼儿的心理特点,在活动环境关于物质材料的设计、观察与引导、介入的时机、活动后调整等方面,促进幼儿的艺术表现,积极主动发展的方法。我们着重研究了提供多样化材料促进中班每一个孩子在原有水平上的提高。

1. 实施要点

提供多样化多层次的材料——观察分析——调整观察——积累经验。

中班幼儿的思维是具体形象思维,而每个孩子又有着不同的发展水平,所以在活动过程中我们注重不同孩子在其水平上得到发展。例如:"在秋天里"的主题中,在活动前教师利用自然物稻草、芦苇花让孩子在区域中,把它们粘贴成小菜园的篱笆;活动中首先利用课件引发孩子的活动兴趣:《小菜园》课件中,孩子关注了蔬菜的动态,在学学做做中感知蔬菜的各种动态,同时,课件的运用,对孩子视觉方面形成了一定的影响,从课件中看到的蔬菜的动态,使孩子们会联想到更多的动态,活动有了一个良好的开端;过程中教师经过观察为能力差的孩子提供了用蔬菜刻成的各种形状不一的图形,印菜园里的蔬菜,而能力强的幼儿有自然物编好的小菜园、勾线笔、蜡笔、蔬菜印章等多种材料让孩子重新组合成一幅画;请幼儿自己示范画动态,效果出人意料,孩子们在添画西红柿的动态中,把芭蕾舞的动态淋漓尽致地表现出来了。整个活动过程,每个孩子的积极性都非常高,在绘画蔬菜的时候,孩子们敢于或能画出不同蔬菜的动态,活动在高潮中结束。

2. 成效

投放多样化的材料,能够支持提高幼儿求异创造表现的能力。材料是指为幼儿各种

活动的进行、维持与发展所需要提供的各种物品、器具与资料等。材料的投放形式也是影响幼儿行为的一个重要因素，因此它也是隐性课程的一分子。例如，我们中班教师已经意识到：有计划地投入大量天然材料如皮包、阳伞、瓶罐等，利用天然材料的特性进行模拟结构，做出一些令人叫绝的作品供孩子欣赏效果甚好，因为我们中四班孩子喜欢把废旧的生活包包涂色成佳作，中二、中三班孩子喜欢把各式各样的瓶瓶罐罐运用彩泥或水粉创造各种奇特造型，中五班孩子喜欢把一把把精致的透明小伞绘画出阳光的色彩等，更加让人有一种美的享受，这些都为今后的求异创造表现打好了根基；这也是我们幼儿园各班的一道风景线。

三、在主题背景下小班艺术活动中教师指导策略探究

我们深知小班幼儿的一个显著进步，就是逐渐摆脱自我中心，初步学习按指令行动；但他们的行为仍受情绪支配，不是很稳定，容易冲动，不能真正控制；他们对周围世界充满浓厚的兴趣，对新鲜事物具有强烈的好奇心，喜欢向成人提出各种各样的问题；逐步形成了一些与生活经验相联系的实物概念，认识很大程度依赖于行动；小班幼儿特别爱模仿，通过模仿掌握别人的经验，习得良好的行为习惯；小班时期也是语音发展的飞跃期，美术能力的发展由涂鸦期进入象征期，产生了美术表现的愿望，及能唱简单歌曲，喜欢音乐表现。根据这些特征，我们通过研究提炼了一些有效的有趣的指导策略，激发孩子更加喜欢主题背景下的艺术活动。

（一）童趣欣赏策略

根据小班孩子年龄特点创设一个童趣化的欣赏情境，以幼儿熟悉的生活中的音乐、舞蹈、绘画、游戏为媒，从游戏性、拟人化的角度，对幼儿进行美感熏陶，初步激发幼儿对美的感受与想象的一种指导方式。

1. 具体方法

（1）亲近生活法：走入周围熟悉的环境，亲近自然、亲身体验的方法。例如，我们幼儿园是艺术幼儿园，到处有音乐，到处有舞姿，到处有歌声，教师们充分利用幼儿园这些有利的资源，让孩子身临其境，感受其中的美感。例如，在《有趣的声音》主题活动中，教师带着孩子来到哥哥姐姐练习的琴房，倾听姐姐哥哥们的琴声，感受身边优美的音乐。

（2）音乐熏陶法：感受独特旋律，塑造音乐形象，走入美的意境。例如，我园擅长钢琴的教师，让自己的钢琴声时刻陪伴孩子的生活，当孩子们将活动室弄得乱哄哄时，教师随手弹起静静的音乐，感染幼儿；当孩子们发生争吵时，教师马上弹起一首对比音乐，让孩子欣赏后，讨论一下，什么声音最好听？等等。让孩子时刻处于音乐的启蒙中，逐渐吸引孩子喜欢音乐。

（3）故事再现法：以童话故事、生活故事、自编故事的熏陶，再通过孩子自我感受，以自

己喜欢的方式大胆表达表现的一种生活化的活动形式。例如,当教师发现小班孩子静不下来,活动室声音老是乱哄哄,教师根据这一情况,精心选择了一则童话故事《做客》,孩子们通过动画故事,了解了"轻轻做事人人爱",以后在评比"轻轻宝贝"活动中,孩子将对故事的理解,运用到生活中,都争着做"轻轻宝贝"。

(4) 联系现实法:采用幼儿熟悉的生活内容来创设情境,帮助孩子理解活动内容,激发兴趣,大胆表现的活动形式。例如,孩子对"小鸡小鸭"产生兴趣,教师就和家长共同为孩子创设了更多能够接近"小鸡小鸭"的环境,在现实生活中引导孩子认识小鸡小鸭,发现小鸡小鸭的秘密。有个小班的孩子突然对小鸡小鸭的声音特感兴趣,教师马上捕捉到这个亮点,引出了一曲《我喜欢的小小鸡和小小鸭》歌曲,将孩子生活中观察到的情景,全都编到了歌曲中,大家唱得可开心了。

2. 成效

通过我们的不断研究,在主题背景下的音乐、美术、文学活动中,大胆运用了以上的一些特殊方法,丰富了孩子的体验,促进了孩子大胆地表达表现,在我园上届"艺术节"表演中,我们可爱的小班宝贝们穿着嫩黄嫩黄的超短裙,在舞台上精彩的演出,受到了领导、同行、家长的赞赏。

(二) 共同尝试策略

师生共同围绕活动中的问题运用集体智慧来先尝试,找到解决的方法。

1. 具体方法

以"多才多艺的手"主题下的美术活动《草丛里的毛毛虫》为例,加以阐述。

(1) 游戏激趣法:游戏是适应幼儿的内部的需要产生的,是幼儿主动自愿进行的活动。教师在开展这个美术活动时将"小鸡与毛毛虫捉迷藏"游戏贯穿整个活动,激发孩子探索的兴趣、尝试的欲望。如"鸡妈妈"说:"我们肚子饿了,一起到草地上去捉小虫子吃吧。"小小鸡说:"好!"鸡妈妈又说:"可是小虫子都藏到草丛里去了,它们在和我们捉迷藏呢,怎么办呢?"进入尝试阶段,孩子们都主动地出谋划策,一致决定要把小虫捉出来。

(2) 接力探知法:教师先示范了一节小虫子的身体,然后就把"接力棒"传给幼儿:"有谁想来试试! 怎样把毛毛虫捉出来?""接力棒"传到了一个一个孩子手中,有的是示范,有的是摸索,有的是模仿,有的是参与,每一个孩子和老师共同以自己的方式探求知识。

(3) 提问诱导法:随着教师的童趣语言:"怎么只拉出一点?""毛毛虫怎么这么短?""毛毛虫的身体怎么不见了?"问题不断地提出,师生进行着相互诱导,一步步激起孩子主动探索的兴致。

2. 成效

小班幼儿的活动带有明显的情绪性,他们常常在兴趣的驱使下自发地进行多种活动。

以上符合小班年龄特点的一些有效方法,更加激励孩子主动探索新事物的兴趣,教师根据孩子特点、已有的经验,多提供、创设他们熟悉的音乐、故事、童趣的画面,孩子会表现出浓厚的参与兴趣。兴趣是最好的老师,只有激发年幼孩子的兴趣,才能开展好各类小班的艺术活动。教师在主题背景下的艺术活动教学中,根据幼儿兴趣发展的特点,通过色彩丰富、形式多样的环境与材料,形象生动、富有童趣的语言和动作,诱发幼儿的好奇心与兴趣,使幼儿积极地投入艺术活动中,主动学习,从而培养了幼儿对艺术活动的兴趣。听听爸爸妈妈爷爷奶奶们的心声:"我家的宝贝会跳各种舞蹈,音乐一起,就是唱。""我家的孩子以前很内向的,现在都上台表演了,真是感谢老师!""我家的红红会讲故事了!"……孩子们的进步,是教师和家人的快乐。

（三）情境激趣策略

著名心理学家皮亚杰说:"儿童的思维是从动作开始的,切断动作与思维的联系,思维就不能得到发展。"小班孩子逐步形成了一些与生活经验相联系的实物概念,认识很大程度依赖于行动,所以我们教师在任何活动前后都会精心设计一些生活化、拟人化、游戏化的情境,激发孩子参与探索的兴趣。

1. 实施要点

（1）生活化的情境激发了孩子主动参与的兴趣

例如在《彩色树叶的舞蹈》活动中,教师根据小班孩子的好奇心,结合他们的日常经验,提供了印章（能力较弱幼儿很喜欢的材料）、颜料、小毛笔和小朋友捡回的落叶（敢于探索的幼儿喜欢的材料）、小手蘸色（一般孩子喜欢的材料）等多种创作材料,并创设了音画结合的艺术性情境,让幼儿围绕看"秋叶飘飘"flash与用肢体语言表现来反复感受树叶飘落飞舞的不同样子,再以孩子自愿选择自己喜欢的材料印树叶、涂树叶,感受树叶飘落的美感,整个活动可以看出孩子都是在愉快的心情中开展的。

（2）拟人化的画面支持了孩子大胆创作的乐趣

也是在《彩色树叶的舞蹈》活动中,教师首先为孩子提供了半成品的作画背景,背景画面上有深浅不一的褐色的光秃秃的树,在观看FLASH、听音乐的基础上,让孩子联想到秋天树的变化,与画面联系起来,也意味着将音乐与美术相融合,提高孩子的创作激情;其次,着重引导孩子运用常见的树叶涂颜料再在背景图上印飘落的树叶,让孩子在表现中体验到小树叶娃娃离开树妈妈去游玩的情感。

（3）音画结合的情境萌发了孩子审美感知能力

整个《彩色树叶的舞蹈》活动中,教师都为孩子营造了舒适的音画结合的艺术性情境,通过优美的抒情的音乐和动感的flash画面,调动孩子的眼球与思维,让孩子沉浸在创作的海洋中,刺激每一个孩子的创想愿望——能力弱的孩子可以选择喜欢的印章模,随着音乐在纸上飞舞;引导能力一般的孩子边看 flash 画面,边大胆变化树叶飘落的方向;能力强的孩子自己探索如何将树叶的形状印到纸上,体验秋天落叶的美。每一个孩子都在活动中变得主动、快乐。

2. 成效

生活化、拟人化的材料与情境有助于提高幼儿的生活能力和生活经验,而且幼儿在游戏活动中可以相互影响相互学习,从中提高;更能提高幼儿游戏的兴趣,让幼儿在游戏中进行互动交往。例如,在 2006 年新年即将来临之际,中班一个孩子意外地查出得了白血病,在孩子们的相互交流中产生了《关爱同伴》的主题活动,孩子们不仅通过自己的双手制作了简单的彩色贺卡——尽管在语言的表达上非常雷同,但是画面的表现是完全不同的,有的画上一束束鲜花,因为鲜花非常漂亮使人心情愉快,这样病很快就会好起来;有的画上了各种各样的水果,希望同伴多吃水果,因为水果营养丰富对身体有好处;有的画上了汽车,期待放假后乘上汽车到医院来看望同伴;而且我们的孩子和父母一起争先恐后地捐款援助这个家庭……生活化情境和艺术感染力让我们的孩子更可爱。

【研究成果】

本课题研究的成果可以分为以下三个层面:幼儿层面——孩子体验获得与迁移经验的乐趣;教师层面——课题研究主体意识的增强、对新旧教学指导策略的创新等;幼儿园层面——研究经验的分享与推广、家园的相互促进及社会的效应等。

一、幼儿层面

我们力求通过探索和实施美术、音乐、文学三朵艺术之花及其相互间的沟通整合,形成一系列有效的、科学的、良好的教学指导策略,在丰富多彩的感性世界,引领孩子进入一个自由、活泼的创造天地,使之获得健康愉悦的情感体验,大胆迁移艺术经验。

1. 萌发小班孩子审美兴趣

例如:小班的《好听的声音》主题活动,根据我园的器乐特色,我们教师选择了孩子身边熟悉的器乐声,自主感受不同乐器的声音,由于平日里的熏陶,孩子已有分辨能力,教师再在区角里投放不同种类琴的卡片和琴声的录音,让孩子自主寻找匹配,迁移已有的琴声经验,感受其中的乐趣。

2. 丰富中班孩子审美体验

又如:在开展中班《我的身体》主题活动中,幼儿在了解自己身体各部位的功能时,结合了自己的器乐活动经验,大胆地表达出"嘴巴除了吃饭、说话、唱歌还能吹笛子"、"我们的小手会拉小提琴、会敲扬琴、会弹古筝"、"我的小脚会配合小手弹钢琴和打鼓"等,这些都是孩子平时学乐器所获的经验,根据这些经验他们来大胆区分不同琴的演奏方法,将主

题与艺术活动内容有机结合,主动体验了其中的乐趣。

3. 培养大班孩子多种的艺术表达表现能力

再如:大班《我是中国人》主题活动中,幼儿从自己弹奏的乐器开始,通过查资料、画图、唱歌、跳舞、诗歌等不同形式来了解哪些是我们中国发明的乐器,是民乐;哪些是外国人发明的,是西洋乐。从中体验自己是中国人的自豪,更加乐于表达表现自己的情感。幼儿不仅通过艺术活动来认识和感受世界,而且,也把艺术活动当作表现自己思想情感的工具了。

正是由于孩子们日积月累的艺术经验,让孩子在每一个展示平台上硕果累累——(1)美术方面成绩可喜,如 2004 年陈若玥等 7 位幼儿各获得"开元杯"区首届少年绘画创意大赛幼童组一、二等奖、郁单莹幼儿在全国少年儿童书法大赛中获银奖;近几年在全国"星星河"少年儿童美术书法摄影大赛中都荣获集体一等奖,人人参与,部分孩子获得一等奖、二等奖和三等奖,多数获得优秀奖;2005 年钱心语小朋友获得上海市"真彩杯"绘画二等奖。(2)音乐、舞蹈、乐器也有可喜成绩,如姚怡辰小朋友获得"第八届中国广播电影电视才艺选拔活动"小学组二胡一等奖和 2004 年东方青少年艺术明星大赛幼儿 A 组二胡金奖,潘一宁小朋友获得"第八届中国广播电影电视国际冬令营上海才艺选拔活动"二胡金奖等。(3)其他方面也有收获,如沈冉宣小朋友获得上海市"小青蛙故事赛"优秀奖及松江区"小青蛙故事赛"特等奖,2005 年 6 月区幼儿早操大赛中获得最高奖(新星奖),园处女作儿童剧《动物本领大》多次参加区汇演;虽然真正获奖的孩子不多,但是我们发现我们的孩子都敢于参与,注重参赛的过程,而不是结果,孩子们的自信心越来越强了,这正是家长和教师所希望的。

二、教师层面

1. 增强了教师的课题研究意识

教师通过课题组大活动、教科研分组活动、艺术工作室等多种科研培训形式,越来越重视课题与实践研究,明确它们是科教兴园、教育改革、教师专业化成长的关键,也是幼儿园艺术特色教育改革的基础,更是自我培养研究型教师的重要途径。有学习,必有反思,有反思,必有讨论(可通过集体、小组、个别与专家等组织形式展开讨论),在办公室、会议室、课堂现场和网上多途径进行探讨,让各种艺术手段在艺术活动中创新运用,让艺术之风吹进校园的每一个角落,让师生的五官都经常沉浸在艺术气息中,耳濡目染,潜移默化,无形中体现出"好学好问、积极进取、善于表达表现"的探究意识。

2. 提升了教师教学指导的艺术感

通过"集体备课——轮流尝试——分组研讨——达成共识"几个紧密环节,我们的教师指导策略更加富有艺术化,体现在"创设艺术的教学情境"、"探讨艺术的提问方式"、"寻求艺术的回应策略",以艺术化的教育唤醒幼儿的艺术潜能,陶冶孩子的艺术情操。

3. 丰富了教师的艺术化指导策略

围绕园内总课题《主题背景下幼儿艺术教育的指导策略研究》开展的各种研究实践活动,通过园所论坛,在网上分享,为教师提供研究基础和相互分享彼此经验的平台,更加明确研究的重点,创新指导策略,中青年教师都能够大胆运用,能够找出其中的优弱点,加以改进再尝试。目前,我们提炼出了大中班四大指导策略、小班三大指导策略及若干指导方法。

三、幼儿园层面

首先,我们的研究成果在这次市一级园复验中,得到专家的肯定:科研资料完整有序、研究过程清晰实在、阶段成果经验真实有效、教师参与面为100%及探究主动性强;从各班孩子的发展看——活泼可爱、善歌善舞、创作自信;为顺利通过复验奠定基础。

其次,结合幼儿园、家庭和社区同步发展原则,充分利用好家长与社区资源,促进课题研究,给三方带来了意想不到的好处,获得极大的教育效益:

第一,发挥家委会参与探究的作用,定期听取家长意见,为我们的教学指导出谋划策,帮助构建孩子喜欢的艺术活动,提供社会信息和宣传,发挥了桥梁作用,丰富了幼儿艺术活动的开展手段。

第二,保持家园密切沟通,我园为了帮助家长建立新的艺术教育观念,使家长的教育思想与幼儿园保持一致,每学期定期召开全园与班级家长会、讲座、班级的"家长园地"、家园联系手册、家访、亲子活动、互助组活动等多种形式,让家长及时了解我园的艺术活动开展情况和课题研究实施进程,激发家长主动配合老师进行指导策略的挖掘;并利用家长的职业和特长,与家长共同设计、实施艺术活动方案,开展有主题的亲子式的艺术活动(表演活动、故事比赛、手工制作等),得到家长满意的笑容,间接营造了各个家庭活跃艺术化的氛围,如有的家长在开学时就兴奋地向老师报喜:"我的孩子在春节里主动给爷爷奶奶表演歌曲、钢琴、笛子等","我的孩子敢于和同伴一起参加绘画创作比赛了"……的确,不少家庭逐渐喜欢上艺术表演,我们在上一届"艺术节"和街道汇演等大型活动上都出现了家庭小组唱,深受大家的欢迎。

第三,社区是我们的教育支柱。岳阳街道、龙潭小区是离我园很近的社区资源,我园不仅给他们带来的是生机与欢笑,而且很好地抓住了岳阳街道的精神文明建设、为贫困和重灾区人民献爱心、大型街道庆"六一"儿童节活动、2003亲子双休日开放活动等各项演出机会,让我们的孩子展现各自的艺术才能,为身边的人们送上悦耳的歌声和优美的舞姿,多次受到局领导和广大群众的赞赏与掌声,而且多次在电视、杂志上宣传。

我们自始至终以"两纲"为指导,充分发掘、利用家长和社区的教育资源,进一步拓宽

工作思路,努力发挥家长和社区的主动性,密切家园社关系,促进三者共育。虽然我们现在做得不是最好,或许没有让大家都满意,但是我们坚信会做得更好,让大家认可,实现幼儿园、家庭和社区教育三赢。

【经验体会】

一、领导的示范引领是课题深入研究的关键

在课题研究中,我们发现幼儿园领导班子是促进园内课题深入研究的关键因素,自觉担当课题实施的领导角色,明确指明课题研究的方向,激励教师积极参与课题的研究。

1. 掌握新课程最新动向,及时与教师分享新信息

园长通过参与多次区园长会议、倾听各类教育理论讲座与每天阅读各类有关新课程的书籍等途径,不断充实自己的大脑,领悟当前课改的新动向,抓住每次政治学习的机会,与教师共同分享爱的传递和艺术教育新信息;业务园长主要将业务园长、科研负责人等会议的精神传达教师,与教师一起探讨有关课题研究的策略,帮助教师在实践研究课上验证与提炼教学指导策略,提高教师的专业化水平,让孩子更加喜欢参与艺术活动。

2. 确定课题研究小组,群策群力制定出课题研究的框架和探究方向

在课题研究实施之前,课题组首先学习有关资料,分析园内现状,寻找薄弱点,明确课题研究的方向,研讨出研究框架,再与教师相互沟通,调整研究方向。

3. 课题研究小组成员亲自参与,给予教师实施课题的动力

不仅通过各种讲座给予适切的理论支持,而且亲自参与课堂观摩和教科研组研讨活动,清晰指引教师在自己的研究实践活动中预设指导策略,验证指导策略,提炼适合幼儿艺术活动的指导策略,树立教师研究的自信心。

4. 好学好研,领先试行新理念,为教师作示范

幼儿园领导满足不同层面教师的需求,给予各类培训机会。课题研究组成员更是主动参加科研负责人班、研究生学习班、专业艺术教育培训班(有音乐、美术、文学、新教材等),通过这些培训、自学平台,及时领悟新理念,并且将这些理念运用到实践中,内化成自己的思想,与教师相互沟通,解答教师的疑惑,支持教师坚持课题探究。

5. 深入课堂,了解各组课题实施状况,加强各组探究经验的交流

责任到人,不仅课题研究组成员对每一次的课题研究实践活动必参与,而且分人蹲点参与各组的教科研活动,及时了解课题实施的情况,将优质活动方案与指导经验,在集体性的课题组活动中相互交流、沟通,相互借鉴,提炼经典策略。

6. 因人施导,鼓励和推动教师实施课题

观察教师,了解教师,支持教师,是课题组的责任。例如通过园、区课题案例、经验评

比活动来帮助部分不主动参与课题研究的教师建立课题研究主体意识;深入教师身边给予即将放弃探究的教师资料支持,帮助他们一起分析实践中的困惑与亮点;网络互动激起一些对于撰写感到恐惧的教师积累经验的乐趣……全力支持和配合,推动课题的实施。

二、班组文化的建设是课题顺利实施的保证

1. 各组重视"互动式"的生活文化,保证课题顺利实施

"快乐生活,快乐工作"——是我们的生活文化态度,园领导鼓励大家把学习和工作融合起来,做到学习工作化、工作学习化、学习娱乐化、娱乐学习化。班组互动学习是经验分享的有效途径。每月一次的科研活动,大家聚集一起,以案例、理论学习资料等分析各组在指导策略使用与提炼上的成与败,借鉴它组的经验,进行吸纳创新、充实拓展自己小组的经验。

"爱在各组间弥漫,满意在园内外延伸"——是我们的生活文化精神。也就是园领导不断激励年长教师关爱年轻教师,带头搞科研,发挥示范引领作用,扶持他们在课题中成长;勉励年轻教师尊重年长教师,好学好问,热心帮助年长教师走进现代探究中。在大家的"双爱"中,推进了课题的研究,提炼出适合孩子的指导策略,促进幼儿的活动乐趣,赢得家长与幼儿的欢迎。

2. 教研组重视"一课三研"的探讨文化,保证课题顺利实施

"一课三研",连环跟进,积极寻找理论与实践的结合点,达到理想的教学效果,我们发现近几年各组坚持以"一课三研"活动方式有效地促进了教师的整体发展。

以中班教研组来说,他们在研究的过程中注重这样一个三步曲,即"一研"预设方案,实践反思问题;"二研"实践跟进,探讨完善方案;"三研"对应教学细节,提炼成功经验。在这个"三步曲"的过程中,有两种进行式:一个针对同一活动内容(主要指主题背景下的艺术活动),由不同教师进行实践研究,伙伴合作,实现跟进。在此进行式中推动教师整体的发展,提高集体合作的氛围、全体教师的反思及对集体活动的设计能力。另一个针对同一活动内容(主要指主题背景下的艺术活动),由同一教师进行多次的实践研究活动,探究反思,实现跟进。在此进行式中可以真正促进教师个人的成长,尤其是新教师和非专业教师受益匪浅。"一课三研,连环跟进"有效地调动了每位老师参与研讨的积极性、突出了研讨与提炼策略过程中教师的主体性、合作性、互动性和实效性,也有效地推动了教师个体的成长;同时较好地找到了理论与实践的结合点,促使我们体验到了积累经验的快乐,有效地推进了本课题研究进程。

3. 行政组重视"引进与选送"的支持文化,保证课题顺利实施

我园领导十分重视师资建设,主要采用"引进与选送"的培训方式,为各层次教师提供多渠道的对外交流机会。引进青少年活动中心的艺术专业教师、区科研经验丰富的教师

与全园教师交流经验,分享认知;民主推选骨干、好学的教师参加上海李慰宜学习班继续提升自己的专业素养,并且回来与大家分享心得;抓住"一级园带教二级园"的契机,发挥骨干教师的辐射作用,与姐妹园结为友好帮队,加强教师之间的策略研究交流与合作……有力地推动了幼儿园师资培训工作,提高了教师的教育教学水平,保证了课题的顺利实施。

三、园内外资源的整合是课题深度发展的基础

《上海市学前教育课程指南》明确提出:在实施课程过程中幼儿园要充分利用各类教育资源,扩展幼儿生活与学习的空间,促进幼儿健康成长。随着学习和贯彻《上海学前教育指导纲要》精神的不断深入,我们越来越清楚地认识到,幼儿教育不等于幼儿园教育,要提高幼儿的素质,促进每个幼儿富有个性的发展,单靠幼儿园的教育是难以实现的,幼儿园、家庭和社区必须协同教育,才能共创一种有助于幼儿身心发展的良好环境。幼儿园应本着尊重、平等、合作的原则,争取家长、社区的理解、支持和主动参与,并积极支持、帮助家长、社区提高教育能力。

(一)家园创新合作,支持孩子大胆体验艺术、感受艺术

1. 温馨的亲子互助组活动,挖掘幼儿身边的美

《上海学前教育课程指南》中也指出:"家庭是幼儿园重要的合作伙伴,应本着尊重、平等、合作的原则,争取家长的理解、支持和主动参与,并积极支持、帮助其提高教育能力。"的确,要使幼儿得到全面发展,单靠幼儿园自身的努力是不够的,还必须调动家长的积极性。我园尝试的各班双休日亲子互助组活动,正是连接幼儿园与家长的桥梁和纽带,通过家园的联系,获得家长的理解和支持,丰富孩子艺术活动的内容。

例如2月,中三班和小二班围绕《喜洋洋》主题亲子互助组活动,通过制作贺卡和各种靓丽的挂件,并用一对一的亲子作品将班级的环境布置得焕然一新,表达了"幼儿园是我家"的喜庆感。

又如3月,大一班、大二班、中一班、小二班和小四班的若干亲子互助组围绕着"妈妈的节日"开展各种"爱与美"的活动,有的以美妙的"父子、父女"歌声庆祝妈妈的节日,有的以"家庭废旧材料礼物创意"作为"爱的传递",也有的以优美的"亲子舞蹈"一展妈妈的风采……在不同的艺术性亲子活动中用深情的话语、感人的动作、温柔的眼神表达了对妈妈的爱。

再如4月,大四班、中二班、中四班和中三班围绕"春游"主题开展亲子互助组,在游玩中,有的父母运用画笔或相机记录下孩子的开心一笑,有的爸爸即兴唱起孩子与同伴同乐的歌曲,也有的爷爷拉上一段二胡为孩子助兴……淋漓尽致地表露出温馨的亲情和家长的言传身教,更加激发起孩子体验美、表现美的兴趣。

亲子互助组的资源使孩子们体验到了与家长及其他小伙伴一起感受艺术的快乐,增进了父母亲与孩子间的感情,有利于家园同步艺术教育,同时促进了家园艺术性主题式交流与学习,弥补了集体教育的不足,从而形成教育合力,也拉近了家长与孩子的心灵距离,缩短了家园的理解距离,温馨的亲子互助组独特资源,丰富了孩子对美的向往情感。

2. 神秘的特长家长参与团,配合幼儿体验美

新课程要求教师要成为孩子活动的支持者、合作者、引导者,同样,家长也有这样的责任,教师在与家长相互沟通时发现,家长们有着不同的职业、不同的经验和技能(有的擅长歌唱,有的擅长讲故事,有的擅长舞蹈,有的擅长绘画……),具有不同的经历、个人优势和特长,这也是幼儿园可利用的一个很好的资源。家长可以运用各自的专业知识和技能拓宽孩子的视野,丰富幼儿的社会生活经验。因此,我们产生了家长自愿组织的"神秘家长参与团",只要孩子需要,家长们就会抽空前来参加孩子的活动。

例如,大一班受到社会上"舞林大会"的感染,自主开展了"森林舞林大会",孩子自发组成各个有趣的动物小组"黄莺组"、"波斯猫组"、"斑马组"、"猴王组"等,展开比赛,家长了解了这件事,不仅帮助孩子一起制作演出服,而且擅长舞蹈的家长,也自发组成了"孔雀组",要和孩子一起比赛,增添"舞林大会"热闹气氛,这神秘的演出组给了孩子们一个大大的惊喜,更加激励孩子主动积极参与到表现艺术、感受艺术活动中。

(二)和专业艺术教师的互动,激起孩子体验艺术、表现艺术的欲望

我园的艺术,人人知晓,孩子们走进幼儿园,就会被动听的歌声、优美的舞姿、悦耳的琴声、亮眼的作品所感染,他们更会被这艺术环境所熏陶,尤其当孩子与青少年活动中心的专业艺术教师们面对面接触、与他们"玩中探、乐中学",都会自主地选择一门自己喜欢的乐器,在他们幼嫩的双手下,弹奏出一曲一曲愉悦的"叮咚旋律"。例如,小提琴《音符大桥》游戏,孩子们在玩跳桥游戏中,不知不觉就记住了 Do、Re、Mi……;又如,扬琴的《小牛和小鸟》游戏,以"小牛"低沉的声音和小鸟清脆的声音,辨别出音高与音低;再如,二胡的《名曲欣赏》活动,都是专业艺术教师的现场演奏和童趣般的讲解,让我们的孩子越来越喜欢乐器。每一次的艺术自选活动,我们的孩子都会笑着拿着自己喜欢的乐器跑到乐器房,和这些教师及有共同爱好的同伴一起探知艺术,一起体验艺术。

(三)搭建社区展示平台,满足孩子表达表现艺术美的需求

我园艺术项目活动中包括了社区艺术互动交流会,这是为激发幼儿大胆表达表现及愉悦艺术情感而建构,更是为幼儿、家长提供展示交流的平台,也可以充分拓展社区辐射资源。每年我园都会邀请家长与孩子共同参与岳阳街道文艺展示活动。例如,2007 年岳阳街道"庆三八"活动,真诚地邀请了我园幼儿参加,我们和大班舞蹈组商量,舞蹈组教师又和孩子、家长商量,选择了"舞林大会"上的优秀舞蹈作品《亲子孔雀舞》,参加他们的演出,深受广大群

众的欢迎,孩子们获得了成功的快乐。类似这样的社区活动有很多,我们的孩子外出演出机会也在增多,像这样的展示平台,是社区对我园的信任,是社区对孩子的关爱,是社区对艺术的重视。既满足了幼儿表现艺术的需求,又发展了幼儿交往、合作、表达、表现等多种能力与责任心、意志力、坚持性等多种非智力品质,为幼儿适应未来的生活打下了坚实的基础。

【后续研究】

随着二期课改的不断深入,园本课程开发的意义就越来越大,因为它是课程改革的重要组成部分,是幼儿园在课程改革实验中必须努力探索的重要课题;它是实现幼儿园教育目标的基本途径,是为实现幼儿园目标而选择的教育内容的总和;它是以解决幼儿园面临的问题为目标,以进一步提高办学水平和提高幼儿园的教育教学质量为导向的。

但是对于幼儿园有效开发园本课程的成果并不多见,特别是对幼儿艺术课程的深入研究甚微,即使现在正在进行相关研究的园本课程开发,也发现存在着很多的问题,例如:

第一,园本课程的指导思想背离了园本课程开发的初衷,没有充分满足孩子多样性和差异性的发展需求,甚至脱离了孩子的实际发展需求。

第二,园本课程开发的主体偏离了教师,没有充分发挥教师的主导作用,这样的园本课程是很难真正满足孩子的发展需求的。

第三,园本课程开发中,创新利用各种课程资源力度不够,从而不能真正形成幼儿园的特色。

第四,园本课程开发与国家课程、地方课程的实施协调和互补力度不够,出现了随意和无序状态。

综合上述的理论依据与实践中的不足,再结合我园的艺术特色,我们深刻反思,认真设想将要研究的新课题"幼儿艺术化课程的开发与研究"。下面是我们深思熟虑后,制定的新课题研究方案,简单介绍一下:

一、研究目标

开发幼儿艺术化课程的目标、方案、实施与评价,构成一套体现"文以立品、艺以载德、美以启智"理念的,科学的、规范的、可操作的幼儿艺术化课程,从而帮助幼儿学会学习,促进幼儿可持续发展,提升教师专业化水平,更加凸现幼儿园艺术特色。

二、研究内容

1. 提炼"幼儿艺术化课程"的课程目标(理论思辨研究)

(1) 总目标:文以立品、艺以载德、美以启智。

(2) 一般目标(即教师专业发展目标):具有参与课程开发的主人翁意识、具有艺术课程实施的能力和课程改革的热情、主动、勇创的态度。

（3）具体目标（即幼儿个性发展目标）：通过"幼儿艺术化"课程实施，促进幼儿不断获得艺术的感知与欣赏、表现与创造、反思与评价、交流与合作等全方位的均衡发展，提高生活情趣，形成尊重、关怀、友善、分享等品质，塑造健全人格，使艺术能力和人文素养得到整合发展，成为"健康活跃、文明乐群、好学探究、善于表达、审美创新"的儿童。

2. 拓展"幼儿艺术化课程"的课程结构与设置（理论思辨研究）

（1）课程结构：在新课程精神引领下，大胆在"生活、学习、运动、游戏"四大板块中创新"艺术生活游戏化，一日生活艺术化"的课程活动方式。

（2）课程设置：共同性课程与选择性课程的合理设置研究。

3. 创新"幼儿艺术化课程"实施的内容、途径、方法和原则（行动研究）

（1）实施内容：

① 探究艺术活动的生活游戏化，包括班级艺术活动、自选艺术活动、休闲艺术游戏、小喇叭、主题艺术交流、艺术节展示、社区联谊活动等。

② 探究一日生活艺术化，主要在共同性课程（生活、游戏、学习、运动）中挖掘艺术化内容与方法。

（2）实施途径：

根据园本课程构建的框架图，在具体实施过程中，设想通过高低结构艺术活动、艺术游戏、园内的艺术环境、家园合作、参与社区活动五大实施途径来开展课程内容。

（3）实施方法：

① 预设适合小班的指导方法：童趣情境法、生活演艺法、拟人童语法等。

② 预设适合中班的指导方法：多元激趣法、观察启迪法、多彩展示法等。

③ 预设适合大班的指导方法：多元欣赏法、互动探究法、愉悦交流法等。

（4）实施原则：满足孩子实际发展需求的原则、考虑孩子已有经验的原则、发挥师生主体作用的原则、形成和体现办学特色的原则、学习与创新的原则。

4. 完善"幼儿艺术化课程"的课程评价（理论与行动研究）

（1）对幼儿的愉悦评价（包括树立孩子正确的自评与互评的评价观、重视日常孩子的艺术能力发展评价、关注家——园——社对孩子的整体评价）。

（2）对教师的发展评价（对教师开发与实施园本课程教育目标和能力、教学手段和方法、教学成效的评价、对教师自我反思教育思想、教学方法、过程和效果的评价等）。

（3）对课程的适切评价（包括对课程规划的论证、对课程设置的专项评审、对课程实施质量保证机制的审核等）。

三、该课题拟解决的关键问题

依据三级课程管理政策赋予学校教师开发校本课程的专业自主权力的精神，明确课

程改革新动向——园本课程开发的主体应该是教师,本课题关键问题就是如何激励教师在园本课程开发中提高自身的专业自主意识与能力呢?我们将通过多层次的园本创新培训,来进一步提高教师的园本课程开发主体意识,拓展开发与运用幼儿艺术教育资源的能力。

四、该课题的特色与创新之处

1. 在新课程精神引领下,抓住幼儿的兴趣点和生活经验,注重艺术活动与主题活动、幼儿一日活动的融合,让孩子愉悦参与到"生活艺术化、艺术生活游戏化"的各项活动中,促进每一个孩子的全面发展。

2. 在幼儿园艺术资源开发利用中,与时俱进,创新艺术环境,营造艺术学习氛围,统筹安排艺术化园本课程活动方式,大力开发利用社区、家庭文化资源。

我们假设通过这个新课题的探究,能够进一步明确艺术教育的办园目标,完善艺术教育与日常活动相结合的活动方案,通过具体课程实施与评价,形成具有本园艺术特色的课程,进一步提升幼儿、教师和幼儿园的品位。

2. 幼儿园亲子游戏大全

1. 蚂蚁搬豆

玩法:

① 请幼儿三个三个组成一组,扮成蚂蚁(第一个幼儿站立,两手作触角;第二、第三个幼儿分别弯腰,双手抱住前面一个孩子的腰)。

② 请一组组的"蚂蚁"排好队行走,注意互相的配合,不摔跤,不踩到别人。

③ 设置一定的距离,在终点放置一些物品做"豆子"。请"蚂蚁"从起点到终点,再返回,比赛搬豆,看谁搬得快。

2. 贴鼻子

玩法:将家长的眼睛蒙上,原地转三圈,请小朋友用语言指挥家长将鼻子贴到动物的准确位置即获成功。

规则:家长要将眼睛蒙好不能偷看。幼儿只能用语言指挥。

3. 我的宝宝在哪里

准备:布带若干。

玩法:每个家庭由一名家长和一名幼儿参加,请幼儿手拉手围成圆圈,相应的家长蒙上眼睛站在圈内,幼儿手拉手边唱歌边绕着家长转,唱完歌曲立定,然后请家长去寻找自己的宝宝。

要求:幼儿不能发出声音去找父母,父母通过触摸找到自己的宝宝。

4. 我给爸爸(妈妈)穿鞋子

玩法:每个家庭由一名家长和一名幼儿参加,首先让幼儿认识家长的鞋子,然后让家长将鞋子脱下后放入圆圈内,老师将鞋子打乱,游戏开始,幼儿从圆圈内找出自己爸爸(妈妈)的鞋子,并帮家长穿好,先穿好的为胜利者。

5. 踩气球

准备:气球若干。

玩法:每个家庭由一名家长和一名幼儿参加,老师给每个家庭发一个气球和一根细绳,请家长将气球吹大绑在自己的脚腕,身背幼儿。听到老师的口令游戏开始,家长就背着宝宝踩其他家庭的气球,气球被踩爆即被淘汰,比一比谁是冠军。

6. 小脚踩大脚

玩法:每个家庭由一名家长和一名幼儿参加,幼儿双脚踩在家长的脚上,家长和幼儿手拉手,听到口令后,家长带着幼儿向前跑,幼儿双脚不能离开家长的脚,看看谁先到终点。

7. 揪尾巴

准备:尾巴若干。

玩法:每个家庭由一名家长和一名幼儿参加,家长将孩子抱在怀里,在幼儿的屁股上挂一条尾巴,听到口令后开始游戏,在保护好自己的尾巴的同时将别人的尾巴揪下来。

8. 推小车(幼中)

玩法:家长抓住幼儿的两条腿,幼儿双手撑地,听到口令后,幼儿双手向前爬,看谁先到为胜。

9. 可爱的袋鼠宝宝

玩法:让幼儿抱紧家长的脖子,双腿夹紧家长的腰,像小袋鼠一样紧紧地挂在家长的胸前,家长弯下腰,双手双脚着地向前爬,先到终点者为胜。

10. 俯卧撑

玩法:幼儿抱紧家长的脖子,双脚夹紧家长的腰,背在家长的背上,家长双手着地做俯卧撑,看哪个家庭坚持最久为胜。

11. 穿大鞋

玩法:由一名家长与一名幼儿参加,家长脱下鞋子坐在场地另一边,幼儿穿上家长的鞋子站在另一边,听到口令以后,幼儿出发向家长走去,走到家长那,帮家长穿上鞋子,家长背起幼儿跑向场地另一边帮助幼儿穿好鞋子,看谁先完成。

12. 棉花球

准备:三个家庭(每个家庭一大一小)。

玩法:家长蒙着眼睛,用勺子把散落在桌上的棉花球舀入碗中(手不能碰棉花球)。孩子用勺子把一个碗中的玻璃珠舀入另一个碗中。三十秒钟后一个家庭的棉花球和玻璃珠数相加,最多的家庭获胜。

13. 哪吒寻宝

准备:经过装饰的报纸团、玩具篓、蓝皱纸。

玩法:参赛妈妈手举玩具篓站在场地一端,幼儿扮成小哪吒,由爸爸从后面抱着腰部,站在场地另一端,中间有"海浪"间隔,主持人发令后,爸爸和小哪吒跑至"海浪"边,在"海中"寻找"宝贝"(报纸团),每找到一个就往妈妈的玩具篓中扔,直至主持人说停,哪个家庭玩具篓中的"宝贝"最多为胜!

14. 袋鼠接力

人数:8个家庭(每个家庭一大一小)为一组,每组分两排对面站(间距为10米),共两组。

玩法:幼儿面对家长,双手抱住家长的脖子,双腿勾住家长的腰。家长双手不能碰幼儿,快速跑到对面把接力棒传给后一位家长。哪组最先传递完即为胜利队。

15. 我给爸爸妈妈穿衣服

玩法:一名家长在终点,幼儿在起点,哨声响起时,幼儿拿起衣服跑向终点,给其家长穿上衣服,拉上拉链后,家长背起孩子迅速跑向起点,先到者为胜。

16. 螃蟹夹球

玩法:一名家长与孩子手拉手,将一个球放在上面,身体侧向迅速前进,先将球运到终点者为胜。

17. 快乐贴贴贴

准备:绳子一条,贴画若干,计时器一个。

玩法:孩子与家长一组,两组便可开始游戏。两名家长分别背靠背被一条绳子套住,两个幼儿分别站在家长对面的一条线后,游戏开始,每组家长使劲往自己孩子那一边靠拢,当一方家长靠近自己孩子的线上时,孩子为家长脸上贴上贴画,在规定时间内,哪位家长脸上的贴画多,就为最后获胜者。

规则:

① 当家长脚踩到线时,宝宝才可以贴。

② 贴画只能贴在脸上。

③ 小朋友不能超出线外。

18. 小飞机

玩法:幼儿背对其家长,将两腿缠在家长腰上,家长双手拖住幼儿胸部,幼儿将手臂侧平举,家长迅速跑向终点,先到者为胜。

19. 钓鱼

准备物品:薄纸板、纸夹、报纸、大约45厘米长的线绳。

玩法:

① 在薄纸板上画3条不同大小的鱼,最大的鱼是1分,中等大小的鱼是3分,最小的鱼5分。然后将它们剪下来。

② 给不同鱼涂上不同的颜色。等它们晾干以后,再用另外不同的颜色画上鱼鳞、嘴巴和眼睛。

③ 将纸夹用胶带粘贴在鱼背面鼻子尖上,这样纸夹在大鱼上露出的最多,在中等大小的鱼身上露出的稍微少一点,在小鱼身上几乎没有露出多少。这样最小的鱼也是最难捕捉到的。

④ 用几张报纸卷起来做一个坚硬的钓鱼竿,然后用胶带粘贴起来,涂上颜色。

⑤ 将线绳的一端固定在一个纸夹上。然后小心地将纸夹展开,做成一个鱼钩。将线绳的另外一端粘在钓鱼竿上。

注:可以从硬纸板盒子中钓鱼,或者干脆就从地上钓鱼。给自己计时,看看在5分钟之内可以得多少分。

20. 羊角球比赛

玩法:家长和幼儿面对面站在相距一定距离的起跑线上。游戏开始后,由家长骑坐羊角球向幼儿方向跑去,然后将球交给幼儿。幼儿再骑坐羊角球向家长起跑线跑去。谁先到谁为胜。

21. 我是小姚明

玩法:家长和幼儿面对面站在规定位置。游戏开始后,幼儿将篮子中的5只沙包分别向家长手中的篓子投去。家长配合接沙包。最后比一比谁投中篓子的沙包最多为获胜者。

22. 斗鸡乐

玩法:每个家庭由一名幼儿和一名家长组成,编上号码挂上数牌。然后在规定的范围内,用双手抓住自己的一只脚,用单脚跳着去碰撞他人,脚先着地即淘汰,余下的人继续,坚持到最后者获胜。

23. 接力跑

玩法:亲子两人游戏。听口令,幼儿手执接力棒起跑,到达已站立在中线处的家长那儿,将棒交给家长,家长再执棒跑向终点。速度最快的一组为获胜者。

24. 夹球跑

玩法:幼儿抱球从起点跑至终点,将球交给家长。家长将球夹在腿间跑回终点,快者为胜。如球掉需捡回球夹住,继续走。

25. 齐心协力吃果果

目的:要求幼儿能用清楚的语言指挥家长,正确判断出方向。

准备:圣女果若干,小碟子4只,遮眼布4条。

人数:共12个家庭,每个家庭由3人组成,4个家庭为一组,共分3组进行预赛,每组胜出者参加决赛。

玩法:妈妈手持圣女果,站在指定位置,爸爸蒙上眼睛,背着孩子,原地转3圈,在孩子的语言提醒下,去寻找妈妈手中的果实,并用嘴吃掉果实,最先吃完者为胜。

规则:爸爸妈妈不许发出任何声音,任何人不许用手碰果实,违者取消游戏资格。

26. 托球跑

玩法:幼儿与家长面对面站立;幼儿拿球送给对面的家长,家长随即将球用乒乓球拍托着走到终点。在规定时间球不掉下来即为胜。

27. 运气球

目标:培养幼儿与成人的合作能力,发展幼儿的平衡感。

准备:未充气的气球若干,大箱子4只,跑道4条。

玩法:爸爸妈妈和小朋友站在起点处,游戏开始,爸爸用嘴把气球吹鼓并打结(不可以小于气球范样),妈妈和小朋友背靠背,夹住气球运至指定地点,游戏反复进行,在规定时间内,以气球数量多者为胜。

规则:手不碰球,途中掉落或爆破均无效。

28. 套圈

玩法:每人手里拿一个圈,站在指定位置上。把手里的套圈套向前面的瓶子里。谁套得多谁就获胜。

29. 二人三足跑

目标:学习两人相互配合用三条腿跑步,增进亲子情感的交流。

规则:爸爸双手必须背后,妈妈必须将带子系紧。

玩法:在场地两端画一条起跑线和一条终点线,请几对父子站在起跑线上,妈妈用一根长带子将爸爸和孩子相邻的一条腿绑在一起,爸爸双手背后,听到口令后,爸爸和孩子一起出发向前跑,到终点线后返回,以先返回到起跑线者为胜。妈妈为爸爸和孩子解开带子。

30. 踩气球

玩法:幼儿在脚上系 4 个气球,家长去踩其他幼儿的气球(一分钟),最后看谁剩下的气球最多为胜利者。

31. 吹球进筐

目标:训练孩子的耐力,增强肺活量,增添家庭的欢乐气氛。

规则:桌沿下放只塑料筐,桌上放几只乒乓球。爸爸、妈妈和宝宝轮流吹球进筐。看谁进球多。

建议:家长可以指导孩子吹球时要掌握方向和力度。

32. 过小河

玩法:家长与孩子利用 3 块纸板,以最快的速度过小河,家长与孩子的脚不能接触地面。3 个家庭为一组,先过小河的胜利,得星。

33. 赶小猪

准备:自制高尔夫球棍 4 条,小皮球 2 只,拱门两个。

玩法:家长和幼儿各拿一条棍子,互相交替赶小球向前走。可以是宝宝把小猪赶给家长,家长再把小猪赶给宝宝;也可以家长、宝宝并列一起赶小猪向前走,以最快穿过拱门的那组为胜。

34. 快活呼啦圈

准备:小动物木偶若干,呼啦圈。

玩法:地上摆放若干小动物木偶,每个木偶之间的间隔为 20 厘米,游戏者站在规定的地方,向木偶扔圈圈,以扔中多少获得不同的礼物。

35. 玩报纸

准备:报纸。

玩法:亲子站在起点,游戏开始,家长把两张报纸依次展在地上,让幼儿从报纸上走到对面,以速度快慢获得不同的礼物。

36. 运西瓜

准备:西瓜球若干、棍子 4 根、装球的纸箱一个、大的可乐瓶 6 个。

玩法:妈妈(爸爸)与幼儿在指定的地位,两人拿着棍子夹好西瓜球准备,两人夹着西瓜球绕过汽水瓶然后沿路返回,谁最快回来的那组为胜。

37. 好玩的大力士

玩法:4 个小朋友同时加入游戏,把绳索套在腰部,面向圈外,各自想措施向自己的方向用力拉,拾前面的礼物为胜。

38. 打靶

准备:敌人图片 5 幅,小椅子 5 把,沙包若干。

玩法:幼儿每人 5 个沙包,站在线后,老师说:开端! 幼儿用力将沙包向"敌人"投往,沙包用完后,记载各自投准情形,为幼儿发放小粘贴。

39. 打保龄球

准备:彩色矿泉水瓶 3 组(每组 10 个,在瓶子上贴上祖国各地地名);皮球几个(依据情形而定)。

玩法:幼儿在指定地位,用力转动皮球,将矿泉水瓶子击倒(可嘉奖小贴纸一个或在其手臂上盖一个小印章)。

40. 画五官

准备:黑板一块,上面画有娃娃头两个;粉笔;眼罩两个。

玩法:幼儿在距离黑板适合的位置,戴上眼罩,由教师或家长引领到黑板前,在黑板上的娃娃头中填画上娃娃的五官。画得好的嘉奖小贴纸或在其手臂上盖一个小印章。

41. 我是小小领路人

目标:培养幼儿与成人的合作能力。

准备:雪碧瓶或鲜橙多瓶 10 个,给瓶子罐好水,间隔着摆成两列,红绸带两条。

玩法:爸爸或妈妈和小朋友站在起点处,游戏开始,爸爸或妈妈用绸带蒙好眼睛,小朋友牵着爸爸或妈妈的手绕着瓶子走 S 路线。走到终点后瓶子不倒下者为胜。

42. 袋鼠跳跳跳

规则:脚不能碰倒瓶子,途中碰倒均为无效。

玩法:幼儿当小袋鼠套进老师准备的袋子了,袋鼠爸爸或袋鼠妈妈站在"小袋鼠"后面捏住袋子两角与孩子一起从起点跳到终点,五队为一组进行比赛,前三名得五角星。

43. 宝宝争夺赛

规则:宝宝必须在圈内,出圈者犯规。

玩法:每组选 4～5 名家长,站入绳圈内。孩子站在家长对面有一定距离处。听令后,家长去争夺自己的宝宝,先夺到的家长为胜。

44. 全家乐翻天

规则:一次活动后如没有家庭出局的,则对折一次报纸,再继续游戏,直到有家庭出局为止。

玩法:参赛的家庭进场后,找到一张报纸在旁边站好,游戏开始后听音乐踏步,音乐停止时马上站到报纸上待老师来检查,如果脚在报纸外的家庭则被出局。

45.搬家乐

玩法:家长和孩子两人执一张平铺报纸,上面放若干海洋球,用报纸运海洋球至箩筐处,在规定的一分钟内搬得最多的为胜。

注意:

① 搬运途中报纸破损则淘汰。

② 报纸必须平展。

46.夹球跳

玩法:孩子将刺球夹在膝盖处往前跳,跳至家长处,将球交给家长,家长将球夹在膝盖处往回跳,完成任务且球不掉下的家庭获胜。

47.大地福娃拼图

目标:培养幼儿对物体的观察力、注意力和手眼协调能力。

材料:五幅 100 cm * 120 cm 印有福娃的 KT 版,自由分割成 10~12 块拼图。

规则:参赛者在规定时间内,将打乱的福娃图片拼好,以正确率高和速度快者为胜。

48.骑马揪尾巴

目标:发展幼儿四散追、捉、跑及快速反应的能力。

材料:竹竿 10 根当马(竹竿顶部装饰上马头),布条 10 条当尾巴。

注意:必须骑在"马"上去揪别人的尾巴。

规则:每次游戏 10 人一组。游戏开始前,每人身后系上"尾巴",骑上"马",听到"开始"口令,在规定范围和时间内骑马走动去揪他人的"尾巴",同时又要保护好自己的尾巴,游戏结束时揪的"尾巴"最多的幼儿获胜。

49.我为奥运赢奖牌

目标:培养幼儿的平衡能力和方向感。

材料:黑板一块,上贴有奥运五环,每个五环中间有一枚金牌(银牌或铜牌);蒙眼布(或面具)若干。

玩法:幼儿蒙上眼睛,转三圈,到达指定地点(黑板)后,摸到金牌为满分,摸到银牌 8 分,摸到铜牌 5 分。

50.福娃跳圈

目标:发展幼儿的跳跃能力,培养幼儿的竞争意识。

材料:福娃头饰、五环若干。

玩法:参赛幼儿分成二组。先在场地上放两组各 15 个五色环(一个两个一个两个圈依次放置)。参加游戏的幼儿从起点出发,双脚并拢、分开依次跳进圈内,15 个环全部跳

完,以速度最快者为胜。

51. 奔向 2012——火炬传递赛

目标:

① 发展幼儿的动作协调性和灵敏度。

② 在地图上快速指认首都北京。

材料:火炬、平衡木、山洞、跨栏器械、小红旗。

玩法:幼儿手拿"火炬",依次越过平衡木,跨过横栏,钻过山洞,在地图上找到首都北京,插上五星红旗,最先完成的幼儿为胜利者。

52. 拼五环

目标:

① 练习迅速套圈。

② 培养合作与竞争意识。

材料:五环。

玩法:5 人一组,每组 5 个不同颜色的呼啦圈,分别放在第一个幼儿旁边,口令后,第一个幼儿手拿起一个圈,从头套下,跳出后,第二个马上接上,最后一个幼儿将呼啦圈放到指定位置,依次进行,最后拼成五环,速度快者为胜。

53. 海底探宝

目标:培养幼儿的平衡能力。

材料:高跷、各种玩具。

玩法:幼儿踩高跷边走边拾各种"贝壳",时间为半分钟。半分钟内采 10 个以上为满分,依次类推。双脚不能离开高跷,中途掉下不记分。

54. 无敌梅花桩

目标:发展幼儿的平衡能力。

材料:4 个旺仔牛奶罐制作的梅花桩 10 个。

玩法:10 人一组,单脚站在梅花桩上,计时 15 秒,在规定时间内单脚或双脚没有落地的得分,反之不得分。

55. 快乐一家人

规则:爸爸妈妈双手交叉,孩子坐在上面,中转处放下孩子,孩子投球,爸爸妈妈共同拿桶子接球,投中一个后,爸爸妈妈手拿木棒,孩子双手吊在木棒上返回,以先返回到起跑线者为胜。

56．我喂妈妈（爸爸）吃豆豆

规则：听到口令后，孩子拿筷子从盘子里夹起豆豆喂到妈妈嘴里，时间为 5 分钟，以喂豆数量多者为胜。

57．长凳游戏

规则：放轻音乐游戏开始。听到命令两组队员分别迅速地爬过"地道"从长凳下爬过。钻过双层"地道"将长凳两个两个叠起来，再从凳子之间隙中爬过。爬过"暗道"——然后将长凳并拢，从长凳下爬过后站到凳子上。然后开"火车"。教师将长凳横向间隔半米左右摆成一排，幼儿要肩搭肩从长凳上迂回走过。过"桥"游戏让幼儿自我选择从纵向放置的一个长凳、两个并排的长凳或两个并排但左右分开的长凳上，使用各种不同的方法走过"桥"。然后从一旁的塑料弧形积木拼成的"弯曲桥"上走回来。游戏结束。胜利的一组得到相应的奖品，没有胜利的一组进行节目表演。

58．喊数抱团

规则：喊数抱团其实很简单，当老师说到某一个数字宝宝的时候（例如 3），你就找到最近的一个或几个小朋友抱在一起，凑成老师说到的数字。在圆圈的线上找到一个自己的位置，一起围着圆圈走，当听到鼓声响起的时候，抱起来组成团，最后经过数数检验其正确。鼓声停止，找不到队伍的孩子，进行节目表演。

59．猜灯谜

规则：教室四周挂着灯笼，灯笼下面有灯谜，幼儿在家长的陪同下猜出谜底。猜出后请小朋友告诉教师相应题号的谜底。例如：第 5 题的谜底是……猜对后教师会在游园表上相应的地方贴上小贴片以作奖励。

玩法：10 人一组，单脚站在梅花桩上，计时 15 秒，在规定时间内单脚或双脚没有落地的得分，反之不得分。

60．拾方块

准备：自己准备方块（石子）5 块。

规则：每次只能拾一块，拾起后握在手里继续拾。

玩法：首先有家长将方块撒在地上，将一小沙袋抛起，同时迅速将方块拾起，然后再抛沙袋拾起第二块，直至拾完第五块为止，然后把五块方块交给孩子再跑到终点放入圈内，最先放入圈内的为胜。

61．抢板凳——户外游戏

准备：12 张板凳（分两组，每组各放 6 张）、鼓。

玩法：（分年级幼儿进行，家长也可参加）把板凳摆成一个圆圈，每组 10 人分别站在一张板凳旁边。裁判敲鼓，参赛者在裁判敲鼓时，要围着板凳转，裁判说停，参赛者马上坐到

板凳上,没有坐到的或坐的面积较小的被淘汰。最后一轮就剩 4 人和 3 张板凳,谁抢到了最后 3 张板凳谁就胜利了。获胜者可得印章一次。

62. 比比谁的眼力好——室内游戏

准备:矿泉水瓶若干、弹珠若干、课桌、绳子 3 条。

玩法:每次为 6 人同时进行。幼儿在一分钟之内将玻璃珠离瓶口约(大班 50 厘米、中班 30 厘米、小班 10 厘米)的高度距离(已用绳子设定好)投进矿泉水瓶多者获胜。获胜者可盖印章一次。

63. 贴五官——室内游戏

准备:

① 一张硬纸板,纸板上面画上人的头形轮廓,可加上头发之类,使头形更为生动。

② 制作好的可贴的眉毛、眼睛、耳朵、鼻子、嘴。

玩法:将家长的眼睛蒙上,原地转三圈,请(中、大班)小朋友用语言指挥家长将五官贴到人头的准确位置即获成功;(小班及小小班)小朋友可牵着家长的手,把家长领到准确贴人头的位置,贴准确即获成功。

规则:家长要将眼睛蒙好不能偷看。幼儿只能用语言指挥。

64. 你扔我接——户外游戏名称

准备:吸盘球 5 个、场地准备。

玩法:孩子抛吸盘球,家长来接,接住 5 个为胜。

规则:根据不同年龄段,设有不同间距,距离一定间距抛接。

65. 剪羊毛

规则:每组由一名家长和一名宝宝组成,在家长身上夹上若干的夹子,家长抱起宝宝,沿着大圆圈来回跑,让宝宝去取别的家长身上的夹子,夹子最多的家庭获胜。

66. 挤欢乐球

材料:欢乐球若干,小椅子 6～8 把,小筐 6～8 个。

玩法:家长坐在小椅子上,幼儿手持小筐(每个小筐中欢乐球数相等)站在椅子后,随音乐将欢乐球一个一个放在家长背后。家长用力后靠,将欢乐球挤破。游戏结束,筐中球少者为胜。最后优胜者能获得一份小礼物,其余幼儿得一个气球。

规则:家长将欢乐球挤破方可算数。

建议:游戏可分为两组,3～4 个家庭为一组。

67. 找宝宝

材料:花床单 6～8 条,大帽子 6～8 顶(可自制),小红花若干。

玩法:请幼儿围上花床单(不露脚),戴上大帽子,随音乐扭动。家长通过看表演,判断谁是自己的宝宝。找对的家长给孩子脸上贴一朵小红花,找错的家长表演一个节目。

规则:幼儿背向家长,不能出声。

建议:游戏可分成两组进行,3～4个家庭为一组。

68．给爸爸化妆

材料:即时贴剪成的眉毛和红脸蛋若干份。

规则:大家评评哪个爸爸最漂亮,他的孩子可得到小礼物。

玩法:请几位爸爸和孩子上场,幼儿可根据自己的意愿给爸爸化妆。爸爸撕掉胶纸递给孩子,孩子给爸爸贴眉毛、红脸蛋。游戏可反复进行。

69．找爸爸妈妈

材料:大头娃娃头饰6个。

规则:成人可在场地终点处交换位置,但不能摘下娃娃头饰。

玩法:邀请6个家庭参加,家长戴上大头娃娃头饰,听音乐在场地中央跳舞。音乐停,家长站在场地两端。主持人帮助幼儿原地转三圈后,让幼儿找自己的爸爸妈妈。

70．好运大转盘

材料:小鼓、毛绒玩具、幸运卡片。

规则:鼓声可有意在毛绒玩具传到过生日小朋友手中时停止。注意每次把用完的卡片拿出,以免重复抽到。

玩法:幼儿围成一圈,听鼓声传毛绒玩具。鼓声停,毛绒玩具在谁手中,谁的家长从幸运大转盘中抽幸运卡。卡片内容可设为:请家长和孩子一起吹一根羽毛,5秒钟不落地,奖励蛋糕一块,要求双手背后5秒内吃完,大家倒计时;或家长唱歌幼儿伴舞。

71．玩绳结

玩法:先教孩子把绳子4或8折打成结。爸爸在离孩子2米处手持一塑料筐,鼓励孩子投绳进筐。刚开始时,可移动脚步,提高兴趣,以后不移动,提高技能。孩子抛进,爸爸抛出,孩子接住继续向筐内抛,边抛边说:"抛绳结喽。"

72．玩绳圈

玩法:学小鸭走路。先教孩子将绳两端各打一个结结成绳圈,爸爸妈妈和孩子每人两个绳圈,双脚各踩住一个圈,双手各拉一个绳圈,一步一步如同小鸭摇摇摆摆向前走路。父母做鸭妈妈、鸭爸爸。

73．跳绳圈

玩法:把3个绳圈放在一起或间隔一定距离,跳的方法可以变化,单双脚跳或交替跳;绳圈排列方法可变化,如直线、三角形等,绳圈也可变化成半圆形、三角形、梯形等。可变

换玩"套绳圈"。父亲说："看谁套绳圈套得快。"三人把绳圈从脚套入，通过身体，再从头上套住，也可以从上往下，展开比赛或挨次进行。也可玩"钻山洞了"。2 人将绳子套于腰间或腋下，表示山洞，另一个人可钻过或爬过山洞。爬过者做山洞，第 2 人再钻山洞，依次轮流进行。

74. 玩绳子

玩法：踩水浪——把绳子打开平放在地上，大人抖动绳子，让幼儿踩着另一端前进。跳双杆——爸爸妈妈各持绳子两头，面对面蹲下，两绳平行，或宽或窄不断变化。幼儿跳到两绳中间，又跳出，不能踩绳，踩住为输，再轮换进行。最后，可 3 人跳绳，也可 2 人跳，或独自跳，也可把短绳结成长绳让孩子在中间跳。

75. 我的宝宝在哪里

准备：布带若干。

要求：幼儿不能发出声音，去找父母，父母通过触摸找到自己的宝宝。

玩法：每个家庭由一名家长和一名幼儿参加，请幼儿手拉手围成圆圈，相应的家长蒙上眼睛站在圈内，幼儿手拉手边唱歌边绕着家长转，唱完歌曲立定，然后请家长去寻找自己的宝宝。

76. 小熊小熊没椅子

目标：学会遵守游戏规则。

准备：小椅子 5 张。

玩法：游戏前，先教孩子学会念儿歌。5 人一组进行游戏，5 张椅子背靠背一圈摆好。游戏者站在椅子旁。游戏开始，游戏者边念儿歌边绕椅子走，当说到"他"时，赶紧找椅子坐下，没有抢到椅子的就是小熊。先由爸爸妈妈家长进行此游戏找出大熊。再由幼儿组进行找出小熊。最后由家长跟幼儿一起混合进行这个游戏。

附儿歌："一个娃娃一个家，小熊小熊没有家，小熊小熊是谁呀？小熊小熊就是他。"

77. 小鱼游来了

目标：发展手脚协调能力，培养躲闪能力。

玩法：事先学会游戏歌曲。父母手拉收做"网"状。幼儿边唱边做鱼游状（手一前一后摆动，小碎步走）穿过"渔网"。"一群小鱼游来了，游来了，游来了。一群小鱼游来了，快快抓住。"当唱到抓住这最后两个字时"收网"，那条"小鱼"被抓住就要被红烧或清蒸（请一位家长做厨师）。最后剩下的那条小鱼为胜利者。

78. 小小搬运工

目标：对图形和颜色的认识。

准备：红、黄、蓝、绿四种颜色的积木。

玩法:爸爸端着装有图形的篮子坐下,孩子站在中间,妈妈端着空篮在爸爸对面坐下。妈妈说:"宝宝,请到爸爸篮中找出黄色三角形,送到妈妈这儿来!"孩子先重复妈妈的话,然后找图形送过去,并说:"黄色的三角形送妈妈!"如此类推。

79．水上大对抗

玩法:水槽的中央有一个球门,两边各有一个海洋球。参赛者按海洋球的颜色分成两队,每队各出一名家长、一名幼儿。请双方队员用嘴吹自己的海洋球,先将海洋球吹过门进入对方地界者获胜。

规则:参赛者只能用嘴去吹海洋球,身体的其他部位不得接触海洋球,违者犯规。

80．小鸡出壳

材料:大张的废报纸若干,每张画一大鸡蛋,分散放在地上。

玩法:让孩子发令说:"预备——起!"父母和孩子赶快拿起报纸,小心地从蛋中间撕破一个洞,然后将头、肩、躯干和脚从报纸中钻过,再跨出报纸。发出"叽、叽"声,一只小鸡孵成了。可以接着再撕再钻,要是将报纸撕破了,就算失误。最后孵出小鸡最多的人为胜者。

81．传达室

玩法:父母孩子围坐在一起,由一人做一个动作如拍肩,另两个人跟做此动作,当第二个人做完后,第一个接着做其他动作,第三人跟第二人传的拍肩的动作,看能传多久动作不断。

注意:

① 至少三人参加此游戏,所传动作最好是手上动作。

② 做传的动作前双手合拍一次,保持拍手两个重复动作的节奏,速度由慢到快,初玩时可将所传动作做几遍才进行更换。

82．毛毛虫

玩法:准备小呼啦圈两个,每个家庭派出一个小孩和两个大人,三人排成一列纵队,第一个圈套在前面两人身上,第二个圈套在后面两人身上,比比哪组跑完规定路线,为了增加难度,可在路线上设置独木桥、山洞等障碍物。

83．大西瓜、小西瓜(5～6岁)

玩法:家长和孩子面对面站立,家长说:"大西瓜",孩子就做"小西瓜"的手势。家长说:"小西瓜",孩子就做"大西瓜"手势。错者淘汰,最后未被淘汰者为胜。每二次游戏开始后,互换角色进行。

注意:

① 此游戏也可由主持人发出信号,家长和孩子一起做。

② 可另选一些词语,如高、矮、胖、瘦来进行这种游戏。

84. 划龙船

准备:拱形钻洞一个。用大纸箱装饰成龙船状,无底,船帮两头系上绸带,便于父母挑起龙船。大头娃娃及服饰一套,地毯一条。

玩法:父亲面向地毯两手撑地,孩子双手勾住父亲脖子,双脚勾住父亲的身体,吊在父亲胸前。父亲带着孩子爬过地毯后,孩子钻过拱形洞,去认戴着大头娃娃的妈妈,爸爸则跑到龙船旁。然后,一家三口站在龙船里,孩子在中间,父母在两头挑起龙船,返回起跑线。

85. 吹蜡烛

玩法:在桌上距离起点 1.5 米处点燃 10 支蜡烛,请孩子一口气吹灭蜡烛。小小班、小班幼儿吹灭 5 支以上者可获奖;中大班幼儿吹灭 7 支以上者可获奖。

86. 城堡大战

准备:每组小球一个,积木或盒子若干。

玩法:

① 爸爸和妈妈先邀请孩子一起拿积木或盒子盖一座城堡,等城堡盖好之后,告诉孩子要进行一个丢炸弹的游戏。

② 爸爸妈妈和孩子轮流拿球攻击城堡直到城堡倒塌为止。

③ 大家一起再把城堡盖起来,并想一想,盖成怎样的城堡不容易被打垮。

④ 爸爸妈妈和孩子再轮流用球攻击城堡。

注意事项:

① 孩子的力量或许不足,可以考虑让孩子往前站一点,并帮助他学习如何瞄准目标物。

② 如果用的是盒子,可以请孩子把盒子叠得高高的再享受倒塌的乐趣。但如果是实心积木,则高度不宜高于 90 公分,避免掉落时碰伤孩子。

87. 爬雪山过草地

玩法:

① 起点和终点的距离大约为 10 米。全程将水桶、椅子、水果等障碍物摆成"S"形。

② 通过障碍的人先站在起点,观察障碍物的位置,然后,蒙着眼睛前进。

③ 在过障碍时,可以参考自己家人的提示,如"靠左一点"、"脚抬高一些"等。脚碰到障碍物即算失败,必须回到起点线重来,如果三次都失败,就被淘汰,另外请人来越障碍。

88. 爬大树

准备:6 瓶灌满水的雪碧瓶、椅子 3 张。

玩法:孩子用手环住家长的脖子,用脚勾住家长的腰,家长手拎两瓶灌满水的雪碧瓶,从起点跑向终点,在终点绕过椅子障碍,再跑回起点,速度最快者获胜。

规则:家长不能抱住孩子。

89. 搭高楼

准备:易拉罐 30 只、小推车 3 辆。

玩法:家长从起点处将易拉罐运往终点,一次只可以运一只,幼儿在终点将运过来的易拉罐垒起来,一分钟内垒得最高的获胜。

90. 滚彩球

准备:大塑料彩球 3 个、饮料瓶 12 只。

玩法:幼儿站在起点,家长站在终点。幼儿从起点开始滚彩球,途中绕过饮料瓶障碍,至终点家长背着孩子再抱起彩球跑向起点,先到者获胜。

91. 运粮食

准备:沙包若干、呼啦圈 3 个。

玩法:幼儿站在起点,家长在终点。幼儿从起点处将沙包放在头顶,手放在身体两侧,运至终点处交给家长,家长用脚夹沙包跳至呼啦圈内,在规定的时间内(2 分钟),圈中沙包最多的获胜。

92. 袋鼠运蛋

准备:沙包 3 个。

玩法:家长站在起点,幼儿站在终点。家长从起点用膝盖夹住沙包跳至终点,把沙包交给在终点等候的幼儿,再由幼儿用膝盖夹住沙包,跳回起点,先到者获胜。

93. 快乐水功

准备:桶 6 个、雪碧瓶 3 个、舀子 3 个。

玩法:家长从起点手拎两桶水至终点,幼儿在终点用舀子将桶里的水灌入雪碧瓶中,先灌满者获胜。

94. 心心相印

准备:哗啦圈 3 个。

玩法:幼儿跳入自己前面的呼啦圈,然后将圈从脚下拉到头上取出,再次放到前面跳入,再取出,以此类推直至终点,在终点等候的家长与幼儿一同钻入圈中,一个在左边,一个在右边,用身体的力量撑住呼啦圈,不准用手拿,跑至终点,先到者获胜。

95. 毛毛虫钻洞洞(小班幼儿及其父母)

材料:头饰(一组毛毛虫 3 个),泡沫垫、圈 3 个,山洞,轮胎。

玩法:父母、幼儿头戴毛毛虫,听到发令时排成一列纵队行进,爬过垫子。幼儿钻过父母身体弯成的洞,大家跳圈(或父母立圈,幼儿钻圈)绕过轮胎往回走,抬轿子跑回起点,先到起点者为胜。

96. 营救袋鼠妈妈大行动(母子)

材料:布袋、泡沫板、气球、大饮料瓶。

玩法:小袋鼠行进跳,爬过泡沫板取到气球;再行进跳,把气球交给妈妈。妈妈吹鼓气球后,用脚把气球踩破,幼儿脱袋,妈妈用袋跳跃,幼儿拎水一起回起点,先到起点者为胜。

97. 抬轿子

玩法:

① 准备绕有彩色皱纹纸的竹竿两根,长约 80 cm。

② 父母两人双手各抬一根竿于身体两侧,作轿子,幼儿站在其中"坐轿子",两手抓好竹竿。游戏开始,三人协同一致地向前走,一边走一边喊"一、二、一",以便协调动作。

③ 父母应该始终抬好竹竿,不能松手。

98. "套高帽"游戏

准备:卡纸做成的尖尖帽子,大塑料圈。

玩法:家长背着自己的孩子,孩子头上套着高帽,手上拿着塑料圈去套别人的帽子,在规定时间内帽子最后落下的家庭获胜。

99. 看你笑不笑

准备:一根吸管。

玩法:

① 幼儿和家长围坐成一个大圆圈,由其中一人先用鼻尖和上唇夹一根吸管。

② 做出怪相逗对方发笑,并把吸管传递给对方,一个一个互相传递,把吸管弄掉的就算失败。

注意事项:在围圈的过程中注意调整幼儿与家长的距离,以避免距离过远传递时掉落,鼓励孩子大胆将吸管传递给身边的伙伴或叔叔、阿姨,控制好自己的身体以保证顺利交接吸管。

100. 同手同脚

准备:绳子若干。

玩法:

① 游戏者每人把左手和左脚用一根绳子连起来,右手和右脚用另一根绳子连起来,清理一条长 10 米的路作为比赛场地。

② 以接力赛形式进行。参加游戏的孩子和爸爸或妈妈为一组,需要两组以上并排站

在出发线上,裁判下令出发后,游戏者开始朝终点走,然后返回。最快全部返回的一组是优胜者。

注意事项:注意场地是否平整,避免摔倒时磕伤。拴绑绳子时要拴紧一点,避免游戏中滑落。

101. 创意拼图

准备:旧报纸、剪刀。

玩法:

① 把旧杂志或旧报纸上的人物图片剪下来,如棒球选手、司机、警察等,让孩子说说他们是谁,都做些什么事?

② 妈妈把这些人物图片的头部和身体部分剪开。

③ 让孩子重新任意组合,帮每一个身体配上头部,并贴在白纸上。最后可能发生棒球选手戴警察帽、大头小身体等情况,十分有趣。

图书在版编目(CIP)数据

幼师生人际沟通与礼仪指南/耿敏主编. —上海:复旦大学出版社,2014.3（2022.9 重印）
ISBN 978-7-309-10395-3

Ⅰ. 幼…　Ⅱ. 耿…　Ⅲ.①幼教人员-人际关系学-幼儿师范学校-教材
②幼教人员-礼仪-幼儿师范学校-教材　Ⅳ. G615

中国版本图书馆 CIP 数据核字(2014)第 038889 号

幼师生人际沟通与礼仪指南
耿　敏　主编
责任编辑/邵　丹

复旦大学出版社有限公司出版发行
上海市国权路 579 号　邮编:200433
网址:fupnet@ fudanpress.com　http://www.fudanpress.com
门市零售:86-21-65102580　　团体订购:86-21-65104505
出版部电话:86-21-65642845
上海新艺印刷有限公司

开本 890×1240　1/16　印张 11.75　字数 213 千
2014 年 3 月第 1 版
2022 年 9 月第 1 版第 3 次印刷
印数 5 201—7 300

ISBN 978-7-309-10395-3/G·1274
定价:48.00 元